THE BELISARIUS LEGISLATION SERIES:

THE COMMERCIAL CODE

OF THE CZECH REPUBLIC

(CONSOLIDATED VERSION -

TEXT EFFECTIVE FROM 1 JANUARY 2013)

Edited by: Howard Chapman, Solicitor (England & Wales)

and registered foreign advocate (Czech Republic)

Translated by: Mgr. Daniel Samol, Advocate (Czech Republic)

with special assistance from: Katerina Suchánková, translator

Cover design by: Andrew Hunt

based on works by Marzena Idzik and Russell Lester

Download, subscribe for, and order other language resources at www.belisarius.cz and at www.czech-translate.com/publications.

INFINITY PUBLISHING

ISBN 978-0-7414-8431-4 Paperback
ISBN 978-0-7414-8432-1 Hardcover
ISBN 978-0-7414-8433-8 eBook
Library of Congress Control Number: 2013906177

Printed in the United States of America

Published April 2013

INFINITY PUBLISHING
1094 New DeHaven Street, Suite 100
West Conshohocken, PA 19428-2713
Toll free (877) BUY BOOK
Local Phone (610) 941-9999
Fax (610) 941-9959
Info@buybooksontheweb.com
www.buybooksontheweb.com

TRANSLATION NOTES

The Commercial Code represents one of the key sources of law by which business relationships are settled in the Czech Republic. The mechanics of the various types of companies and standardized contract types are also set out expressly. This work contains our translation into English of a generally accepted consolidated text of the Commercial Code taking effect as from 1 January 2013.

Objectives of this work

Our translation has been conceived and executed with the following objectives:

- provide lawyers who are native speakers of the Czech language with a reliable way of communicating the concepts and provisions of the Czech Commercial Code to their clients and other lawyers who cannot read the Czech language version;

- minimize ambiguities and misunderstandings, which might otherwise arise from communicating a text as complex as the Commercial Code;

- provide a source of vocabulary for the translation community in the Czech Republic in order to improve the quality, consistency and general availability of translation resources;

- assist lawyers who are not speakers of the Czech language so that they may have a fair appreciation of the relevant legal tests for matters subject to the Commercial Code in the Czech Republic; and

- assist the European business community at large and any person interested in the workings of the legal system in the Czech Republic so that its requirements may be benchmarked in broad terms against a home jurisdiction before such persons invest in the advice of qualified legal experts in the Czech Republic.

Translation choices

Whatever is said about translation, there are always choices to make. There are always multiple potential meanings for words and phrases in both the source language and the target language, particularly in view of their context.

The Czech and the English legal languages are not an absolute match for each other, even though similar legal mechanisms exist to address similar issues arising under both legal systems. In view of this, there have been times where there was no absolute idiomatic equivalent to certain parts of the Czech language version of the Commercial Code. In such cases, we have sought to be as faithful to the Czech language as was considered reasonably possible within the bounds of good English idiom.

We trust that our ultimate work product represents the right balance between the Czech and the English language requirements. We welcome your feedback on this, for which please contact commercialcode@belisarius.cz.

Translation notes

Style notes

Among the various styles available to us, this translation is generally expressed in a modern 'plain English' style, wherever possible adopting the simplest formulation capable of reflecting the source text. We have also adjusted the word order of the translation to reflect the most natural English language reading of the text.

Howard Chapman and Daniel Samol
23 December 2012

ABOUT BELISARIUS

Belisarius s.r.o. exists to build a platform of international language resources. It was founded in 2011 in Prague, Czech Republic. If you like the approach taken in this publication, please download, subscribe for, and order other language resources from www.belisarius.cz and at www.czech-translate.com/publications. If you would like to hear of special offers, updates, or new releases, please subscribe to our mailing list.

We would be pleased to receive your feedback or suggestions via email or the usual social media channels and the Belisarius team is also at your disposal for bespoke language projects, and licensing queries.

513/1991 COLL.

THE ACT OF 5 NOVEMBER 1991

THE COMMERCIAL CODE

As amended by:

600/1992 Coll., 264/1992 Coll., 591/1992 Coll. (with reference to 4/1993 Coll.), 286/1993 Coll., 156/1994 Coll., 84/1995 Coll., 142/1996 Coll. (partial), 94/1996 Coll., 142/1996 Coll., 77/1997 Coll., 15/1998 Coll., 165/1998 Coll., 356/1999 Coll., 27/2000 Coll., 105/2000 Coll., 29/2000 Coll., 30/2000 Coll., 367/2000 Coll., 120/2001 Coll., 370/2000 Coll., 120/2001 Coll., 239/2001 Coll., 501/2001 Coll., 353/2001 Coll., 15/2002 Coll., 126/2002 Coll., 308/2002 Coll., 125/2002 Coll., 151/2002 Coll., 312/2002 Coll., 476/2002 Coll., 87/2003 Coll., 88/2003 Coll., 437/2003 Coll., 85/2004 Coll., 257/2004 Coll., 360/2004 Coll., 484/2004 Coll., 499/2004 Coll., 554/2004 Coll., 179/2005 Coll., 216/2005 Coll., 377/2005 Coll., 413/2005 Coll., 56/2006 Coll., 79/2006 Coll., 81/2006 Coll., 57/2006 Coll., 308/2006 Coll., 269/2007 Coll., 296/2007 Coll., 36/2008 Coll., 344/2007 Coll., 104/2008 Coll., 126/2008 Coll., 130/2008 Coll., 230/2008 Coll., 215/2009 Coll., 217/2009 Coll., 230/2009 Coll., 285/2009 Coll., 420/2009 Coll., 227/2009 Coll., 152/2010 Coll., 409/2010 Coll., 427/2010 Coll., 188/2011 Coll., 351/2011 Coll., 355/2011 Coll., 420/2011 Coll., 167/2012 Coll., 202/2012 Coll., 428/2011 Coll., 396/2012 Coll.

TABLE OF CONTENTS (VOLUME II)

Table of contents

TABLE OF CONTENTS (VOLUME I)

Table of contents

Table of contents

THE BELISARIUS LEGISLATION SERIES: THE COMMERCIAL CODE OF THE CZECH REPUBLIC CONTINUES FROM VOLUME I

ČÁST TŘETÍ

OBCHODNÍ ZÁVAZKOVÉ VZTAHY

HLAVA I

OBECNÁ USTANOVENÍ

DÍL I

PŘEDMĚT PRÁVNÍ ÚPRAVY A JEJÍ POVAHA

§ 261

(1) Tato část zákona upravuje závazkové vztahy mezi podnikateli, jestliže při jejich vzniku je zřejmé s přihlédnutím ke všem okolnostem, že se týkají jejich podnikatelské činnosti.

(2) Touto části zákona se řídí rovněž závazkové vztahy mezi státem nebo samosprávnou územní jednotkou a podnikateli při jejich podnikatelské činnosti, jestliže se týkají zabezpečování veřejných potřeb. K tomuto účelu se za stát považují i státní organizace, jež nejsou podnikateli, při uzavírání smluv, z jejichž obsahu vyplývá, že jejich obsahem je uspokojování veřejných potřeb.

(3) Touto částí zákona se řídí bez ohledu na povahu účastníků závazkové vztahy

a) mezi zakladateli obchodních společností, mezi společníkem a obchodní společností, jakož i mezi společníky navzájem, pokud jde o vztahy týkající se účasti na společnosti,

PART THREE

RELATIONSHIPS OF COMMERCIAL OBLIGATION

TITLE I

GENERAL PROVISIONS

CHAPTER I

THE SCOPE OF REGULATION AND ITS NATURE

Section 261

(1) This part of the Code governs the relationships of obligation between entrepreneurs, provided that, when the relevant obligations are formed and having regard to all the circumstances, it is clear that the relevant relationships are connected with the business activities of entrepreneurs.

(2) This part of the Code also governs relationships of obligation between the state or a self-governing local entity and entrepreneurs in the carrying on of business activities, if such relationships relate to public service. For this purpose, state organizations that are not entrepreneurs must be treated as the state when contracts are concluded having a content connected with public service.

(3) Irrespective of the nature of the parties, this part of the Code regulates the following relationships of obligation:

(a) between the founders of commercial companies, between a member and a commercial company, and between members if the relevant relationship is connected with a participation in the jakož i vztahy ze smluv, jimiž se převádí podíl společníka,

company, and also relationships arising under contracts by which a member's ownership interest is transferred;

b) mezi zakladateli družstva a mezi členem a družstvem, jakož i mezi členy družstva navzájem, pokud vyplývají z členského vztahu v družstvu, jakož i ze smluv o převodu členských práv a povinností,

(b) between the founders of a cooperative society, between a member and a cooperative society, and between members of a cooperative society if the relevant relationship is connected with membership in the cooperative society, and also relationships arising under contracts to transfer membership rights and duties;

c) z úplatných smluv týkajících se cenných papírů a jejich zprostředkování (§ 642),

(c) from contracts for a consideration relating to securities and the brokerage of securities (section 642);

d) ze smlouvy o prodeji podniku nebo jeho částí (§ 476), smlouvy o nájmu podniku (§ 488b), zástavní právo k obchodnímu podílu (§ 117a), smlouvy o úvěru (§ 497), smlouvy o kontrolní činnosti (§ 591), smlouvy zasílatelské (§ 601), smlouvy o provozu dopravního prostředku (§ 638), smlouvy o tichém společenství (§ 673), smlouvy o otevření akreditivu (§ 682), smlouvy o inkasu (§ 692), smlouvy o bankovním uložení věci (§ 700), smlouvy o běžném účtu (§ 708) a smlouvy o vkladovém účtu (§ 716),

(d) from a contract for the sale of all or part of an undertaking (section 476), the lease of an undertaking (section 488b), a pledge over an ownership interest (section 117a), a contract of credit (section 497), a contract for inspection activities (section 591), a contract of consignment (section 601), a contract for the operation of a transport vehicle (section 638), a contract of silent partnership (section 673), a letter of credit contract (section 682), a contract of collection (section 692), a contract of bank custody (section 700), a contract for a current account (section 708) and a contract for a deposit account (section 716);

e) z bankovní záruky (§ 313), z cestovního šeku (§ 720) a slibu odškodnění (§ 725),

(e) from a bank guarantee (section 313), a traveller's cheque (section 720) and a promise of indemnity (section 725);

f) mezi společností nebo družstvem a osobou, která je statutárním orgánem nebo jiným orgánem nebo jeho členem,

(f) between a company or a cooperative society and the person that is its statutory or another body or a member of that body;

g) mezi zakladateli a správcem vkladu,

(g) between the founders and the contribution manager;

h) z finančního zajištění.

(h) from financial collateral.

(4) Touto částí zákona se řídí i vztahy vzniklé při zajištění plnění závazků v závazkových vztazích, jež se řídí touto částí zákona podle předchozích odstavců.

(4) This part of the Code also governs relationships that have arisen in the security for the performance of liabilities under a relationship of obligation that is governed by this part of this Code in accordance with the preceding subsections.

(5) Při použití této části zákona podle odstavců 1 a 2 je rozhodující povaha účastníků při vzniku závazkového vztahu.

(5) The nature of the parties at the time of formation of the relationship of obligation is decisive for the applicability of the provisions of this part of the Code in accordance with subsections (1) and (2).

(6) Smlouvy mezi osobami uvedenými v odstavcích 1 a 2, které nejsou upraveny v hlavě II této části zákona a jsou upraveny jako smluvní typ v občanském zákoníku, se řídí příslušnými ustanoveními o tomto smluvním typu v občanském zákoníku a obchodním zákoníkem. Směnná smlouva související s podnikáním stran se však řídí tímto zákonem a použijí se na ni přiměřeně ustanovení tohoto zákona o kupní smlouvě; při plnění závazku dodat zboží má každá ze stran postavení prodávajícího a při převzetí zboží postavení kupujícího.

(6) Contracts between the persons referred to in subsections (1) and (2) that are not regulated by the provisions of Title II of this part of this Code, but are regulated as a type of contract under the Civil Code, are governed by the provisions of the Civil Code on this type of contract, and the provisions of the Commercial Code. However, a contract of barter relating to the business activities of the parties is governed by this Code and the provisions of this Code on a contract of purchase apply to it as appropriate. By performing mutual obligations to deliver goods, each of the parties has the status of a seller and, when taking over the goods, each party has the status of a purchaser.

(7) Pojistná smlouva se řídí občanským zákoníkem a zvláštními zákony.

(7) A contract of insurance is governed by the Civil Code and by special acts.

§ 262

Section 262

(1) Strany si mohou dohodnout, že jejich závazkový vztah, který nespadá pod vztahy uvedené v § 261, se řídí tímto zákonem. Jestliže taková dohoda směřuje ke zhoršení právního postavení účastníka smlouvy, který není podnikatelem, je neplatná.

(1) The parties may agree that their relationship of obligation is governed by this Code even though it is not a relationship referred to in section 261. Such an agreement is void if it is inherently detrimental to the legal position of a contractual party that is not an entrepreneur.

(2) Dohoda podle odstavce 1 vyžaduje písemnou formu.

(2) An agreement under subsection (1) must be concluded in writing.

(3) Touto částí zákona se řídí i vztahy vzniklé při zajištění závazků ze smluv, pro něž si strany zvolily použití tohoto zákona podle odstavce 1, jestliže osoba poskytující zajištění s tím projeví souhlas nebo v době vzniku zajištění ví, že zajišťovaný závazek se řídí touto částí zákona.

(3) This part of the Code also governs relationships providing security for contractual obligations for which this Code applies under an agreement concluded in accordance with subsection (1), provided that the person providing the security consents to this or knows at the time when the security is formed that the secured obligation is governed by this part of the Code.

(4) Ve vztazích podle § 261 nebo podřízených obchodnímu zákoníku dohodou podle odstavce 1 se použijí, nevyplývá-li z tohoto zákona nebo ze zvláštních právních předpisů něco jiného, ustanovení této části na obě strany; ustanovení občanského zákoníku nebo zvláštních právních předpisů o spotřebitelských smlouvách, adhezních smlouvách, zneužívajících klauzulích a jiná ustanovení směřující k ochraně spotřebitele je však třeba použít vždy, je-li to ve prospěch smluvní strany, která není podnikatelem. Smluvní strana, která není podnikatelem, nese odpovědnost za porušení povinností z těchto vztahů podle občanského zákoníku a na její společné závazky se použijí ustanovení občanského zákoníku.

(4) Unless this Code or special legal regulations require otherwise, the provisions of this part apply to both of the parties to the relationships under section 261 or subjected to the Commercial Code by an agreement in accordance with subsection (1). The provisions, however, of the Civil Code or the special legal regulations on consumer contracts, contracts of adhesion, unfair clauses, and other provisions aimed at consumer protection must always be applied if they are for the benefit of the contractual party that is not an entrepreneur. A contractual party that is not an entrepreneur bears the liability for breach of the duties from this relationship in accordance with the Civil Code and the provisions of the Civil Code apply to the joint obligations arising under such a relationship.

§ 263

(1) Strany se mohou odchýlit od ustanovení této části zákona nebo její jednotlivá ustanovení vyloučit s výjimkou ustanovení § 261 a 262, § 263 až 272, § 273, § 276 až 288, § 301, 303, 304, § 306 odst. 2 a 3, § 308, § 311 odst. 1, § 312, § 321 odst. 4, § 322, § 323, 324, 341, 344, 365, § 369a odst. 4 až 7, § 370, 371, 376, 382, 384, § 386 až 408, § 444, 458, 459, 477, 478, § 479 odst. 2, § 480, § 483 odst. 3, § 488, 488a, § 488c až 488e, § 493 odst. 1 věta druhá, § 499, § 509 odst. 1, § 528, 535, 592, 597, 608, § 612 až 614, § 620, § 622 odst. 4, § 628, 629, 655, 655a, 658, 659a, 659b, 659c, § 660 odst. 4 a 5, § 662 odst. 2 a 3, § 662a odst. 3, § 668 odst. 2, 3, 4 a 6, § 669 odst. 6, § 669a odst. 2, § 672a, § 673 odst. 2, § 678, § 679 odst. 1, § 680, 707, § 709 odst. 3, § 710 odst. 2 a 3, § 713 odst. 2, § 714 odst. 4, § 715a, § 718 odst. 1, § 719a, § 722 až 724, § 729, 743 a § 745 odst. 2.

(2) Strany se nemohou odchýlit od základních ustanovení v této části a od ustanovení, která předepisují povinnou písemnou formu právního úkonu.

Section 263

(1) The parties may deviate from the provisions of this Part of the Code or exclude the application of its individual provisions, except for the provisions of sections 261 and 262, sections 263 to 272, section 273, sections 276 to 288, sections 301, 303, 304, sections 306 (2) and (3), section 308, section 311 (1), section 312, section 321 (4), sections 322, 323, 324, 341, 344, 365, sections 369a (4) to (7), sections 370, 371, 376, 382, 384, sections 386 to 408, sections 444, 458, 459, 477, 478, section 479 (2), section 480, section 483 (3), sections 488, 488a, sections 488c to 488e, section 493 (1) second sentence, section 499, section 509 (1), sections 528, 535, 592, 597, 608, sections 612 to 614, section 620, section 622 (4), sections 628, 629, 655, 655a, 658, 659a, 659b, 659c, sections 660 (4) and (5), sections 662 (2) and (3), section 662a (3), sections 668 (2), (3), (4) and (6), section 669 (6), section 669a (2), section 672a, section 673 (2), section 678, section 679 (1), sections 680, 707, section 709 (3), sections 710 (2) and (3), section 713 (2), section 714 (4), section 715a, section 718 (1), section 719a, sections 722 to 724, sections 729, 743 and section 745 (2).

(2) The parties cannot deviate from the fundamental provisions of this Part and from the provisions that require written form for a legal act.

§ 264

(1) Při určení práv a povinností ze závazkového vztahu se přihlíží i k obchodním zvyklostem zachovávaným obecně v příslušném obchodním odvětví, pokud nejsou v rozporu s obsahem smlouvy nebo se zákonem.

Section 264

(1) When determining the rights and duties under a relationship of obligation, the commercial practices generally observed in the relevant commercial sector must be taken into account, provided that they are not contrary to the content of the relevant contract or the law.

(2) Obchodní zvyklosti, ke kterým se má přihlížet podle smlouvy, se použijí před těmi ustanoveními tohoto zákona, jež nemají donucující povahu.

(2) The commercial practices to be taken into account under a contract take precedence over the provisions of this Code that are not of mandatory nature.

§ 265

Section 265

Výkon práva, který je v rozporu se zásadami poctivého obchodního styku, nepožívá právní ochrany.

The exercise of a right that is contrary the principles of fair commercial dealings cannot be given legal protection.

DÍL II

NĚKTERÁ USTANOVENÍ O PRÁVNÍCH ÚKONECH

§ 266

(1) Projev vůle se vykládá podle úmyslu jednající osoby, jestliže tento úmysl byl straně, které je projev vůle určen, znám nebo jí musel být znám.

(2) V případech, kdy projev vůle nelze vyložit podle odstavce 1, vykládá se projev vůle podle významu, který by mu zpravidla přikládala osoba v postavení osoby, které byl projev vůle určen. Výrazy používané v obchodním styku se vykládají podle významu, který se jim zpravidla v tomto styku přikládá.

(3) Při výkladu vůle podle odstavců 1 a 2 se vezme náležitý zřetel ke všem okolnostem souvisejícím s projevem vůle, včetně jednání o uzavření smlouvy a praxe, kterou strany mezi sebou zavedly, jakož i následného chování stran, pokud to připouští povaha věcí.

(4) Projev vůle, který obsahuje výraz připouštějící různý výklad, je třeba v pochybnostech vykládat k tíži strany, která jako první v jednání tohoto výrazu použila.

(5) Je-li podle této části zákona rozhodné sídlo, místo podnikání, místo závodu nebo provozovny anebo bydliště strany smlouvy, je rozhodné místo, které je ve smlouvě uvedeno, dokud změna není oznámena druhé straně.

CHAPTER II

MISCELLANEOUS PROVISIONS RELATING TO LEGAL ACTS

Section 266

(1) An expression of will must be interpreted according to the intention of the person acting, provided that this intention was known or ought to have been known to the party to which the expression of will was addressed.

(2) In cases where an expression of will cannot be interpreted under subsection (1), the expression of will must be interpreted as having the meaning that a person in the same position as the person to which the expression of will was addressed would generally attribute to it. The terms used in commercial dealings must be interpreted according to the meaning generally attributed to them in such relations.

(3) When interpreting will under subsections (1) and (2), particular regard must be given to all the circumstances relating to the expression of will, including the contractual negotiations and the practice introduced by the parties between themselves, and the subsequent conduct of the parties, provided that the nature of the case so permits.

(4) For an expression of will containing a term that is capable of multiple interpretations, in cases of doubt, that term must be interpreted against the party that first introduced the term into the negotiations.

(5) Under this part of the Code, if a party's registered office, a place of business, the location of a branch or of an establishment or a residential address is relevant, the relevant location as stated in the contract is the relevant location until a change is notified to the other party.

§ 267

(1) Jestliže je neplatnost právního úkonu stanovena pouze na ochranu některého účastníka, může se této neplatnosti dovolávat pouze tento účastník. To neplatí pro smlouvy uzavřené podle části druhé tohoto zákona.

(2) Ve vztazích upravených tímto zákonem neplatí ustanovení § 49 občanského zákoníku.

(3) Je-li součástí jinak neplatné smlouvy dohoda o volbě práva nebo tohoto zákona (§ 262) nebo dohoda o řešení sporu mezi smluvními stranami, jsou tyto dohody neplatné pouze v případě, že se na ně vztahuje důvod neplatnosti. Neplatnost těchto dohod se naopak netýká neplatnosti smlouvy, jejíž jsou součásti.

Section 267

(1) If the invalidity of a legal act applies only to protect the interests of one particular party, only that party may assert invalidity. This does not apply to contracts concluded under Part two of this Code.

(2) The provisions of section 49 of the Civil Code do not apply to the relationships governed by this Code.

(3) If an agreement on the choice of law, the applicability of this Code (section 262) or dispute resolution comprises a part of a contract between contractual parties that is otherwise void, such agreements are only also void in the cases that they are specifically affected by the grounds for invalidity. On the other hand, the validity of the whole contract is not affected by the specific invalidity of these agreements.

§ 268

Kdo způsobil neplatnost právního úkonu, je povinen nahradit škodu osobě, které byl právní úkon určen, ledaže tato osoba o neplatnosti právního úkonu věděla. Pro náhradu této škody platí obdobně ustanovení o náhradě škody způsobené porušením smluvní povinnosti (§ 373 a násl.).

Section 268

A person that has rendered a legal act void must compensate the damage suffered by the person to which the legal act was addressed, unless that person was aware of the invalidity of the legal act. Compensation for the damage caused is governed by the provisions relating to compensation for damage caused by a breach of a contractual duty (section 373 onwards), with appropriate changes.

DÍL III

NĚKTERÁ USTANOVENÍ O UZAVÍRÁNÍ SMLOUVY

ODDÍL 1

JEDNÁNÍ O UZAVŘENÍ SMLOUVY

§ 269

(1) Ustanovení upravující v hlavě II této části zákona jednotlivé typy smluv se použijí jen na smlouvy, jejichž obsah dohodnutý stranami zahrnuje podstatné části smlouvy stanovené v základním ustanovení pro každou z těchto smluv.

(2) Účastníci mohou uzavřít i takovou smlouvu, která není upravena jako typ smlouvy. Jestliže však účastníci dostatečně neurčí předmět svých závazků, smlouva uzavřena není.

(3) Dohoda o určité části smlouvy může být nahrazena dohodou stran o způsobu umožňujícím dodatečné určení obsahu závazku, jestliže tento způsob nezávisí jen na vůli jedné strany. Má-li být chybějící část smlouvy určena soudem nebo určitou osobou, vyžaduje se, aby dohoda měla písemnou formu a platí obdobně § 291.

§ 270

(1) Dohoda při uzavírání smlouvy, že určitá nepodstatná část smlouvy bude mezi stranami smluvena dodatečně po jejím uzavření, se považuje za podmínku platnosti dohodnuté části smlouvy, ledaže strany daly před jejím uzavřením

CHAPTER III

MISCELLANEOUS PROVISIONS RELATING TO THE CONCLUSION OF AGREEMENTS

SUB-CHAPTER 1

CONTRACTUAL NEGOTIATIONS

Section 269

(1) The provisions governing the individual types of contracts in Title II of this part of the Code apply only to the contracts the contents of which, as agreed by the parties, include the essential features of a particular type of contract, as set out in the fundamental provisions for that type of contract.

(2) The parties may also conclude a contract that is not regulated as a specific type of contract. If the parties do not, however, specify the scope of the relevant obligations sufficiently, the contract is treated as not having been concluded.

(3) An agreement of the parties on a process enabling a subsequent determination of the specific content of an obligation may take the place of an agreement on the specific part of the contract, provided that the relevant process is not dependent on the will of one party only. If the missing part of the contract is to be determined by the court or a particular person, the agreement must be concluded in writing and section 291 applies with appropriate changes.

Section 270

(1) If it is agreed on conclusion of the contract that a certain non-material part of the contract will be agreed by the parties subsequently, that further agreement is a condition to the validity of the agreed part of the contract unless it is stated

nepochybně najevo, že nedosažení dodatečné dohody o doplnění obsahu smlouvy nemá mít vliv na platnost uzavřené smlouvy. V pochybnostech má podmínka odkládací účinky.

unambiguously before its conclusion that a failure to achieve a subsequent agreement on the relevant supplement of the content of the contract does not affect the validity of the concluded contract. In cases of doubt, the condition is treated as having suspensory effect.

(2) Dohodnou-li se strany písemně v případech uvedených v odstavci 1, že chybějící obsah smlouvy má být stanoven soudem nebo osobou určenou v dohodě, platí ustanovení § 291. Dohodnutá část smlouvy nenabude účinnosti, dokud není dohodnut nebo stanoven chybějící obsah smlouvy, a její platnost zaniká zánikem závazku dohodnout chybějící obsah smlouvy (§ 292 odst. 4 a 5), ledaže strany se dohodly, že sjednaná část smlouvy má zůstat v platnosti.

(2) If the parties agree in writing in the cases set out in subsection (1) that the missing content of a contract is to be determined by the court or by a person identified in the agreement, the provisions of section 291 apply. The agreed part of the contract will not become effective until the missing part is agreed or determined, and its validity is discharged on expiry of the obligation to agree on the missing content of the contract (section 292 (4) and (5)), unless the parties have agreed that the agreed part of the contract is to remain valid.

§ 271

Jestliže si strany při jednání o uzavření smlouvy navzájem poskytnou informace označené jako důvěrné, nesmí strana, které byly tyto informace poskytnuty, je prozradit třetí osobě a ani je použít v rozporu s jejich účelem pro své potřeby, a to bez ohledu na to, zda dojde k uzavření smlouvy, či nikoli. Kdo poruší tuto povinnost, je povinen k náhradě škody, obdobně podle ustanovení § 373 a násl.

Section 271

If, during contractual negotiations, the parties provide information to each other, which is designated as confidential, the party receiving such information must not disclose it to third parties or use it for its own requirements or otherwise than for its original purpose, regardless of whether or not the contract is actually concluded. A person in breach of this duty must compensate the damage in accordance with section 373 onwards, with appropriate changes.

§ 272

(1) Smlouva vyžaduje k platnosti písemnou formu pouze v případech stanovených v tomto zákoně nebo když alespoň jedna strana při jednání o uzavření smlouvy projeví vůli, aby smlouva byla uzavřena v písemné formě.

Section 272

(1) For its validity, a contract only has to be concluded in writing in the cases set out in this Code and also if at least one party expresses its will during contractual negotiations that the contract should be concluded in writing.

(2) Obsahuje-li písemně uzavřená smlouva ustanovení, že může být měněna nebo zrušena pouze dohodou stran v písemné formě, může být smlouva měněna nebo zrušena pouze písemně.

(2) If a contract concluded in writing contains provisions that it may only be amended or terminated by a written agreement of the parties, that contract can only be amended or terminated in writing.

§ 273

Section 273

(1) Část obsahu smlouvy lze určit také odkazem na všeobecné obchodní podmínky vypracované odbornými nebo zájmovými organizacemi nebo odkazem na jiné obchodní podmínky, jež jsou stranám uzavírajícím smlouvu známé nebo k návrhu přiložené.

(1) A part of the content of the agreement can also be determined by reference to general terms and conditions prepared by professional bodies or interest groups or by reference to other terms and conditions that are known to the parties concluding the contract or are annexed to an offer.

(2) Odchylná ujednání ve smlouvě mají přednost před zněním obchodních podmínek uvedených v odstavci 1.

(2) In cases of a conflict, the covenants in the contract itself prevail over the general terms and conditions referred to in subsection (1).

(3) K uzavření smlouvy lze užít smluvních formulářů užívaných v obchodním styku.

(3) Standard form contracts used in commercial dealings can also be used to conclude a contract.

§ 274

Section 274

Použijí-li strany ve smlouvě některé z doložek upravených v užívaných vykládacích pravidlech, má se za to, že strany zamýšlely dosáhnout touto doložkou právních účinků stanovených vykládacími pravidly, na něž se strany ve smlouvě odvolaly, jinak vykládacími pravidly, která s přihlédnutím k povaze smlouvy se obvykle používají.

By the use in a contract of a clause regulated in widely used rules of reference, it is presumed that the parties intended to achieve the same legal effects as provided in the widely used rules of reference so referred to, and otherwise in accordance with the rules of interpretation generally applicable given the nature of the contract.

§ 275

Section 275

(1) Je-li uzavřeno více smluv při tomtéž jednání nebo zahrnuto do jedné listiny, posuzuje se každá z těchto smluv samostatně.

(1) If several contracts are concluded by the same acts or are included in a single document, each of these contracts must be treated separately.

(2) Jestliže však z povahy nebo stranám známého účelu smluv uvedených v odstavci 1 při jejich uzavření zřejmě vyplývá, že tyto smlouvy jsou na sobě

(2) If, however, at the time of contracting the nature of the contracts referred to in subsection (1) or their purpose as it is known to the parties requires, these contracts must

vzájemně závislé, vznik každé z těchto smluv je podmínkou vzniku ostatních smluv. Zánik jedné z těchto smluv jiným způsobem než splněním nebo způsobem nahrazujícím splnění způsobuje zánik ostatních závislých smluv, a to s obdobnými právními účinky.

be treated as interdependent, and the formation of each such contract is a condition for the formation of the other contracts. Where one of the contracts is discharged in a manner other than performance or a process taking the place of performance, the other interdependent contracts are discharged with the equivalent legal effects.

(3) Ustanovení odstavce 2 se použije obdobně, jestliže z povahy nebo účelu smluv vyplývá, že pouze jedna nebo více těchto smluv závisí na jedné nebo více smlouvách jiných.

(3) The provisions of subsection (2) apply with appropriate changes if it follows from the nature or purpose of the contracts that one or more of these contracts are interdependent with one or more other contracts.

(4) S přihlédnutím k obsahu návrhu na uzavření smlouvy nebo v důsledku praxe, kterou strany mezi sebou zavedly, nebo s přihlédnutím ke zvyklostem rozhodným podle tohoto zákona, může osoba, které je návrh určen, vyjádřit souhlas s návrhem provedením určitého úkonu (např. odesláním zboží nebo zaplacením kupní ceny) bez vyrozumění navrhovatele. V tomto případě je přijetí návrhu účinné v okamžiku, kdy byl tento úkon učiněn, došlo-li k němu před uplynutím lhůty rozhodné pro přijetí návrhu.

(4) Having regard to the content of an offer to conclude a contract or as a result of the practice the parties have introduced between themselves or to the practices that are relevant under Code, a person that is an addressee of an offer may accept the offer by performing a certain act without expressly communicating acceptance to the offeror (for example, by despatch of the goods or paying the purchase price). In such a case, the acceptance of the offer is effective at the moment when the relevant act is effective, provided that it is before the expiry of the relevant acceptance period for the offer.

ODDÍL 2

VEŘEJNÝ NÁVRH NA UZAVŘENÍ SMLOUVY A JEHO ÚČINKY

§ 276

(1) Projev vůle, kterým se navrhovatel obrací na neurčité osoby za účelem uzavření smlouvy, je veřejným návrhem na uzavření smlouvy (dále jen "veřejný návrh"), jestliže obsah odpovídá § 269.

(2) Podnět k uzavření smlouvy, který nemá náležitosti uvedené v odstavci 1, se považuje pouze za výzvu k podávání návrhů na uzavření smlouvy.

§ 277

Veřejný návrh lze odvolat, jestliže navrhovatel odvolání oznámí před přijetím veřejného návrhu způsobem, kterým byl veřejný návrh zveřejněn.

§ 278

Na základě veřejného návrhu je smlouva uzavřena s osobou, která v souladu s obsahem veřejného návrhu a ve lhůtě v něm stanovené, jinak ve lhůtě přiměřené, nejdříve navrhovateli oznámí, že návrh přijímá, a navrhovatel jí uzavření smlouvy potvrdí. Přijme-li veřejný návrh současně několik osob, může navrhovatel zvolit, kterému příjemci uzavření smlouvy potvrdí.

§ 279

(1) Uzavření smlouvy je navrhovatel povinen potvrdit příjemci bez zbytečného

SUB-CHAPTER 2

THE PUBLIC OFFER TO CONCLUDE A CONTRACT AND ITS EFFECTS

Section 276

(1) A manifestation of will by which the offeror addresses unspecified persons for the purpose of concluding a contract is a public offer to conclude a contract (a "public offer"), if the content of the offer satisfies the requirements of section 269.

(2) A proposal to conclude a contract that does not satisfy the particulars stated in subsection (1) is treated as a mere invitation for the submission of offers to conclude a contract.

Section 277

A public offer may be revoked by the offeror by notifying the revocation before the offer is accepted and in the same manner as the public offer was first published.

Section 278

A contract concluded on the basis of a public offer must be concluded with the person that is the first to notify the offeror that it accepts the offer in accordance with the content of the public offer and within the acceptance period set out in it or, if there is no such period, within a reasonable period, and the offeror must confirm the conclusion of the contract to that person. If several persons accept a public offer simultaneously, the offeror may select the accepting person with which it will confirm the conclusion of the contract.

Section 279

(1) Without undue delay after the offeror has received an acceptance of the offer pursuant

odkladu poté, kdy mu došlo přijetí návrhu podle § 278.

to section 278, it must confirm the conclusion of the contract to the person accepting.

(2) Jestliže navrhovatel potvrdí příjemci uzavření smlouvy později, než stanoví odstavec 1, smlouva nevznikne, odmítne-li příjemce uzavření smlouvy a zprávu o tom zašle navrhovateli bez zbytečného odkladu poté, kdy mu došlo opožděné potvrzení navrhovatele o uzavření smlouvy.

(2) If the offeror confirms the conclusion of the contract to the accepting person after the period set out in subsection (1), the accepting person may refuse the conclusion of the contract by notice to the offeror without undue delay after it receives from the offeror the late confirmation of the conclusion of the contract and, in such a case the contract is treated as not having been concluded.

§ 280

Stanoví-li to výslovně veřejný návrh, je smlouva uzavřena se všemi osobami, které veřejný návrh přijaly ve lhůtě v něm určené.

Section 280

If the public offer expressly provides, a contract may be concluded with all the persons that have accepted the public offer within the acceptance period set out in it.

ODDÍL 3

OBCHODNÍ VEŘEJNÁ SOUTĚŽ

§ 281

Kdo vyhlásí neurčitým osobám soutěž (dále jen "vyhlašovatel") o nejvhodnější návrh na uzavření smlouvy (obchodní veřejná soutěž), činí tím výzvu k podávání návrhů na uzavření smlouvy (dále jen "návrh").

§ 282

(1) K vyhlášení veřejné obchodní soutěže (dále jen "soutěž") se vyžaduje, aby byly písemně obecným způsobem vymezeny předmět požadovaného závazku a zásady ostatního obsahu zamýšlené smlouvy, na němž navrhovatel trvá, určen způsob podávání návrhů, stanovena lhůta, do které lze návrhy podávat, a lhůta pro oznámení vybraného návrhu (dále jen "podmínky soutěže").

(2) Obsah podmínek soutěže musí být vhodným způsobem uveřejněn.

§ 283

Vyhlašovatel nemůže uveřejněné podmínky soutěže měnit nebo soutěž zrušit, ledaže si toto právo v uveřejněných podmínkách soutěže vyhradil a změnu nebo zrušení uveřejnil způsobem, kterým vyhlásil podmínky soutěže.

§ 284

(1) Návrh lze zahrnout do soutěže, jen když jeho obsah odpovídá uveřejněným podmínkám soutěže. Od podmínek soutěže se návrh může odchýlit jen v rozsahu, který podmínky soutěže připouštějí.

SUB-CHAPTER 3

THE COMMERCIAL PUBLIC TENDER

Section 281

A person (the "announcer") that announces a tender to unspecified persons for the most suitable offer to conclude a contract (a commercial public tender) is treated as inviting the submission of offers to conclude a contract ("offer").

Section 282

(1) The announcement for a commercial public tender (the "tender") must set out in writing the general scope of the obligations to be undertaken, the principles for the remaining content of the intended contract on which the announcer insists, the manner for the submission of offers, the period within which the offers may be submitted, and a deadline for notification of the chosen offer (together the "tender rules").

(2) The contents of the tender rules must be published in an appropriate manner.

Section 283

The announcer cannot amend the published tender rules or cancel the tender unless has reserved the right to do so in the published tender rules and it has published the amendment or cancellation in the same manner as it published the tender rules.

Section 284

(1) An offer can only be included in the tender if its content complies with the published tender rules. An offer may only deviate from the tender rules to the extent that the tender rules permit.

(2) Do soutěže nelze zahrnout návrh, který byl předložen po lhůtě stanovené v podmínkách soutěže.

(2) An offer submitted after the period set out in the tender rules cannot be included in the tender.

(3) Navrhovatelé mají nárok na náhradu nákladů spojených s účastí na soutěži, jen když jim toto právo přiznávají podmínky soutěže.

(3) The offerors are only entitled to compensation for the costs associated with participation in the tender if the tender rules expressly provide for this.

§ 285

Section 285

(1) Předložený návrh nelze odvolat po uplynutí lhůty stanovené v podmínkách soutěže pro předkládání návrhů, ledaže podmínky soutěže přiznávají navrhovatelům právo návrh odvolat i po uplynutí této lhůty. Podmínky soutěže mohou stanovit, že návrh nelze odvolat již po jeho předložení.

(1) An offer, once submitted, may not be withdrawn after the expiry of the period for the submission of offers, as stated in the tender rules, unless the tender rules expressly provide that the offerors may withdraw their offer even after the expiry of that period. The tender rules may provide that an offer is irrevocable once it is submitted.

(2) Návrh lze měnit nebo doplňovat jen v době, kdy podle odstavce 1 lze návrh odvolat, ledaže jde pouze o opravu chyb vzniklých při vyhotovování návrhu a podmínky soutěže tuto opravu nevylučují. Návrh lze měnit nebo doplňovat i v případech stanovených v podmínkách soutěže.

(2) An offer may only be amended or supplemented in the period in which it can be withdrawn pursuant to subsection (1), unless it relates to the correction of mistakes that occurred in the preparation of the offer and the tender rules do not prohibit the correction. An offer may also be amended or supplemented in the cases set out in the tender rules.

§ 286

Section 286

(1) Vyhlašovatel vybere nejvhodnější z předložených návrhů a oznámí jeho přijetí způsobem a ve lhůtě, jež stanoví podmínky soutěže.

(1) The announcer must select the most suitable of the offers submitted and it must notify its acceptance in the manner and period set out in the tender rules.

(2) Není-li v podmínkách soutěže stanoven způsob výběru nejvhodnějšího návrhu, je vyhlašovatel oprávněn vybrat si návrh, který mu nejlépe vyhovuje.

(2) If the tender rules do not set out the process for selecting the most suitable offer, the announcer is entitled to select the offer that it considers to be the most suitable.

§ 287

Section 287

(1) Vyhlašovatel je povinen přijmout návrh, který byl vybrán způsobem

(1) The announcer must accept the offer selected in accordance with section 286. If

uvedeným v § 286. Sdělí-li vyhlašovatel přijetí návrhu po lhůtě stanovené v podmínkách soutěže, smlouva nevznikne, jestliže vybraný účastník soutěže sdělí vyhlašovateli bez zbytečného odkladu po dojití sdělení o přijetí návrhu, že odmítá smlouvu uzavřít.

the announcer notifies an acceptance of the offer after the period set out in the tender rules, the contract will not arise if the selected tender participant notifies the announcer without undue delay after it receives the notification of acceptance of the offer that it rejects the conclusion of the contract.

(2) Vyhlašovatel je oprávněn odmítnout všechny předložené návrhy, jestliže si toto právo vyhradil v podmínkách soutěže.

(2) The announcer is entitled to reject all the offers submitted if it has reserved the right to do so in the tender rules.

§ 288

Vyhlašovatel je povinen bez zbytečného odkladu po ukončení soutěže vyrozumět účastníky soutěže, kteří v soutěži neuspěli, že jejich návrhy byly odmítnuty.

Section 288

The announcer must without undue delay after the tender is completed inform the unsuccessful tender participants that their offers were rejected.

DÍL IV

SMLOUVA O UZAVŘENÍ BUDOUCÍ SMLOUVY

§ 289

Základní ustanovení

(1) Smlouvou o uzavření budoucí smlouvy se zavazuje jedna nebo obě smluvní strany uzavřít ve stanovené době budoucí smlouvu s předmětem plnění, jenž je určen alespoň obecným způsobem.

(2) Smlouva vyžaduje písemnou formu.

§ 290

(1) Zavázaná strana je povinna uzavřít smlouvu bez zbytečného odkladu poté, kdy k tomu byla vyzvána oprávněnou stranou v souladu se smlouvou o uzavření budoucí smlouvy.

(2) Nesplní-li zavázaná strana závazek uzavřít smlouvu podle odstavce 1, může oprávněná strana požadovat, aby obsah smlouvy určil soud nebo osoba určená ve smlouvě anebo může požadovat náhradu škody způsobené jí porušením závazku uzavřít smlouvu. Nárok na náhradu škody vedle určení obsahu smlouvy může oprávněná strana požadovat pouze v případě, kdy zavázaná strana neoprávněně odmítla jednat o uzavření smlouvy.

§ 291

Ustanovení § 290 a § 292 odst. 1 a 2 se použijí přiměřeně i na písemnou dohodu stran o tom, že uzavřená smlouva bude doplněna ještě o úpravu určitých otázek,

CHAPTER IV

THE CONTRACT TO CONCLUDE A FUTURE CONTRACT

Section 289

Fundamental provisions

(1) In a contract to conclude a future contract, one or both contractual parties undertake to conclude a future contract within a specified period of time for a subject of performance determined in at least general terms.

(2) The contract is required to be concluded in writing.

Section 290

(1) The obligor must conclude the future contract without undue delay after it is invited to do so by the party entitled to do so under the agreement for a future contract.

(2) If the obligor does not meet its obligation to conclude the contract under subsection (1), the entitled party may require the content of the contract to be determined by the court or a person specified in the agreement, or it may require the compensation for damage for breach of the obligation to conclude the contract. The entitled party may only claim compensation for damage and may only require that the content of the contract is fully determined if the obligor has unjustifiably refused to complete the contractual negotiations.

Section 291

The provisions of sections 290 and 292 (1) and (2) also apply as appropriate to a written agreement between the parties to a contract that has already been concluded but needs jestliže chybějící obsah smlouvy má podle této dohody být určen soudem nebo jinou osobou určenou stranami v případě, kdy by nedošlo k jeho sjednání stranami. Závazek doplnit chybějící obsah smlouvy může převzít jedna nebo obě strany; v pochybnostech se má za to, že závazek vznikl oběma stranám.

to be supplemented by a modification to certain matters if the missing content of the contract under this agreement is to be determined by the court or another person specified by the parties in the case that agreement cannot be reached by the parties. One or both parties may assume the obligation to supplement the missing content of the contract. In cases of doubt, it is presumed that that the obligation has arisen for both parties.

§ 292

(1) Obsah smlouvy se určí podle účelu zřejmě sledovaného uzavřením budoucí smlouvy, přičemž se přihlédne k okolnostem, za nichž byla sjednána smlouva o uzavření budoucí smlouvy, jakož i k zásadě poctivého obchodního styku.

(2) Právo na určení obsahu budoucí smlouvy soudem nebo osobou určenou ve smlouvě a nárok na náhradu škody podle § 290 odst. 2 se promlčují uplynutím jednoho roku ode dne, kdy oprávněná strana vyzvala zavázanou stranu k uzavření smlouvy podle § 290 odst. 1, nestanoví-li smlouva o uzavření budoucí smlouvy lhůtu jinou. Sjednaná lhůta však nesmí být delší než promlčecí doba vyplývající z § 391 a násl. tohoto zákona.

(3) Závazek uzavřít budoucí smlouvu zaniká, jestliže oprávněná strana nevyzve zavázanou stranu ke splnění tohoto závazku v době určené ve smlouvě o uzavření budoucí smlouvy.

(4) Závazek doplnit chybějící obsah smlouvy zaniká, jestliže oprávněná strana nevyzve zavázanou stranu k splnění tohoto

Section 292

(1) The content of the future contract must be determined according to the purpose apparently pursued in the conclusion of the future contract. The circumstances under which the agreement for a future contract was concluded and the principles of fair commercial dealings must be taken into account.

(2) The right to have the content of a future contract determined by the court or by a person specified in the contract, and the claim for compensation for damage under section 290 (2), both become statute-barred on the expiry of one year from the date on which the entitled party invited the obligor to conclude the future contract in accordance with section 290 (1), unless the agreement for a future contract sets out a different period. The agreed period cannot, however, exceed the limitation period pursuant to section 391 onwards of this Code.

(3) The obligation to conclude the future contract is discharged if the entitled party does not invite the obligor to perform this obligation within the period specified in the contract for a future contract.

(4) The obligation to supplement the missing content of a contract is discharged if the entitled party does not invite the obligor to

závazku v době určené v dohodě o doplnění obsahu smlouvy (§ 291), jinak do jednoho roku od uzavření této dohody.

perform this obligation within the period set out in the agreement to supplement the content of the contract (section 291) or, if no period is specified, within one year of the conclusion of the agreement.

(5) Závazek uzavřít budoucí smlouvu nebo doplnit chybějící obsah smlouvy též zaniká, jestliže okolnosti, z nichž strany zřejmě vycházely při vzniku tohoto závazku se do té míry změnily, že nelze na zavázané straně rozumně požadovat, aby smlouvu uzavřela. K zániku však dochází, jen když zavázaná strana tuto změnu okolností oznámila bez zbytečného odkladu oprávněné straně.

(5) The obligation to conclude a future contract, or to supplement the missing content of an existing contract, is also discharged if the circumstances on which the parties clearly relied when creating the obligation are changed to such an extent that the obligor cannot reasonably be required to conclude the contract. The obligation, however, is only discharged if the obligor notifies the relevant change in circumstances to the entitled party without undue delay.

DÍL V

NĚKTERÁ USTANOVENÍ O SPOLEČNÝCH ZÁVAZCÍCH A SPOLEČNÝCH PRÁVECH

§ 293

Je-li zavázáno k témuž plnění společně několik osob, má se v pochybnostech za to, že jsou zavázány společně a nerozdílně. Věřitel může požadovat plnění na kterékoli z nich, avšak plnění nabídnuté jiným společným dlužníkem je povinen přijmout.

§ 294

Vyplývá-li ze smlouvy nebo z povahy závazku, že dlužníci nejsou k témuž plnění zavázáni společně a nerozdílně, je každý spoludlužník zavázán pouze v rozsahu svého podílu na závazku. V pochybnostech jsou spoludlužníci zavázáni rovným dílem.

§ 295

Převezme-li několik osob závazek, z jehož povahy vyplývá, že jej lze splnit pouze součinností všech spoludlužníků, jsou spoludlužníci povinni plnit závazek společně.

§ 296

Je-li dlužník zavázán současně více věřitelům k nedělitelnému plnění, může plnění požadovat kterýkoli z věřitelů, nevyplývá-li ze zákona nebo smlouvy něco jiného.

CHAPTER V

MISCELLANEOUS PROVISIONS RELATING TO JOINT RIGHTS AND OBLIGATIONS

Section 293

If several persons are jointly required to provide the same performance, in cases of doubt, it is presumed that they are jointly and severally liable. A creditor is entitled to require performance from any joint debtor, and he must accept the performance offered by any of them.

Section 294

If it follows from the contract or the nature of the obligation that the debtors are not liable to provide a particular performance jointly and severally, each joint debtor is liable only to the extent of its share in the obligation. In cases of doubt, all joint debtors are liable in equal shares.

Section 295

If several persons assume an obligation and the nature of the obligation requires performance only by cooperation of all the joint debtors, the joint debtors are jointly required to satisfy the obligation.

Section 296

Unless the law or the contract requires otherwise, if a debtor is is bound to provide a single indivisible performance to several creditors simultaneously, any of the creditors is entitled to require performance.

DÍL VI

ZAJIŠTĚNÍ ZÁVAZKU

ODDÍL 1

ZRUŠEN

§ 297

zrušen

§ 298

zrušen

§ 299

zrušen

ODDÍL 2

NĚKTERÁ USTANOVENÍ O SMLUVNÍ POKUTĚ

§ 300

Okolnosti vylučující odpovědnost (§ 374) nemají vliv na povinnost platit smluvní pokutu.

§ 301

Nepřiměřeně vysokou smluvní pokutu může soud snížit s přihlédnutím k hodnotě a významu zajišťované povinnosti, a to až do výše škody vzniklé do doby soudního rozhodnutí porušením smluvní povinnosti, na kterou se vztahuje smluvní pokuta. K náhradě škody vzniklé později je poškozený oprávněn do výše smluvní pokuty podle § 373 a násl.

CHAPTER VI

THE SECURITY FOR OBLIGATIONS

SUB-CHAPTER 1

REPEALED

Section 297

Repealed

Section 298

Repealed

Section 299

Repealed

SUB-CHAPTER 2

MISCELLANEOUS PROVISIONS RELATING TO THE CONTRACTUAL PENALTY

Section 300

Circumstances excusing liability (section 374) do not affect a duty to pay a contractual penalty.

Section 301

The court may reduce a contractual penalty that is disproportionately high having regard to the value and significance of the secured duty, and so as to reflect the amount of damage, up to the date of the court decision, resulting from the breach of the contractual duty to which the contractual penalty applied. A party incurring damage is then entitled to compensation for subsequent damage up to the amount of the original contractual penalty under section 373 onwards.

§ 302

Odstoupení od smlouvy se nedotýká nároku na zaplacení smluvní pokuty.

Section 302

A withdrawal from a contract does not affect any accrued liability for the payment of a contractual penalty.

ODDÍL 3

RUČENÍ

SUB-CHAPTER 3

GUARANTEES

§ 303

Kdo věřiteli písemně prohlásí, že ho uspokojí, jestliže dlužník vůči němu nesplní určitý závazek, stává se dlužníkovým ručitelem.

Section 303

A person that makes a written declaration to a creditor that it will satisfy the creditor if the debtor fails to perform a certain obligation becomes the debtor's guarantor.

§ 304

(1) Ručením lze zajistit jen platný závazek dlužníka nebo jeho část. Vzniku ručení však nebrání, jestliže závazek dlužníka je neplatný jen pro nedostatek způsobilosti dlužníka brát na sebe závazky, o němž ručitel v době svého prohlášení o ručení věděl.

(2) Ručením lze zajistit i závazek, který vznikne v budoucnu nebo jehož vznik je závislý na splnění podmínky.

Section 304

(1) A guarantee can only serve to secure all or part of a valid obligation of the debtor. If, however, the obligation of the debtor is only void on grounds of the debtor's lack of capacity to assume obligations and the guarantor was not aware of that at the time of the declaration of guarantee, the formation of the guarantee is not affected by that.

(2) A guarantee can also serve to secure an obligation formed in the future or the formation of which is conditional.

§ 305

Věřitel je povinen bez zbytečného odkladu sdělit ručiteli na požádání výši své zajištěné pohledávky.

Section 305

The creditor must notify to the guarantor the amount of its secured claim without undue delay on request by the guarantor.

§ 306

(1) Věřitel je oprávněn domáhat se splnění závazku na ručiteli jen v případě, že dlužník nesplnil svůj splatný závazek v přiměřené době poté, co byl k tomu věřitelem písemně vyzván. Tohoto vyzvání není třeba, jestliže je věřitel nemůže uskutečnit nebo jestliže je nepochybné, že dlužník

Section 306

(1) If the debtor has not performed its outstanding obligation within a reasonable period after it has been invited to do so by the creditor, the creditor is entitled to require that the guarantor performs the obligation. The invitation is not required if the creditor is unable to make the invitation

svůj závazek nesplní.

or if it is beyond doubt that the debtor will not perform the obligation.

(2) Ručitel může vůči věřiteli uplatnit všechny námitky, k jejichž uplatnění je oprávněn dlužník, a použít k započtení pohledávky dlužníka vůči věřiteli, jestliže k započtení by byl oprávněn dlužník, kdyby věřitel vymáhal svou pohledávku vůči němu. Ručitel může použít k započtení i své pohledávky vůči věřiteli.

(2) The guarantor may assert against the creditor all the defences that the debtor would be entitled to assert and it may set off the claims of the debtor against the creditor, provided that the debtor would be entitled to set them off if the creditor had enforced its claim directly. The guarantor is also entitled to set off its own claims against the creditor.

(3) Jestliže ručitel uplatní vůči věřiteli neúspěšné námitky, které mu sdělil dlužník, je dlužník povinen nahradit ručiteli náklady, které mu tím vznikly.

(3) If the guarantor unsuccessfully raises against the creditor defences that the debtor disclosed to it, the debtor must compensate the guarantor for all the costs that the guarantor has incurred as a result of raising them.

§ 307

Section 307

(1) Zaručí-li se za tentýž závazek více ručitelů, ručí každý z nich za celý závazek. Ručitel má vůči ostatním ručitelům stejná práva jako spoludlužník.

(1) If several guarantors guarantee the same obligation, each of them guarantees the entire obligation. A guarantor has the same rights against the other guarantors as a joint debtor.

(2) Je-li ručením zajištěna pouze část závazku, nesnižuje se rozsah ručení částečným plněním závazku, zůstává-li závazek nesplněn ve výši, v jaké je zajištěn ručením.

(2) If only a part of the obligation is secured by the guarantee, the scope of the guarantee does not reduce by partial performance of the obligation if the obligation secured by the guarantee still remains unperformed.

(3) Při postoupení zajištěné pohledávky přecházejí práva z ručení na postupníka v době, kdy je postoupení oznámeno ručiteli postupitelem nebo prokázáno postupníkem.

(3) When a secured claim is assigned, the rights under the guarantee pass by transmission to the assignee from the moment at which the assignment is notified by the assignor to the guarantor or the assignment is otherwise established by the assignee.

§ 308

Ručitel, jenž splní závazek, za který ručí, nabývá vůči dlužníku práva věřitele a je oprávněn požadovat všechny doklady a pomůcky, které má věřitel, a jež jsou potřebné k uplatnění nároku vůči dlužníku.

Section 308

A guarantor that performs an obligation guaranteed by it acquires the rights of the debtor's creditor and is entitled to require the creditor to provide it with all the documents and tools that the creditor possesses, which are necessary for raising the claim against the debtor.

§ 309

Uspokojí-li ručitel věřitele bez vědomí dlužníka, může dlužník uplatnit vůči ručiteli všechny námitky, které byl oprávněn uplatnit vůči věřiteli, kdyby na něm věřitel splnění vymáhal. Dlužník však nemůže vůči ručiteli uplatnit námitky, na které dlužník ručitele neupozornil bez zbytečného odkladu po doručení zprávy, že věřitel uplatnil nároky z ručení.

Section 309

If the guarantor satisfies the creditor without the knowledge of the debtor, the debtor may assert against the guarantor all the defences that it would have been entitled to assert against the creditor if the creditor had enforced the claim directly against it. The debtor cannot, however, assert against the guarantor defences that it did not notify to the guarantor without undue delay after the delivery of the information that the creditor was asserting a claim under the guarantee.

§ 310

Právo věřitele vůči ručiteli se nepromlčí před promlčením práva vůči dlužníkovi.

Section 310

The right of the creditor against the guarantor cannot become statute barred until the right against the debtor becomes statute-barred.

§ 311

(1) Ručení zaniká zánikem závazku, který ručení zajišťuje.

(2) Ručení však nezaniká, jestliže závazek zanikl pro nemožnost plnění dlužníka a závazek je splnitelný ručitelem nebo pro zánik právnické osoby, jež je dlužníkem.

Section 311

(1) The guarantee is discharged when the secured obligation is discharged.

(2) A guarantee, however, is not discharged in the event that the obligation is discharged on grounds of impossibility of performance by the debtor if it remains possible for the guarantor to perform the obligation, or on grounds of the dissolution of a debtor that is a legal person.

§ 312

Ustanovení § 305 až 311 platí přiměřeně i pro ručení, které vzniklo ze zákona.

Section 312

The provisions of sections 305 to 311 apply as appropriate to liability arising by operation of law.

ODDÍL 4

BANKOVNÍ ZÁRUKA

SUB-CHAPTER 4

BANK GUARANTEES

§ 313

Základní ustanovení

Bankovní záruka vzniká písemným prohlášením banky v záruční listině, že uspokojí věřitele do výše určité peněžní částky podle obsahu záruční listiny, jestliže určitá třetí osoba (dlužník) nesplní určitý závazek nebo budou splněny jiné podmínky stanovené v záruční listině.

Section 313

Fundamental provisions

A bank guarantee arises by a written declaration of a bank in a certificate of guarantee stating that it will satisfy the creditor up to a certain amount of money in accordance with the content of the certificate of guarantee in the event that a particular third party (the debtor) does not perform a particular obligation or on satisfaction of other conditions set out in the certificate of guarantee.

§ 314

Je-li bankovní zárukou zajištěna nepeněžitá pohledávka, má se za to, že do výše částky stanovené v záruční listině je zajištěn peněžitý nárok, který by měl věřitel vůči dlužníkovi, v případě, že by dlužník porušil závazek, jehož plnění je zajištěno bankovní zárukou.

Section 314

A bank guarantee that purports to secure a non-monetary claim is presumed to secure a sum up to the amount stated in the certificate of guarantee by reference to the monetary claim that the creditor would have had against the debtor if the debtor had breached the obligation secured by the bank guarantee.

§ 315

(1) Jestliže bankovní záruku potvrdí jiná banka, může věřitel uplatnit nároky z bankovní záruky vůči kterékoliv z těchto bank.

(2) Jestliže banka, která potvrdila bankovní záruku, poskytla na jejím základě plnění, má nárok na toto plnění vůči bance, která jí o potvrzení bankovní záruky požádala.

Section 315

(1) If a bank guarantee is confirmed by another bank, the creditor is entitled to assert the claims under the bank guarantee against any of the confirming banks.

(2) If a bank confirming the bank guarantee has provided consideration on the basis of the confirmation, it is entitled to claim the relevant consideration from the bank that

asked it to confirm the bank guarantee.

(3) Jestliže banka oznámí, že jiná banka poskytla záruku, nevzniká oznamující bance závazek ze záruky. Oznamující banka však odpovídá za škodu způsobenou nesprávností svého oznámení.

(3) If a bank notifies that another bank has provided a guarantee, the notifying bank does not become bound under the guarantee. The notifying bank is, however, liable for the damage caused by any inaccuracy in its notification.

§ 316

Section 316

(1) Banka ručí za splnění zajištěného závazku do výše částky a za podmínek stanovených v záruční listině. Banka může vůči věřiteli uplatnit pouze námitky, jejichž uplatnění záruční listina připouští.

(1) The bank guarantees performance of the secured obligation up to the amount and under the conditions set out in the certificate of guarantee. The bank may assert against the creditor only those defences that the certificate of guarantee so permits.

(2) Na bankovní záruku nemá účinek částečné plnění závazku dlužníkem, jestliže nesplněný zbytek závazku je stejný nebo vyšší, než činí částka, na kterou zní záruční listina.

(2) A bank guarantee is not affected by the partial performance of the obligation by the debtor, provided that the unperformed remainder of the obligation is greater than or equal to the amount stated in the certificate of guarantee.

§ 317

Section 317

Nevyplývá-li ze záruční listiny něco jiného, nemůže banka uplatnit námitky, které by byl oprávněn vůči věřiteli uplatnit dlužník, a banka je povinna plnit své povinnosti, když o to byla požádána písemně věřitelem. Předchozí výzva, aby dlužník splnil svůj závazek, se vyžaduje, jen když to stanoví záruční listina.

Unless the certificate of guarantee provides otherwise, the bank is not entitled to assert the defences that the debtor would have been entitled to assert against the creditor and the bank must perform its duties if it is asked to do so in writing by the creditor. A prior invitation for the debtor to satisfy its obligation is only required if the certificate of guarantee so provides.

§ 318

Section 318

Jestliže podle záruční listiny je věřitel oprávněn uplatnit svá práva z bankovní záruky, jen když dlužník nesplní svůj závazek, může věřitel postoupit svá práva z bankovní záruky pouze s postoupením pohledávky zajištěné bankovní zárukou.

If, under the certificate of guarantee, the creditor is only entitled to assert its rights under the bank guarantee if the debtor fails to perform its obligation, the creditor can only assign its rights under the bank guarantee together with assignment of the claim secured by the bank guarantee.

§ 319

Banka plní svůj závazek z bankovní záruky, jen když k tomu byla písemně vyzvána věřitelem. Je-li plnění banky z bankovní záruky podmíněno v záruční listině předložením určitých dokumentů, musí být tyto dokumenty předloženy při této výzvě nebo bez zbytečného odkladu po ní.

Section 319

The bank is only required to perform its obligation under the bank guarantee if it has been invited to do so in writing by the creditor. If the performance of the bank under the bank guarantee is, according to the certificate of guarantee, made conditional on the submission of certain documents, the relevant documents must be submitted together with the invitation or without undue delay afterwards.

§ 320

Je-li banka povinna podle záruční listiny plnit ve prospěch oprávněného jiné bance, je povinna plnit na účet oprávněného u této banky.

Section 320

If, under the certificate of guarantee, the bank must provide consideration to another bank for the benefit of the person entitled, it must provide the consideration to the account of the person entitled at that bank.

§ 321

(1) Je-li doba platnosti v záruční listině omezena, bankovní záruka zanikne, jestliže věřitel neoznámí bance písemně své nároky z bankovní záruky během její platnosti.

(2) Dlužník je povinen zaplatit bance to, co banka plnila podle své povinnosti ze záruční listiny vystavené v souladu se smlouvou uzavřenou s dlužníkem.

(3) Dlužník nemůže vůči bance uplatnit námitky, které by mohl uplatnit vůči věřiteli, jestliže smlouva mezi bankou a dlužníkem neobsahovala povinnost banky zahrnout do záruční listiny uplatnění těchto námitek vůči věřiteli.

(4) Věřitel, který dosáhl na základě bankovní záruky plnění, na něž neměl vůči dlužníkovi nárok, vrátí dlužníkovi toto plnění a nahradí mu škodu tím

Section 321

(1) If the validity period under the certificate of guarantee is limited, the bank guarantee is discharged if the creditor fails to notify the bank in writing of its claims under the bank guarantee within the validity period.

(2) The debtor must pay to the bank the amounts that the bank transfers under its duty under the certificate of guarantee issued in accordance with the contract concluded with the debtor.

(3) The debtor cannot assert against the bank the defences that it could assert against the creditor unless the contract between the bank and the debtor contains a duty for the bank to include in the certificate of guarantee the assertion against the creditor of such defences.

(4) A creditor obtaining consideration, which it was not entitled to recover from the debtor, on the basis of a bank guarantee must return the relevant consideration to

způsobenou.

the debtor and must compensate the debtor for the resulting damage.

§ 322

Section 322

(1) Na bankovní záruku se použijí jinak přiměřeně ustanovení o ručení.

(1) Otherwise the provisions relating to guarantees apply to bank guarantees as appropriate.

(2) Vztah mezi bankou a dlužníkem se řídí podle ustanovení o smlouvě mandátní.

(2) The relationship between the bank and the debtor is governed by the provisions relating to a contract of mandate.

ODDÍL 5

SUB-CHAPTER 5

UZNÁNÍ ZÁVAZKU

ACKNOWLEDGEMENTS OF AN OBLIGATION

§ 323

Section 323

(1) Uzná-li někdo písemně svůj určitý závazek, má se za to, že v uznaném rozsahu tento závazek trvá v době uznání. Tyto účinky nastávají i v případě, kdy pohledávka věřitele byla v době uznání již promlčena.

(1) If a person acknowledges a specific obligation in writing, it is presumed that this obligation continues to the extent acknowledged at the time of the acknowledgement. The same effects occur even in the cases when a creditor's claim is already statute-barred at the time of the acknowledgement.

(2) Za uznání nepromlčeného závazku se považují i právní úkony uvedené v § 407 odst. 2 a 3.

(2) The legal acts set out in section 407 (2) and (3) are also considered to constitute an acknowledgement of an obligation that is not statute-barred.

(3) Uznání závazku má účinky i vůči ručiteli.

(3) An acknowledgement of obligation is also effective against a guarantor.

ODDÍL 6

SUB-CHAPTER 6

ZRUŠEN

REPEALED

§ 323a

Section 323a

zrušen

Repealed

nadpis vypuštěn

Heading repealed

§ 323b	**Section 323b**
zrušen	Repealed
§ 323c	**Section 323c**
zrušen	Repealed
nadpis vypuštěn	**Heading repealed**
§ 323d	**Section 323d**
zrušen	Repealed
§ 323e	**Section 323e**
zrušen	Repealed
§ 323f	**Section 323f**
zrušen	Repealed
§ 323g	**Section 323g**
zrušen	Repealed
§ 323h	**Section 323h**
zrušen	Repealed
§ 323i	**Section 323i**
zrušen	Repealed

DÍL VII

ZÁNIK ZÁVAZKU JEHO SPLNĚNÍM

ODDÍL 1

ZPŮSOB PLNĚNÍ

§ 324

(1) Závazek zanikne, je-li věřiteli splněn včas a řádně.

(2) Závazek zaniká také pozdním plněním dlužníka, ledaže před tímto plněním závazek již zanikl odstoupením věřitele od smlouvy.

(3) Jestliže dlužník poskytne vadné plnění a věřitel nemá právo odstoupit od smlouvy nebo tohoto práva nevyužije, mění se obsah závazku způsobem, který odpovídá nárokům věřitele vzniklým z vadného plnění, a závazek zaniká jejich uspokojením.

(4) Ustanovení odstavců 2 a 3 se nedotýkají nároků na náhradu škody a na smluvní pokutu.

§ 325

Mají-li strany vzájemné závazky, může se splnění závazku druhou stranou domáhat jen ta strana, která svůj závazek již splnila nebo je připravena a schopna jej splnit současně s druhou stranou, ledaže ze smlouvy, ze zákona nebo z povahy některého závazku vyplývá něco jiného.

CHAPTER VII

THE DISCHARGE OF AN OBLIGATION BY PERFORMANCE

SUB-CHAPTER 1

THE MANNER OF PERFORMANCE

Section 324

(1) An obligation is discharged in the event that performance is rendered to the creditor in full and on time.

(2) An obligation is also discharged in the event of late performance by the debtor, unless the obligation has already been discharged before this by the creditor's withdrawal from the contract.

(3) If the debtor provides defective performance and the creditor is not entitled to withdraw from the contract or it does not exercise the right to do so, the content of the obligation is modified in the manner relevant to the claims of the creditor arising from the defective performance and the obligation is discharged by the satisfaction of such claims.

(4) The provisions of subsections (2) and (3) do not affect the right to claim compensation for damage and to claim a contractual penalty.

Section 325

If the parties have mutual obligations, the performance of an obligation by the other party may only be requested by a party that has already performed its own obligation or is ready and able to perform it simultaneously with the other party, unless it is otherwise required under the contract, the law, or by the nature of one of the obligations.

§ 326

(1) Je-li strana povinna plnit závazek před plněním závazku druhé strany, může své plnění odepřít až do doby, kdy jí bude poskytnuto nebo dostatečně zajištěno plnění druhé strany, jestliže po uzavření smlouvy se stane zřejmým, že druhá strana nesplní svůj závazek vzhledem k nedostatku své způsobilosti poskytnout plnění nebo vzhledem k svému chování při přípravě plnění závazku.

(2) V případech uvedených v odstavci 1 může oprávněná strana stanovit druhé straně přiměřenou lhůtu k dodatečnému zajištění plnění a po uplynutí této lhůty může od smlouvy odstoupit. Bez poskytnutí této lhůty může strana od smlouvy odstoupit, jestliže na majetek druhé strany je prohlášen konkurs.

(3) Pokud z odstavců 1 a 2 nevyplývá něco jiného, není žádná ze stran oprávněna odepřít plnění nebo odstoupit od smlouvy z důvodu, že závazek druhé strany z jiné smlouvy nebyl splněn řádně nebo včas.

Section 326

(1) If a party is bound to perform an obligation before the other party performs its obligation and it becomes clear, on conclusion of the contract, that the other party will not perform its obligation because of a lack of capacity to provide the performance or because of its behaviour in preparing to perform the obligation, the first party may withhold its performance until the other party performs or until the performance of the other party is sufficiently secured.

(2) In the cases set out in subsection (1), the party entitled may provide the other party with a reasonable period to give additional security for performance and, after the expiry of that period, it may withdraw from the contract. A party is entitled to withdraw from a contract without providing this period if bankruptcy is declared over the assets of the other party.

(3) Unless subsections (1) and (2) require otherwise, none of the parties is entitled to withhold performance or to withdraw from the contract on the grounds that the obligation of the other party under another contract has not been performed in full and on time.

§ 327

(1) Lze-li závazek splnit několika způsoby, má právo určit způsob plnění dlužník, jestliže ze smlouvy nevyplývá, že toto právo přísluší věřiteli. Jestliže však věřitel neurčí tento způsob v době stanovené ve smlouvě, jinak do doby stanovené pro plnění, může dlužník určit způsob plnění.

Section 327

(1) If an obligation can be performed in several ways, the debtor is entitled to determine the manner of its performance, unless the contract requires that this right pertains to the creditor. If, however, the creditor fails to specify the manner of performance within the period set out in the contract, or within the period provided for performance of the obligation, the debtor is entitled itself to determine the manner of its performance.

(2) Jestliže na základě svého práva dlužník nebo věřitel, který je k tomu oprávněn, zvolí způsob plnění a sdělí jej druhé straně, nemůže bez souhlasu druhé strany tento způsob změnit.

(2) If the debtor or the creditor exercises its right to choose the manner of performance and notifies this to the other party, it cannot subsequently change the manner of performance without the other party's consent.

§ 328

Je-li předmětem plnění závazku věc určena podle druhu, je dlužník povinen poskytnout věřiteli věc, jež se hodí pro účely, pro něž se věc téhož druhu zpravidla používá na základě obdobných smluv.

Section 328

If the subject of an obligation is a material object specified generically, the debtor must provide to the creditor a material object that is suitable for the purposes for which a material object of the same generic type is generally used on the basis of similar contracts.

§ 329

Věřitel je povinen přijmout i částečné plnění závazku, pokud částečné plnění neodporuje povaze závazku nebo hospodářskému účelu sledovanému věřitelem při uzavření smlouvy, jestliže tento účel je ve smlouvě vyjádřen nebo v době uzavření smlouvy dlužníkovi znám.

Section 329

A creditor must also accept partial performance of an obligation, provided that partial performance does not contravene the nature of the obligation or the economic purpose pursued by the creditor in concluding the contract, if that purpose is expressed in the contract or known to the debtor at the time of the conclusion of the contract.

§ 330

(1) Má-li být věřiteli splněno týmž dlužníkem několik závazků a poskytnuté plnění nestačí na splnění všech závazků, je splněn závazek určený při plnění dlužníkem. Neurčí-li dlužník, který závazek plní, je splněn závazek nejdříve splatný, a to nejprve jeho příslušenství.

(2) Při plnění peněžitého závazku se započte placení nejprve na úroky a potom na jistinu, neurčí-li dlužník jinak.

Section 330

(1) If the creditor is entitled to the performance of several obligations by the same debtor and the performance given is not sufficient to satisfy all the obligations, the obligation that is treated as performed is the obligation specified by the debtor during performance. If the debtor does not specify which obligation it is performing, performance is applied against the obligation that is first due, starting with the accessories.

(2) When satisfying a monetary obligation, the payment is first set off against interest, and then against principal, unless the debtor specifies otherwise.

(3) Má-li dlužník vůči věřiteli několik peněžitých závazků a dlužník neurčí, který závazek plní, placení se týká nejdříve závazku, jehož splnění není zajištěno nebo je nejméně zajištěno, jinak závazku nejdříve splatného.

(3) If a debtor has several monetary obligations to the creditor and the debtor does not specify which obligation it is satisfying, the payment is first applied against an unsecured obligation or the least secured obligation, and otherwise to the obligation that is first due.

(4) Placení se týká náhrady škody teprve, když byl splněn peněžitý závazek, z jehož porušení vznikla povinnost k náhradě škody, pokud dlužník neurčí účel placení.

(4) If the debtor does not specify the purpose of a payment, the payment may only be applied against compensation for damages after the monetary obligation, the breach of which gave rise to the obligation to compensate for damages, has itself been performed.

§ 331

Plní-li dlužník svůj závazek pomocí jiné osoby, odpovídá tak, jako by závazek plnil sám, nestanoví-li tento zákon jinak.

Section 331

Unless this Code provides otherwise, a debtor that performs its obligation through another person remains liable as if it were performing the obligation itself.

§ 332

(1) Jestliže plnění závazku není vázáno na osobní vlastnosti dlužníka, je věřitel povinen přijmout plnění jeho závazku nabídnuté třetí osobou, jestliže s tím dlužník souhlasí. Souhlas dlužníka není zapotřebí, jestliže třetí osoba za závazek ručí nebo jeho splnění jiným způsobem zajišťuje a dlužník svůj závazek porušil.

(2) Nevyplývá-li z právního vztahu mezi dlužníkem a třetí osobou něco jiného, vstupuje třetí osoba splněním dlužníkova závazku do práv věřitele, který je povinen jí vydat a na ni převést všechny své důkazní prostředky.

Section 332

(1) If the performance of an obligation is not conditional on the personal qualities of the debtor, the creditor must accept performance of the obligation offered by a third party, provided that the debtor consents to this. The consent of the debtor is not required if the third person guarantees the obligation or secures its performance in another manner and the debtor is in breach of the obligation.

(2) Unless the legal relationship between the debtor and the third party requires otherwise, by performing the debtor's obligation the third party assumes the rights of the creditor, which must surrender and transfer to it all evidence relating to the obligation.

§ 333

(1) Přebírá-li plnění přímo věřitel, je dlužník oprávněn požadovat na něm potvrzení o předmětu a rozsahu plnění a odepřít je, dokud mu potvrzení není současně vydáno.

(2) Jestliže dlužník poskytne plnění osobě, která předloží potvrzení věřitele o přijetí plnění, má plnění účinky, jako kdyby dlužník plnil věřiteli.

Section 333

(1) If performance is received directly by the creditor, the debtor is entitled to request the creditor to issue to it a confirmation of the subject-matter and the extent of the performance tendered and to withhold its own performance until the relevant confirmation is given to it at the same time.

(2) If the debtor renders performance to a person that presents the creditor's confirmation of receipt for performance, the performance is treated the same as if the debtor had rendered performance to the creditor.

§ 334

Otevření akreditivu, jakož i vystavení směnky nebo šeku, prostřednictvím kterých má být podle smlouvy splněn peněžitý závazek, nemají vliv na trvání tohoto závazku. Věřitel je však oprávněn požadovat splnění peněžitého závazku na dlužníku podle smlouvy, jen když nemůže dosáhnout jeho splnění z akreditivu, směnky nebo šeku.

Section 334

The existence of a monetary obligation is not affected by the opening of a letter of credit, or the issue of a bill of exchange or a cheque, by means of which the obligation may be performed. The creditor is, however, only entitled to require the performance of a monetary obligation of the debtor under the contract if the creditor is unable to achieve performance of the obligation from the letter of credit, bill of exchange, or cheque.

ODDÍL 2

MÍSTO PLNĚNÍ

SUB-CHAPTER 2

THE PLACE OF PERFORMANCE

§ 335

K řádnému splnění závazku se vyžaduje, aby závazek byl splněn ve stanoveném místě.

Section 335

For an obligation to be fully performed, it must be performed in the place specified for performance.

§ 336

Není-li místo plnění určeno ve smlouvě a nevyplývá-li něco jiného z povahy závazku, je dlužník povinen plnit závazek v místě, kde měl v době uzavření smlouvy své sídlo nebo místo podnikání, popřípadě bydliště.

Section 336

If the place of performance is not specified in the contract and the nature of the obligation does not require otherwise, the debtor must perform the obligation at the place where it had its registered office, place of business, or

Vznikl-li však závazek v souvislosti s provozem závodu nebo provozovny dlužníka, je dlužník povinen splnit závazek v místě tohoto závodu nebo této provozovny.

residential address at the time of concluding the contract. If, however, the obligation arose in connection with the operations of a separate branch or an establishment of the debtor, the debtor must perform the obligation at the location of that branch or establishment.

§ 337

(1) Peněžitý závazek plní dlužník na své nebezpečí a náklady v sídle nebo místě podnikání, popřípadě bydlišti věřitele, nestanoví-li smlouva nebo tento zákon jinak.

(2) Změní-li věřitel po uzavření smlouvy sídlo nebo místo podnikání, popřípadě bydliště, nese zvýšené náklady a zvýšené nebezpečí spojené s placením peněžitého závazku, které tím dlužníku vzniknou.

Section 337

(1) The debtor must perform a monetary obligation at the registered office, place of business or residential address of the creditor and it must bear the risk and costs of performance, unless this Code or the contract provides otherwise.

(2) If the creditor relocates its registered office, place of business or residential address after the contract is concluded, it must bear any increased costs and risks that the debtor incurs in connection with payment of a monetary obligation.

§ 338

Vznikl-li peněžitý závazek v souvislosti s provozem závodu nebo provozovny věřitele, je dlužník povinen závazek splnit v místě tohoto závodu nebo provozovny, jestliže plnění peněžitého závazku se má uskutečnit současně s plněním druhé strany v místě tohoto závodu nebo této provozovny.

Section 338

If a monetary obligation has arisen in connection with the operations of a separate branch or an establishment of the creditor, the debtor must perform the obligation at the location of the relevant branch or establishment if performance of the monetary obligation must occur at the same time as the performance of the other party at the location of that particular branch or establishment.

§ 339

Peněžitý závazek lze též plnit na účet věřitele, vedený u poskytovatele platebních služeb, nebo poštovním poukazem, jestliže to není v rozporu s platebními podmínkami sjednanými mezi stranami.

Section 339

A monetary obligation can also be performed to an account of the creditor kept by a provider of payment services, or by a postal voucher, unless this is contrary to the payment terms agreed by the parties.

ODDÍL 3

DOBA PLNĚNÍ

§ 340

(1) Dlužník je povinen závazek splnit v době stanovené ve smlouvě.

(2) Není-li doba plnění ve smlouvě určena, je věřitel oprávněn požadovat plnění závazku ihned po uzavření smlouvy a dlužník je povinen závazek splnit bez zbytečného odkladu po té, kdy byl věřitelem o plnění požádán.

§ 341

Je-li podle smlouvy dlužník oprávněn, aby určil dobu plnění, a neurčí-li ji v přiměřené době, určí dobu plnění soud na návrh věřitele s přihlédnutím k povaze a místu plnění, jakož i k důvodu, proč bylo určení doby plnění přenecháno dlužníkovi.

§ 342

(1) Nevyplývá-li ze smlouvy nebo z ustanovení tohoto zákona něco jiného, je rozhodující úmysl stran projevený při uzavření smlouvy nebo povaha plnění pro určení, zda doba plnění je stanovena ve prospěch obou stran, nebo jen ve prospěch jedné z nich.

(2) Je-li doba plnění stanovena ve prospěch dlužníka, před touto dobou není věřitel oprávněn požadovat plnění, avšak dlužník je oprávněn plnit svůj závazek.

SUB-CHAPTER 3

THE TIME OF PERFORMANCE

Section 340

(1) The debtor must perform its obligation at the time specified for performance in the contract.

(2) If the time of performance is not specified in the contract, the creditor is entitled to require performance of the obligation immediately after the conclusion of the contract and the debtor must perform the obligation without undue delay after it is requested to do so by the creditor.

Section 341

If, under the contract, the debtor is entitled to select a time for performance and it does not do so within a reasonable time, the court must on petition of the creditor determine the time for performance having regard to the nature and place of the performance, as well as the reason for which the debtor had the discretion to select a time for performance.

Section 342

(1) Unless the contract or the provisions of this Code require otherwise, the intention of the parties expressed at the conclusion of the contract and the nature of the performance are decisive when determining whether the time for performance is for the benefit of both parties or for the benefit of just one of them.

(2) If the time for performance is specified for the benefit of the debtor, before that time, the creditor is not entitled to require performance but the debtor is entitled to perform the obligation.

(3) Je-li doba plnění stanovena ve prospěch věřitele, je před touto dobou věřitel oprávněn požadovat plnění, ale dlužník není oprávněn plnit svůj závazek.

(3) If the time for performance is specified for the benefit of the creditor, before that time, the creditor is entitled to require performance but the debtor is not entitled to perform the obligation.

(4) Je-li doba plnění stanovena ve prospěch obou stran, není před touto dobou věřitel oprávněn požadovat plnění a dlužník plnit svůj závazek.

(4) If the time for performance is specified for the benefit of both parties, before that time, the creditor is not entitled to require performance and the debtor is not entitled to perform the obligation.

§ 343

Splní-li dlužník peněžitý závazek před stanovenou dobou plnění, není oprávněn bez souhlasu věřitele odečíst od dlužné částky úrok odpovídající době, o kterou plnil dříve.

Section 343

If a debtor performs a monetary obligation before the specified time for performance, it is not entitled to deduct interest from the owed amount to reflect the earlier performance without the consent of the creditor.

DÍL VIII

NĚKTERÁ USTANOVENÍ O ZÁNIKU NESPLNĚNÉHO ZÁVAZKU

ODDÍL 1

ODSTOUPENÍ OD SMLOUVY

§ 344

Od smlouvy lze odstoupit pouze v případech, které stanoví smlouva nebo tento zákon.

§ 345

(1) Znamená-li prodlení dlužníka (§ 365) nebo věřitele (§ 370) podstatné porušení jeho smluvní povinnosti, je druhá strana oprávněna od smlouvy odstoupit, jestliže to oznámí straně v prodlení bez zbytečného odkladu poté, kdy se o tomto porušení dověděla.

(2) Pro účely tohoto zákona je porušení smlouvy podstatné, jestliže strana porušující smlouvu věděla v době uzavření smlouvy nebo v této době bylo rozumné předvídat s přihlédnutím k účelu smlouvy, který vyplynul z jejího obsahu nebo z okolností, za nichž byla smlouva uzavřena, že druhá strana nebude mít zájem na plnění povinností při takovém porušení smlouvy. V pochybnostech se má za to, že porušení smlouvy není podstatné.

(3) Oznámí-li strana oprávněná požadovat plnění smluvní povinnosti druhé strany, že na splnění této povinnosti trvá, nebo nevyužije-li včas právo odstoupit od smlouvy podle odstavce 1, je oprávněna odstoupit od smlouvy jen způsobem stanoveným pro nepodstatné porušení

CHAPTER VIII

MISCELLANEOUS PROVISIONS RELATING TO THE DISCHARGE OF AN UNPERFORMED OBLIGATION

SUB-CHAPTER 1

WITHDRAWAL FROM AN AGREEMENT

Section 344

Only this Code and the contract itself can specify the grounds for withdrawal from a contract.

Section 345

(1) If a breach by the debtor (section 365) or the creditor (section 370) constitutes a material breach of its contractual duty, the other party is entitled to withdraw from the contract on notice to the party in breach, to be given without undue delay after becoming aware of the relevant breach.

(2) For the purposes of this Code, a breach of contract is a material breach if the party in breach of contract knew at the time of its conclusion, or ought reasonably to have foreseen having regard to the purpose of the contract and its contents or the circumstances under which the contract was concluded, that the other party would no longer be interested in performance of the duties in the event of that particular breach of the contract. In cases of doubt, it is presumed that a breach of contract is not material.

(3) If a party that is entitled to demand performance of a contractual duty from the other party notifies the other party that it insists on performance of this duty, or if the first party does not exercise its right to withdraw from the contract in accordance with subsection (1) in time, it is only entitled

smluvní povinnosti; stanoví-li pro dodatečné plnění lhůtu, vzniká jí právo odstoupit od smlouvy po uplynutí této lhůty.

to withdraw from it in the manner provided for minor infringements of a contractual duty. If the entitled party provides an additional period for performance, it becomes entitled to withdraw from the contract after the additional period expires.

§ 346

(1) Znamená-li prodlení dlužníka nebo věřitele nepodstatné porušení smluvní povinnosti, může druhá strana odstoupit od smlouvy v případě, že strana, která je v prodlení, nesplní svou povinnost ani v dodatečné přiměřené lhůtě, která jí k tomu byla poskytnuta.

(2) Jestliže však strana, jež je v prodlení, prohlásí, že svůj závazek nesplní, může druhá strana od smlouvy odstoupit bez poskytnutí dodatečné přiměřené lhůty k plnění nebo před jejím uplynutím.

Section 346

(1) If a default on the part of the debtor or the creditor constitutes a minor infringement of a contractual duty, the other party is entitled to withdraw from the contract if the party in breach still does not perform its duty within an additional reasonable period given to it to do so.

(2) If, however, the party in default declares that it will not perform the obligation, the other party may withdraw from the contract without giving the additional reasonable period for performance or before that period expires.

§ 347

(1) Týká-li se prodlení dlužníka nebo věřitele pouze části splatného závazku, je druhá strana oprávněna odstoupit od smlouvy jen ohledně plnění, které se týká této části závazku.

(2) U smluv s postupným dílčím plněním lze odstoupit od smlouvy pouze ohledně dílčího plnění, s nímž je dlužník v prodlení.

(3) Ohledně části plnění, u něhož nenastalo prodlení, nebo ohledně dílčího plnění, které již bylo přijato nebo se má uskutečnit teprve v budoucnu, lze odstoupit od smlouvy, jestliže tato část plnění nebo toto dílčí plnění nemá zřejmě vzhledem ke své povaze pro oprávněnou

Section 347

(1) If a default by the debtor or by the creditor only relates to a part of the obligation that is due, the other party is only entitled to withdraw from the contract in respect of the performance that relates to that particular part of the obligation.

(2) Where contracts are to be satisfied in separate successive performances, it is only possible to withdraw from the relevant contracts with respect to the particular performance for which the debtor is in default

(3) With respect to the part of a performance for which there is not a default, or a separate performance that has already been accepted, or which is to be provided in the future, it is only possible to withdraw from the contract if that particular part of the performance or a separate performance is

stranu hospodářský význam bez zbytku plnění, u něhož nastalo prodlení, nebo neplnění závazku jako celku znamená podstatné porušení smlouvy.

clearly, due to its nature, of no economic significance to the entitled party without the remainder of the performance for which there is a default , or if a failure to perform the obligation in its entirety constitutes a material breach of the contract.

§ 348

(1) Ohledně povinnosti, jež má být plněna v budoucnu, lze od smlouvy odstoupit, když z chování povinné strany, nebo z jiných okolností nepochybně vyplývá ještě před dobou stanovenou pro plnění smluvní povinnosti, že tato povinnost bude porušena podstatným způsobem, a povinná strana neposkytne po vyzvání oprávněné strany bez zbytečného odkladu dostatečnou jistotu.

(2) Ohledně povinnosti, jež má být plněna v budoucnu, lze odstoupit od smlouvy i v případě, kdy povinná strana prohlásí, že svou povinnost nesplní.

Section 348

(1) With respect to a duty that is to be performed in the future, it is possible to withdraw from the contract before the time specified for performance of the contractual duty, if it is clear from the conduct of the obligor or from other circumstances that the obligor will materially breach this duty and, when invited to do so by the entitled party, the obligor does not without undue delay provide sufficient security.

(2) With respect to a duty that is to be performed in the future, it is also possible to withdraw from the contract if the obligor declares that it will not perform its duty.

§ 349

(1) Odstoupením od smlouvy smlouva zaniká, když v souladu s tímto zákonem projev vůle oprávněné strany odstoupit od smlouvy je doručen druhé straně; po této době nelze účinky odstoupení od smlouvy odvolat nebo měnit bez souhlasu druhé strany.

(2) Oprávněná strana nemůže odstoupit od smlouvy poté, kdy jí byla doručena zpráva, že již byla splněna povinnost, jejíž porušení bylo důvodem k odstoupení od smlouvy.

(3) Vyplývá-li z obsahu smlouvy, že věřitel nemá zájem na splnění závazku po době stanovené pro jeho plnění, nastanou účinky odstoupení od smlouvy počátkem prodlení dlužníka, jestliže věřitel neoznámí

Section 349

(1) In the event of a withdrawal from the contract, the contract is discharged when in accordance with this Code the entitled party's expression of will to withdraw from the contract is delivered to the other party. After this period, it is not possible to revoke or amend the effects of the withdrawal without the consent of the other party.

(2) If the breach of a duty is grounds for withdrawal from a contract, the entitled party cannot withdraw from the contract after a notice has been delivered to it that the duty had already been performed.

(3) If the content of the contract indicates that the creditor is not interested in performance of the obligation after the period provided for its performance, the effects of withdrawal from the contract arise

před touto dobou, že trvá na plnění závazku.

when debtor is in default, unless the creditor notifies the debtor that it insists on performance of the obligation before such period expires.

§ 350

(1) Je-li dodatečná lhůta poskytnutá k plnění nepřiměřená a oprávněná strana odstoupí od smlouvy po jejím uplynutí, nebo oprávněná strana odstoupí od smlouvy bez poskytnutí dodatečné lhůty pro plnění, nastávají účinky odstoupení teprve po marném uplynutí přiměřené dodatečné lhůty, jež měla být poskytnuta k plnění povinností.

(2) Při poskytnutí dodatečné lhůty může oprávněná strana druhé straně prohlásit, že odstupuje od smlouvy, jestliže druhá strana nesplní svou povinnost v této lhůtě. V tomto případě nastávají účinky odstoupení marným uplynutím této lhůty, je-li přiměřená nebo uplynutím přiměřené lhůty, jestliže stanovená lhůta nebyla přiměřená.

Section 350

(1) If the additional period provided for performance is inadequate and the entitled party withdraws from the contract after it expires, or if the entitled party withdraws from the contract without providing an additional period for performance, the withdrawal from the contract only takes effect after the expiry of a reasonable additional period, which should have been provided for the performance of the duties, without the required actions having been taken.

(2) When providing an additional period for performance, the entitled party may declare to the other party that it withdraws from the contract if the other party does not perform its duty within that period. In such case, the withdrawal from the contract is effective on the expiry of this period without the required actions having been taken, provided that the period was reasonable and, if the period given was not reasonable, when a reasonable period expires.

§ 351

(1) Odstoupením od smlouvy zanikají všechna práva a povinnosti stran ze smlouvy. Odstoupení od smlouvy se však nedotýká nároku na náhradu škody vzniklé porušením smlouvy, ani smluvních ustanovení týkajících se volby práva nebo volby tohoto zákona podle § 262, řešení sporů mezi smluvními stranami a jiných ustanovení, která podle projevené vůle stran nebo vzhledem ke své povaze mají trvat i po ukončení smlouvy.

Section 351

(1) A withdrawal from a contract discharges all rights and duties of the parties arising under the contract. However, claims for compensation for damage accrued as a result of a breach of the contract are not affected by withdrawal, and nor are contractual provisions relating to the choice of law or this Code under section 262, dispute resolution between the contractual parties or other provisions that, according to the express will of the parties, or due to their nature, are required to survive the

termination of the contract.

(2) Strana, které bylo před odstoupením od smlouvy poskytnuto plnění druhou stranou, toto plnění vrátí, u peněžního závazku spolu s úroky ve výši sjednané ve smlouvě pro tento případ, jinak stanovené podle § 502. Vrací-li plnění strana, která odstoupila od smlouvy, má nárok na úhradu nákladů s tím spojených.

(2) The party to which performance has been rendered by the other party before withdrawal from the contract must return the relevant performance, in the case of a monetary obligation, together with the agreed interest under the contract for such a case, or otherwise interest prescribed under section 502. If the party withdrawing from the contract is the one to return the consideration, it is entitled to reimbursement of the related costs.

ODDÍL 2

NĚKTERÁ USTANOVENÍ O DODATEČNÉ NEMOŽNOSTI PLNĚNÍ

SUB-CHAPTER 2

MISCELLANEOUS PROVISIONS RELATING TO SUPERVENING IMPOSSIBILITY OF PERFORMANCE

§ 352

Section 352

(1) Závazek se považuje za splnitelný též v případě, lze-li jej splnit pomocí jiné osoby.

(1) An obligation is also considered to be capable of performance in the cases that it can be performed with the assistance of another person.

(2) Závazek se stává nesplnitelným také v případě, kdy právní předpisy, které byly vydané po uzavření smlouvy a jejichž účinnost není časově ohraničená, dlužníkovi zakazují chování, k němuž je zavázán, nebo vyžadují úřední povolení, jež dlužníku nebylo uděleno, ačkoliv o ně řádně usiloval.

(2) An obligation also becomes incapable of performance in the cases that legal regulations, issued after the conclusion of the contract and containing no restrictions as to the period for which they are effective, prohibit conduct to which the debtor is bound or provide that a formal permission is required and that permission has not been not granted to the debtor despite its reasonable efforts to obtain it.

(3) Věřitel může odstoupit od smlouvy ohledně části plnění, které se nestalo nemožným, jestliže tato část ztrácí pro věřitele vzhledem ke své povaze nebo s přihlédnutím k účelu smlouvy, který vyplývá z jejího obsahu nebo byl druhé straně znám v době uzavření smlouvy, hospodářský význam bez poskytnutí plnění, jež se stalo nemožným. Totéž platí

(3) The creditor is entitled to withdraw from the contract for the part of the performance that remains possible if that particular part loses its economic significance for the creditor without the provision of the performance that became impossible, due to its nature or having regard to the purpose of the contract that was apparent from its content or was known to the other party at

ohledně dílčího plnění.

the time of the conclusion of the contract. The same applies to a separate performances.

(4) Nemožnost plnění je povinen prokázat dlužník.

(4) The debtor has the burden to establish impossibility of performance.

§ 353

Dlužník, jehož závazek zanikl pro nemožnost plnění, je povinen uhradit škodu tím způsobenou věřiteli, ledaže nemožnost plnění byla způsobena okolnostmi vylučujícími odpovědnost (§ 374). Pro náhradu škody se použije obdobně ustanovení § 373 a násl.

Section 353

A debtor whose obligation is discharged due to the impossibility of performance must compensate the creditor for the resulting damage, unless the impossibility of performance was caused by circumstances excusing liability (section 374). The provisions of section 373 onwards apply to the compensation for damage with appropriate changes.

§ 354

Při zániku závazku pro nemožnost plnění nebo jeho části nastávají obdobně účinky uvedené v § 351.

Section 354

The discharge of an obligation for total or partial impossibility of performance has the legal effects set out in section 351.

ODDÍL 3

ODSTUPNÉ

SUB-CHAPTER 3

BREAK FEES

§ 355

(1) Zahrnou-li strany do smlouvy ujednání, že jedna ze stran nebo kterákoli ze stran je oprávněna smlouvu zrušit zaplacením určité částky jako odstupného, zrušuje se smlouva od doby svého uzavření, když oprávněná osoba oznámí druhé straně, že svého práva využívá a stanovené odstupné zaplatí. Ustanovení § 351 odst. 1 platí přiměřeně pro účinky zrušení smlouvy.

Section 355

(1) If the parties include in the contract a provision that only one or any of them is entitled to terminate the contract by payment of a certain amount as a break fee, the contract is terminated by withdrawal, as from the time of its conclusion, by notice from the entitled party to the other party that it is exercising this right and on payment of the agreed break fee. The provisions of section 351 (1) apply as appropriate to the effects of termination of the contract.

(2) Oprávnění podle odstavce 1 nemá strana, která již přijala plnění závazku druhé strany nebo jeho části, nebo která splnila svůj závazek nebo jeho část.

(2) The entitlement under subsection (1) does not arise for a party that has already accepted complete or partial performance of an obligation of the other party or has performed all or part of its obligation.

ODDÍL 4

ZMAŘENÍ ÚČELU SMLOUVY

SUB-CHAPTER 4

THE FRUSTRATION OF A CONTRACT'S PURPOSE

§ 356

(1) Zmaří-li se po uzavření smlouvy její základní účel, který v ní byl výslovně vyjádřen, v důsledku podstatné změny okolností, za nichž byla smlouva uzavřena, může strana dotčená zmařením účelu smlouvy od ní odstoupit.

(2) Za změnu okolností podle odstavce 1 se nepovažuje změna majetkových poměrů některé strany a změna hospodářské nebo tržní situace.

Section 356

(1) If, after the conclusion of a contract, its basic purpose, as expressly stated in it, is frustrated as a result of a material change in the circumstances for which the contract was concluded, the party affected by the frustration may withdraw from the contract.

(2) A change in the economic situation of either party, or a change in the economic or market conditions, is not considered to be a change in circumstances under subsection (1).

§ 357

Strana, která odstoupila od smlouvy podle § 356, je povinna nahradit druhé straně škodu, která jí vznikne odstoupením od smlouvy. Pro účinky odstoupení od smlouvy platí přiměřeně § 351.

Section 357

A party that has withdrawn from a contract under section 356 must compensate the other party for the damage that the other party incurs as a result of the withdrawal from the contract. Section 351 applies as appropriate to the effects of withdrawal from the contract.

DÍL IX

NĚKTERÁ USTANOVENÍ O ZAPOČTENÍ POHLEDÁVEK

CHAPTER IX

MISCELLANEOUS PROVISIONS RELATING TO THE SET-OFF OF CLAIMS

§ 358

K započtení jsou způsobilé pohledávky, které lze uplatnit u soudu. Započtení však nebrání, jestliže pohledávka je promlčena, avšak promlčení nastalo teprve po době, kdy se pohledávky staly způsobilými k započtení.

Section 358

Only claims that are legally actionable can be set off. The fact that a claim is statute-barred, however, does not affect its eligibility for set off, provided that it only became statute-barred after the claims had become eligible for set off.

§ 359

Proti pohledávce splatné nelze započíst pohledávku nesplatnou, ledaže jde o pohledávku vůči dlužníku, který není schopen plnit své peněžité závazky.

Section 359

A claim that is not yet due cannot be set off against a claim that is due, unless it is a claim against a debtor that is unable to perform its monetary obligations.

§ 360

Započíst lze i pohledávku, jež není splatná jen proto, že věřitel na žádost dlužníka odložil dobu splatnosti jeho závazku, aniž se změnil jeho obsah.

Section 360

A claim that is not due only because the creditor deferred the due date of the debtor's obligation at the debtor's request, without otherwise changing the content of the obligation, is eligible for set-off.

§ 361

Strana, jež vede na základě smlouvy pro druhou stranu běžný nebo vkladový účet, může použít peněžních prostředků na těchto účtech pouze k započtení své vzájemné pohledávky, kterou má vůči majiteli účtu podle smlouvy o vedení těchto účtů.

Section 361

A party that keeps a current or deposit account for the other party on the basis of a contract may only use the funds on the relevant accounts to set off against its own claims against the account holder under the contract on the operation of such accounts.

§ 362

Peněžité pohledávky znějící na různé měny jsou započitatelné, jen když tyto měny jsou volně směnitelné. Pro započitatelnou výši těchto pohledávek je rozhodující střední devizový kurs platný v den, kdy se pohledávky staly způsobilými k započtení. Rozhodný je devizový kurs platný v místě

Section 362

Monetary claims in various currencies are only eligible for set-off if the relevant currencies are freely convertible. The amount of the receivables available for set-off is determined according to the average exchange rate applicable as at the date on which the claims become eligible for set-off.

sídla nebo v místě podnikání, popřípadě bydliště strany, která projevila vůli pohledávky započíst.

The relevant rate is the exchange rate applicable in the location of the registered office or in the place of business, or the residential address of the party that expressed the will to set the claims off.

§ 363

Byla-li pohledávka postupně převedena na několik osob, může dlužník použít k započtení pouze pohledávku, kterou měl v době převodu vůči prvnímu věřiteli, a pohledávku, kterou má vůči poslednímu věřiteli.

Section 363

If a claim has been transferred over time to several persons, the debtor may only set off against it a claim that it had at the time of the transfer against the first creditor and a claim that it has against the last creditor.

§ 364

Na základě dohody stran lze započítat jakékoli vzájemné pohledávky.

Section 364

Mutual claims can be set off on the basis of an agreement by both parties.

DÍL X

PORUŠENÍ SMLUVNÍCH POVINNOSTÍ A JEHO NÁSLEDKY

ODDÍL 1

PRODLENÍ DLUŽNÍKA

§ 365

Dlužník je v prodlení, jestliže nesplní řádně a včas svůj závazek, a to až do doby poskytnutí řádného plnění nebo do doby, kdy závazek zanikne jiným způsobem. Dlužník však není v prodlení, pokud nemůže plnit svůj závazek v důsledku prodlení věřitele.

§ 366

Pokud zákon nestanoví pro jednotlivé druhy smluv něco jiného, může věřitel při prodlení dlužníka trvat na řádném plnění závazku.

§ 367

Věřitel je oprávněn při prodlení dlužníka požadovat od něho náhradu škody podle § 373 a násl. Odstoupit od smlouvy je oprávněn v případech, které stanoví zákon nebo smlouva.

§ 368

(1) Je-li dlužník v prodlení s předáním nebo vrácením věci věřiteli nebo nakládá-li s věcí, kterou má předat nebo vrátit věřiteli, v rozporu s povinnostmi vyplývajícími ze závazkového vztahu, přechází na něho po dobu, po kterou je v prodlení nebo porušuje tyto povinnosti, nebezpečí škody na věci, jestliže toto nebezpečí nenesl již předtím.

CHAPTER X

THE BREACH OF CONTRACTUAL DUTIES AND ITS CONSEQUENCES

SUB-CHAPTER 1

DEFAULT OF THE DEBTOR

Section 365

A debtor is in default if it fails to perform its obligation in full and on time, and it is presumed to be in default until the time when it provides full performance or the time when the obligation is discharged in another manner. A debtor is not, however, in default if it is unable to perform its obligation as a result of a default of the creditor.

Section 366

Unless the law provides otherwise for individual types of contracts, a creditor has the right to insist on full performance of the obligation if the debtor is in default.

Section 367

If the debtor is in default, the creditor is entitled to require compensation for damage in accordance with section 373 onwards. It is entitled to withdraw from the contract in the cases provided by the law or the contract.

Section 368

(1) If a debtor is in default with the handing over or return of a material object to the creditor or if it handles the material object that it is to hand over or return to the creditor to the contrary of the duties deriving from the relationship of obligation, it bears the risks of damage to the material object for the period for which it is in default or breaches such duties, if it was not bearing

the risk already.

(2) Škodou na věci ve smyslu tohoto zákona je ztráta, zničení, poškození nebo znehodnocení věci bez ohledu na to, z jakých příčin k nim došlo.

(2) Damage to a material object within the meaning of this Code is comprised in the loss, destruction, damage, or devaluation of the material object regardless of what caused it.

(3) Dlužník nahradí věřiteli škodu na věci, jestliže k ní došlo v době, kdy nesl nebezpečí škody na věci, ledaže tato škoda byla způsobena věřitelem nebo vlastníkem věci nebo by k ní došlo i při splnění povinnosti dlužníka. Pro náhradu je rozhodující snížení hodnoty věci s přihlédnutím k cenovým poměrům v době vzniku škody na věci. Nárok na náhradu jiné škody podle § 373 a násl. tím není dotčen.

(3) The debtor must compensate the creditor for the damage to a material object if it occurred at the time when it was bearing the risk of damage to the material object, unless such damage was caused by the creditor or by the owner of the material object or it would occur also if the debtor performed its duty. The amount of compensation must be determined according to the reduction in value of the material object with respect to the price levels at the time when the damage to the material object occurred. An accrued claim to compensation for other damage in accordance with section 373 onwards is unaffected by this.

§ 369

Section 369

(1) Je-li dlužník v prodlení se splněním peněžitého závazku nebo jeho části a není smluvena sazba úroků z prodlení, je dlužník povinen platit z nezaplacené částky úroky z prodlení určené ve smlouvě, jinak určené předpisy práva občanského.

(1) If the debtor is in default with all or part of the performance of a monetary obligation and the rate of default interest is not agreed, the debtor must pay default interest on the unpaid amount at the rates set out in the contract, or otherwise at the rates set by the special regulations of civil law.

(2) Věřitel má nárok na náhradu škody způsobené prodlením se splněním peněžitého závazku, jen pokud tato škoda není kryta úroky z prodlení.

(2) The creditor is only entitled to compensation for damage caused by the default in performance of the monetary obligation if the relevant damage is not covered by default interest.

§ 369a

Section 369a

(1) Ve vztahu mezi podnikateli nebo ve vztahu mezi podnikateli a veřejnoprávními korporacemi nebo podnikateli a státními příspěvkovými organizacemi, jehož předmětem je úplatná dodávka zboží nebo

(1) In a relationship between entrepreneurs, or in a relationship between entrepreneurs and public corporations, or between entrepreneurs and state institutions receiving contributions from the state

služeb, vzniká věřiteli právo na úrok z prodlení stanovený předpisy práva občanského (§ 369) dnem následujícím po dni splatnosti nebo po uplynutí lhůty k placení ceny dodávky stanovenými smlouvou, jsou-li splněny podmínky uvedené v odstavci 3.

budget, the subject of which is the delivery of goods or services for consideration, the creditor becomes entitled to default interest set under the regulations of civil law (section 369) as at the date following the due date or the expiry of the period for the payment of the price for the delivery set out in the contract, provided that conditions set out in subsection (3) are met.

(2) Není-li den nebo lhůta splatnosti ceny dodávky stanovena smlouvou, vznikne právo na úrok z prodlení, aniž je zapotřebí výzvy k plnění,

(2) If neither a date, nor a maturity period for the price is set out in the contract, the creditor becomes entitled to default interest without a requirement to invite the performance on the following:

a) uplynutím 30 dnů ode dne, kdy dlužník obdržel fakturu nebo obdobnou žádost o zaplacení,

(a) on the expiry of 30 days after the date on which the debtor has received an invoice or an equivalent request for payment;

b) není-li možno určit den obdržení faktury nebo obdobné žádosti o zaplacení, uplynutím 30 dnů od obdržení zboží nebo služby,

(b) if the date on which the invoice or equivalent request for payment was received cannot be determined, on the expiry of 30 days from the date of receipt of the goods or services;

c) obdrží-li dlužník fakturu nebo obdobnou žádost o zaplacení dříve než zboží nebo služby, uplynutím 30 dnů od obdržení zboží nebo služby, nebo

(c) if the debtor receives an invoice or equivalent request for payment before receiving the goods or services, on the expiry of 30 days from the receipt of the goods or services; or

d) jestliže zákon nebo smlouva ukládá převzetí nebo ověření shody zboží nebo služby se smlouvou a jestliže dlužník obdrží fakturu nebo obdobnou žádost o zaplacení před nebo při převzetí nebo před nebo při ověření shody, uplynutím 30 dnů po tomto pozdějším datu.

(d) if the law or the contract imposes the acceptance or verification of conformity of the goods or service with the contract and if the debtor receives an invoice or equivalent request for payment before or on the occasion of acceptance or before or on the occasion of the verification of conformity, on expiry of 30 days from that later date.

(3) Věřitel má právo požadovat úroky z prodlení jenom v míře, v jaké splnil své zákonné a smluvní povinnosti a jestliže neobdržel dlužnou částku v době její

(3) The creditor only has the right to require default interest to the extent to which it performed its own legal and contractual duties and if it did not receive the

splatnosti, ledaže dlužník není odpovědný za prodlení.

outstanding amount at the time it was due, and only provided that the debtor is liable for the default.

(4) Dohoda stran odchylná od odstavců 2 a 3 a dohoda o výši úroku odchylná od výše stanovené předpisy práva občanského (§ 369), která je i s ohledem na konkrétní okolnosti případu, praxi zavedenou mezi stranami a na obchodní zvyklosti zřejmě zneužívající ve vztahu k věřiteli, je neplatná. Jestliže soud zjistí, že dohoda podle věty prvé je zneužívající a neexistuje objektivní důvod pro úpravu ve smlouvě odchylnou od odstavců 2 a 3 nebo o odchylné výši úroku, použijí se odstavce 2 a 3 a výše úroku stanovená předpisy obecného občanského práva; právo na náhradu škody podle § 369 odst. 2 není dotčeno.

(4) An agreement by the parties deviating from subsections (2) and (3) and an agreement on the rate of interest deviating from the rate provided by the regulations of civil law (section 369) is void if it is, having regard to the specific circumstances of the case and the practices introduced between the parties themselves and commercial practices, apparently unfair in relation to the creditor. If the court determines that an agreement in accordance with the first sentence is unfair and there are no objective grounds for making provisions in the contract that deviate from subsections (2) and (3) or that provide for a different rate of interest, subsections (2) and (3) apply together with the rate of interest provided by the regulations of general civil law. The right to compensation for damage pursuant to section 369 (2) is not affected.

(5) Žalobu z důvodu, že smluvní podmínky určené pro obecné používání jsou zřejmě zneužívající ve smyslu odstavce 4, může podat a účastníkem řízení být i právnická osoba založená s cílem hájit zájmy středních a malých podniků.

(5) A legal person that is formed with the purpose of protecting the interests of small and medium enterprises may also bring an action and be a party to proceedings on grounds that contractual terms intended for general use are apparently unfair within the meaning of subsection (4).

ODDÍL 2

PRODLENÍ VĚŘITELE

§ 370

Věřitel je v prodlení, jestliže v rozporu se svými povinnostmi vyplývajícími ze závazkového vztahu nepřevezme řádně nabídnuté plnění nebo neposkytne spolupůsobení nutné k tomu, aby dlužník mohl splnit svůj závazek.

SUB-CHAPTER 2

DEFAULT OF THE CREDITOR

Section 370

A creditor is in default if, contrary to its duties deriving from a relationship of obligation, it fails to accept an offer of full performance or it does not provide the level of cooperation necessary to enable the debtor to perform its obligation.

§ 371

(1) Od věřitele, který je v prodlení, může dlužník požadovat splnění jeho povinnosti, pokud zákon nestanoví něco jiného.

(2) Dlužník je oprávněn požadovat od věřitele, který je v prodlení, náhradu škody podle § 373 a násl. Odstoupit od smlouvy může dlužník v případech stanovených zákonem nebo smlouvou.

Section 371

(1) The debtor is entitled to require the performance of the duty of a creditor in default unless this Code provides otherwise.

(2) The debtor is entitled to require compensation for damage from a creditor in default in accordance with section 373 onwards. The debtor may withdraw from the contract in the cases set out by law or the contract.

§ 372

(1) Je-li předmětem plnění věc, kterou věřitel nepřevezme v rozporu se svými povinnostmi, přechází na věřitele po dobu jeho prodlení nebezpečí škody na věci (§ 368 odst. 2), jestliže předtím toto nebezpečí nesl dlužník.

(2) Jestliže škoda na věci vznikla v době, kdy ji nesl věřitel, není dlužník povinen k její náhradě nebo k jejímu odstranění, ledaže škoda byla způsobena porušením povinností dlužníka.

Section 372

(1) If the subject of the performance is a material object that the creditor fails to accept, contrary to its duties, the risk of damage to the material object passes by transmission to the creditor for the duration of its default (section 368 (2)) if the risk was until then borne by the debtor.

(2) If damage to the material object has arisen at a time when the risk was borne by the creditor, the debtor does not have to compensate it or remedy it, unless the damage has been caused by the debtor's breach of duty.

ODDÍL 3

NÁHRADA ŠKODY

§ 373

Kdo poruší svou povinnost ze závazkového vztahu, je povinen nahradit škodu tím způsobenou druhé straně, ledaže prokáže, že porušení povinností bylo způsobeno okolnostmi vylučujícími odpovědnost.

SUB-CHAPTER 3

COMPENSATION FOR DAMAGE

Section 373

A party that breaches its duty under a relationship of obligation must provide compensation for the resultant damage to the other party unless it establishes that the breach of the obligation was caused by circumstances excusing liability.

§ 374

(1) Za okolnosti vylučující odpovědnost se považuje překážka, jež nastala nezávisle na vůli povinné strany a brání jí ve splnění její povinnosti, jestliže nelze rozumně předpokládat, že by povinná strana tuto překážku nebo její následky odvrátila nebo překonala, a dále, že by v době vzniku závazku tuto překážku předvídala.

(2) Odpovědnost nevylučuje překážka, která vznikla teprve v době, kdy povinná strana byla v prodlení s plněním své povinnosti, nebo vznikla z jejich hospodářských poměrů.

(3) Účinky vylučující odpovědnost jsou omezeny pouze na dobu, dokud trvá překážka, s níž jsou tyto účinky spojeny.

Section 374

(1) Circumstances excusing liability are comprised in an impediment that has arisen independently of the will of the obligor and prevents the obligor from performing its duty, provided that it could not reasonably be anticipated that the obligor could avert or overcome the impediment or its consequences and, further, that it could not have foreseen this impediment at the time of creation of the obligation.

(2) Liability is not excused by an impediment occurring only after the obligor defaults in the performance of its duty or an impediment occurring as a result of the economic situation of the obligor.

(3) The effects of an excuse from liability are restricted to the period for which the impediment associated with these effects continues.

§ 375

Bylo-li porušení povinnosti ze závazkového vztahu způsobeno třetí osobou, které povinná strana svěřila plnění své povinnosti, je u povinné strany vyloučena odpovědnost jen v případě, kdy je u ní vyloučena odpovědnost podle § 374 a třetí osoba by rovněž podle tohoto ustanovení nebyla odpovědnou, kdyby oprávněné straně byla přímo zavázána místo povinné strany.

Section 375

If a breach of duty under a relationship of obligation has been caused by a third party with which the obligor entrusted the performance of its duty, the liability of the obligor is only excused if its liability is excused under section 374 and the third party would also not have been liable under that provision if it had been directly bound to the entitled party instead of the obligor.

§ 376

Poškozená strana nemá nárok na náhradu škody, pokud nesplnění povinností povinné strany bylo způsobeno jednáním poškozené strany nebo nedostatkem součinnosti, ke které byla poškozená strana povinna.

Section 376

An injured party is not entitled to compensation for damage if the non-performance of the obligation by the obligor has been caused by acts of the injured party or by a lack of cooperation, the provision of which was the duty of the injured party.

§ 377

(1) Strana, která porušuje svou povinnost nebo která s přihlédnutím ke všem okolnostem má vědět, že poruší svou povinnost ze závazkového vztahu, je povinna oznámit druhé straně povahu překážky, která jí brání nebo bude bránit v plnění povinnosti, a o jejích důsledcích. Zpráva musí být podána bez zbytečného odkladu poté, kdy se povinná strana o překážce dověděla nebo při náležité péči mohla dovědět.

(2) Jestliže povinná strana tuto povinnost nesplní nebo oprávněné straně není zpráva včas doručena, má poškozená strana nárok na náhradu škody, která jí tím vznikla.

Section 377

(1) A party that breaches its duty or that, considering all the circumstances, ought to know that it will breach its duty under a relationship of obligation must notify the other party of the nature of the impediment that prevents it or will prevent it from performing its duty and of its consequences. A report must be submitted without undue delay after the obligor becomes aware of the relevant impediment or could have become aware of it by applying due care.

(2) If the obligor fails to perform the relevant duty or the notification is not delivered to the entitled party in time, the injured party is entitled to compensation for damage it incurs as a result.

§ 378

Škoda se nahrazuje v penězích; jestliže však o to oprávněná strana požádá a je-li to možné a obvyklé, nahrazuje se škoda uvedením v předešlý stav.

Section 378

Damage must be compensated in cash. If, however, the entitled party so requests and it is possible and customary in the relevant circumstances, damage may be compensated by restoration of the original condition.

§ 379

Nestanoví-li tento zákon jinak, nahrazuje se skutečná škoda a ušlý zisk. Nenahrazuje se škoda, jež převyšuje škodu, kterou v době vzniku závazkového vztahu povinná strana jako možný důsledek porušení své povinnosti předvídala nebo kterou bylo možno předvídat s přihlédnutím ke skutečnostem, jež v uvedené době povinná strana znala nebo měla znát při obvyklé péči.

Section 379

Unless this Code provides otherwise, compensation may cover actual damage and lost profit. Damage cannot be compensated if it exceeds the damage that the obligor foresaw or ought to have foreseen at the time of the conclusion of the relationship of obligation as a possible consequence of the breach of its duty, having regard to the facts that the obligor knew or ought to have known applying usual care at that time.

§ 380

Za škodu se považuje též újma, která poškozené straně vznikla tím, že musela vynaložit náklady v důsledku porušení

Section 380

Detriment incurred by an injured party by having to bear the costs resulting from the breach of duty by the other party is also povinnosti druhé strany.

treated as damage.

§ 381

Section 381

Místo skutečně ušlého zisku může poškozená strana požadovat náhradu zisku dosahovaného zpravidla v poctivém obchodním styku za podmínek obdobných podmínkám porušené smlouvy v okruhu podnikání, v němž podniká.

Instead of actual lost profit, the injured party may require compensation for profit generally gained in equitable commercial dealings under conditions equivalent to the conditions of the contract breached and in the sector of business carried on.

§ 382

Section 382

Poškozená strana nemá nárok na náhradu té části škody, jež byla způsobena nesplněním její povinnosti stanovené právními předpisy vydanými za účelem předcházení vzniku škody nebo omezení jejího rozsahu.

An injured party is not entitled to compensation for the part of the damage that has been caused by its own failure to perform its duty set out in legal regulations issued for the purpose of preventing the occurrence of damage or restriction on its extent.

§ 383

Section 383

Je-li k náhradě škody zavázáno několik osob, jsou tyto osoby povinny škodu nahradit společně a nerozdílně a mezi sebou se vypořádají podle rozsahu své odpovědnosti.

If several persons are liable for compensation for damage, these persons must compensate the damage jointly and severally and must settle the matter between themselves according the extent of their liability.

§ 384

Section 384

(1) Osoba, které hrozí škoda, je povinna s přihlédnutím k okolnostem případu učinit opatření potřebné k odvrácení škody nebo k jejímu zmírnění. Povinná osoba není povinna nahradit škodu, která vznikla tím, že poškozený tuto povinnost nesplnil.

(2) Povinná strana má povinnost nahradit náklady, které vznikly druhé straně při plnění povinnosti podle odstavce 1.

(1) A party for which damage is threatened must, having regard to the circumstances of the relevant case, take the measures necessary to avert or mitigate the damage. The obligor does not have to compensate the damage that occurs as a result of the injured party not performing this duty.

(2) The obligor must provide compensation for the costs incurred by the other party in performing the duty under subsection (1).

§ 385

Odstoupila-li poškozená strana při porušení smluvní povinnosti druhé strany od smlouvy, nemá nárok na náhradu škody, která vznikla tím, že nevyužila včas možnosti uzavřít náhradní smlouvu k účelu, k němuž měla sloužit smlouva, od které poškozená strana odstoupila.

Section 385

If an injured party has withdrawn from a contract by reason of the breach of a contractual duty by the other party, it is not entitled to compensation for damage incurred as a result of its failure to use an opportunity to conclude an alternative contract in time for the purpose that was to be served by the contract from which the injured party has withdrawn.

§ 386

(1) Ve vztazích upravených tímto zákonem se lze dohodou vzdát práva na náhradu škody či toto právo omezit i před porušením povinnosti, z něhož může škoda vzniknout. Před porušením povinnosti, z něhož může škoda vzniknout, se však nelze vzdát práva na náhradu škody způsobené úmyslně ani toto právo omezit.

(2) Náhradu škody nemůže soud snížit.

Section 386

(1) In relationships governed by this Code, the right to compensation for damage may be waived or limited by agreement, which may be concluded even before a breach of duty from which damage may be incurred. Before a breach of duty from which damage may be incurred, however, it is not possible to waive or limit the right to compensation for damage that is deliberately inflicted.

(2) The court cannot reduce compensation for damage.

DÍL XI

PROMLČENÍ

ODDÍL 1

PŘEDMĚT PROMLČENÍ

§ 387

(1) Právo se promlčí uplynutím promlčecí doby stanovené zákonem.

(2) Promlčení podléhají všechna práva ze závazkových vztahů s výjimkou práva vypovědět smlouvu uzavřenou na dobu neurčitou.

(3) Práva z finančního zajištění a ujednání o něm se nepromlčí dříve, než se promlčí poslední z pohledávek finančního charakteru zajištěných příslušným ujednáním o finančním zajištění.

ODDÍL 2

ÚČINKY PROMLČENÍ

§ 388

(1) Promlčením právo na plnění povinnosti druhé strany nezaniká, nemůže však být přiznáno nebo uznáno soudem, jestliže povinná osoba namítne promlčení po uplynutí promlčecí doby.

(2) I po uplynutí promlčecí doby může však oprávněná strana uplatnit své právo při obraně nebo při započtení, jestliže:

CHAPTER XI

THE STATUTE OF LIMITATIONS

SUB-CHAPTER 1

THE SCOPE OF THE STATUTE OF LIMITATIONS

Section 387

(1) A right becomes statute-barred on the expiry of the limitation period prescribed by the law.

(2) All rights from relationships of obligation are subject to the statute of limitations, with the exception of the right to give a notice of termination under a contract concluded for an indefinite period.

(3) The rights from financial collateral and arrangements relating to it do not become statute-barred before the last claim of a financial nature and secured by the relevant financial collateral arrangements becomes statute-barred.

SUB-CHAPTER 2

THE EFFECTS OF THE STATUTE OF LIMITATIONS

Section 388

(1) When a right to the performance of a duty by the other party becomes statute-barred, it does not expire, but it cannot be legally determined or acknowledged by the court if, after the limitation period expires, the obligor relies on the statute of limitations.

(2) An entitled party may, however, assert its right by way of a defence or it may apply set off even after the limitation period expires in case of the following:

a) obě práva se vztahují k téže smlouvě nebo k několika smlouvám uzavřeným na základě jednoho jednání nebo několika souvisejících jednání, nebo

(a) both rights relate to the same contract or to several contracts concluded on the basis of one act or several related acts; or

b) právo mohlo být použito kdykoli před uplynutím promlčecí doby k započtení vůči nároku uplatněnému druhou stranou.

(b) the right was capable of being set off against a claim brought by the other party at any time before the expiry of the limitation period.

§ 389

Section 389

Jestliže dlužník splnil svůj závazek po uplynutí promlčecí doby, není oprávněn požadovat vrácení toho, co plnil, i když nevěděl v době plnění, že promlčecí doba již uplynula.

If the debtor has performed its obligation after the limitation period expires, it is not entitled to require the return of the consideration it has already provided even if, at the time of performance, it was not aware that the limitation period had expired.

§ 390

Section 390

Jestliže se promlčí právo uskutečnit právní úkon, účinky tohoto právního úkonu nenastanou vůči osobě, která namítne promlčení.

If the right to conclude a legal act becomes statute-barred, the relevant legal act has no effects against a person that relies on the statute of limitations.

ODDÍL 3

POČÁTEK A TRVÁNÍ PROMLČECÍ DOBY

SUB-CHAPTER 3

THE COMMENCEMENT AND EXISTENCE OF THE LIMITATION PERIOD

§ 391

Section 391

(1) U práv vymahatelných u soudu začíná běžet promlčecí doba ode dne, kdy právo mohlo být uplatněno u soudu, nestanoví-li tento zákon něco jiného.

(1) For rights enforceable before a court, the limitation period starts to run from the date on which the right could have been asserted before the court, unless this Code provides otherwise.

(2) U práv uskutečnit právní úkon běží promlčecí doba ode dne, kdy právní úkon mohl být učiněn, nestanoví-li tento zákon něco jiného.

(2) For rights to conclude a legal act, the limitation period runs from the date on which the the legal act could have been concluded, unless this Code provides otherwise.

§ 392

(1) U práva na plnění závazku běží promlčecí doba ode dne, kdy měl být závazek splněn nebo mělo být započato s jeho plněním (doba splatnosti). Spočívá-li obsah závazku v povinnosti nepřetržitě vykonávat určitou činnost, zdržet se určité činnosti nebo něco strpět, počíná promlčecí doba běžet od porušení této povinnosti.

(2) U práva na dílčí plnění běží promlčecí doba pro každé dílčí plnění samostatně. Stane-li se pro nesplnění některého dílčího závazku splatný závazek celý, běží promlčecí doba od doby splatnosti nesplněného závazku.

§ 393

(1) U práv vzniklých z porušení povinnosti počíná promlčecí doba běžet dnem, kdy byla povinnost porušena, jestliže není pro promlčení některých těchto práv stanovena zvláštní úprava.

(2) U práv z vad věcí běží promlčecí doba ode dne jejich předání oprávněnému nebo osobě jím určené nebo ode dne, kdy byla porušena povinnost věc převzít. U nároků ze záruky za jakost běží promlčecí doba vždy ode dne včasného oznámení vady během záruční doby a u nároků z právních vad od uplatnění práva třetí osobou.

Section 392

(1) In case of a right to the performance of an obligation, the limitation period runs from the date on which the obligation should have been performed or its performance should have commenced (the due date). If the content of the obligation consists of a duty of continuous performance of a certain activity, desisting from a certain activity, or suffering a certain matter, the limitation period begins to run from the date of breach of the relevant duty.

(2) For a right to separate performances, the limitation period runs separately for each separate performance. If the entire obligation becomes due on grounds of a non-performance of some of the separate performances, the limitation period runs from the date on which the unperformed obligation is due.

Section 393

(1) For rights arising as result of a breach of duty, the limitation period begins to run from the date on which the duty is breached, unless there are special legal regulations governing the statutory limitation for the relevant rights.

(2) For rights relating to defective material objects, the limitation period runs from the date on which the material objects are handed over to the entitled person or to a person specified by it or from the date on which the duty to take delivery of the material object is breached. For claims under a guarantee of quality, the limitation period always runs from the date of the notification at the appropriate time of the defect during the guarantee period and, in the case of claims from legal defects, from the date on which the third party asserts its right.

§ 394

(1) U práv, jež vznikají odstoupením od smlouvy, běží promlčecí doba ode dne, kdy oprávněný od smlouvy odstoupil.

(2) U práva na vrácení plnění uskutečněného podle neplatné smlouvy počíná promlčecí doba běžet ode dne, kdy k plnění došlo.

(3) U práva na náhradu škody podle § 268 počíná promlčecí doba běžet ode dne, kdy se právní úkon stal neplatným.

§ 395

U práva požadovat vydání uložené nebo skladované věci a vydání předmětů podle smlouvy o uložení cenných papírů a jiných hodnot počíná promlčecí doba běžet ode dne zániku smlouvy o uložení věci, smlouvy o skladování nebo smlouvy o uložení cenných papírů nebo jiných hodnot. Tím není dotčeno právo požadovat vydání věci na základě vlastnického práva.

§ 396

U práva na peněžní prostředky uložené na běžném nebo vkladovém účtu běží promlčecí doba ode dne zániku smlouvy o vedení těchto účtů.

§ 397

Nestanoví-li zákon pro jednotlivá práva jinak, činí promlčecí doba čtyři roky.

Section 394

(1) For rights that are created by withdrawal from a contract, the limitation period runs from the date on which the entitled party withdrew from the contract.

(2) For rights for the return of consideration provided under an agreement that is void, the limitation period begins to run from the date on which the consideration was provided.

(3) For a right to compensation for damage in accordance with section 268, the limitation period begins to run from the date on which the legal act was rendered void.

Section 395

For the right to require the return of material objects deposited in custody or in storage and the return of the subjects under a safety deposit agreement for securities and other valuables, the limitation period begins to run from the date of discharge of the storage agreement or safety deposit agreement for securities or other valuables. The right to require the return of a material object be on the basis of the ownership right is not affected.

Section 396

For the right to monies held in a current or deposit account, the limitation period runs from the date of discharge of the contract on administration of such accounts.

Section 397

Unless the law provides otherwise, for individual rights, the limitation period is four years.

§ 398

U práva na náhradu škody běží promlčecí doba ode dne, kdy se poškozený dozvěděl nebo mohl dozvědět o škodě a o tom, kdo je povinen k její náhradě; končí však nejpozději uplynutím 10 let ode dne, kdy došlo k porušení povinnosti.

Section 398

For the right to compensation for damage, the limitation period runs from the date on which the injured party becomes aware, or could have become aware, of the relevant damage and of the person having the duty to compensate for that damage. It expires, however, no later than 10 years from the date of the breach of duty.

§ 399

Práva vzniklá ze škody na dopravovaných věcech a z opožděného doručení zásilky vůči zasílateli a vůči dopravci se promlčují uplynutím jednoho roku. U práv vzniklých z celkového zničení nebo ztráty zásilky běží promlčecí doba ode dne, kdy zásilka měla být doručena příjemci, u ostatních práv ode dne, kdy zásilka byla doručena. Pro škodu vědomě způsobenou platí obecná promlčecí doba stanovená v § 397.

Section 399

Rights arising from damage to material objects in transit and arising from late delivery of a shipment against the consignor and the carrier become statute-barred after one year. For the rights created from total destruction or loss of a shipment, the limitation period runs from the date on which the shipment was to be delivered to the recipient, and for the other rights, from the date on which the shipment was delivered. For damage that is deliberately inflicted, the general limitation period set out in section 397 applies.

§ 400

Změna v osobě dlužníka nebo věřitele nemá vliv na běh promlčecí doby.

Section 400

A change to the person that is the debtor or the creditor does not affect the running of the limitation period.

§ 401

Strana, vůči níž se právo promlčuje, může písemným prohlášením druhé straně prodloužit promlčecí dobu, a to i opakovaně; celková promlčecí doba nesmí být delší než 10 let od doby, kdy počala poprvé běžet. Toto prohlášení lze učinit i před počátkem běhu promlčecí doby.

Section 401

The person against which there is a right subject to statutory limitations may extend the limitation period by a written declaration addressed to the other party, even several times. The total limitation period cannot, however, exceed 10 years from the moment when it began to run for the first time. The relevant declaration can also be made before the limitation period starts running.

ODDÍL 4

STAVENÍ A PŘETRŽENÍ PROMLČECÍ DOBY

§ 402

Promlčecí doba přestává běžet, když věřitel za účelem uspokojení nebo určení svého práva učiní jakýkoli právní úkon, který se považuje podle předpisu upravujícího soudní řízení za jeho zahájení nebo za uplatnění práva v již zahájeném řízení.

§ 403

(1) Promlčecí doba přestává běžet, jestliže věřitel zahájí na základě platné rozhodčí smlouvy rozhodčí řízení způsobem stanoveným v rozhodčí smlouvě nebo v pravidlech, jimiž se rozhodčí řízení řídí.

(2) Nelze-li určit začátek rozhodčího řízení podle odstavce 1, považuje se rozhodčí řízení za zahájené dnem, kdy návrh, aby bylo rozhodnuto v rozhodčím řízení, je doručen druhé straně do jejího sídla nebo místa podnikání, popřípadě bydliště.

§ 404

(1) Bylo-li právo, jež podléhá promlčení, uplatněno v soudním nebo rozhodčím řízení ve formě protinároku, přestává u něho běžet promlčecí doba dnem, kdy bylo zahájeno soudní nebo rozhodčí řízení ohledně práva, proti němuž protinárok směřuje, jestliže se jak nárok, tak i protinárok vztahují k téže smlouvě nebo k několika smlouvám uzavřeným na základě jednoho jednání nebo několika

SUB-CHAPTER 4

THE SUSPENSION AND INTERRUPTION OF THE LIMITATION PERIOD

Section 402

The limitation period stops running when, for the purposes of satisfaction or determination of its right, the creditor concludes any legal act constituting, in accordance with the special regulation governing court proceedings, a commencement of proceedings or an assertion of a right in proceedings that have already commenced.

Section 403

(1) The limitation period stops running if the creditor commences arbitration proceedings on the basis of a valid arbitration agreement and in the manner set out in the relevant arbitration agreement or in the rules governing the arbitration proceedings.

(2) If the time of commencement of the arbitration proceedings under subsection (1) cannot be determined, arbitration proceedings are regarded as commenced on the date on which the application for a decision to be issued in arbitration proceedings is delivered to the other party at its registered office, or place of business, or residential address.

Section 404

(1) If a right that is subject to statute of limitations is asserted before a court or in arbitration proceedings in the form of a counter-claim, the limitation period stops running on the day when court or arbitration proceedings are commenced regarding the right against which the counter-claim is directed, provided that both the claim and the counter-claim relate to the same contract or several contracts concluded on

souvisejících jednání.

the basis of one or several related acts.

(2) V případech, na které se nevztahuje odstavec 1, považuje se protinárok za uplatněný v den, kdy byl v soudním nebo rozhodčím řízení podán návrh na jeho projednání.

(2) In cases to which subsection (1) does not apply, a counter-claim is regarded as asserted on the date on which the application for its hearing is submitted in court or arbitration proceedings.

§ 404a

Section 404a

Promlčecí doba přestává běžet, jestliže je zahájena mediace podle zákona o mediaci.

The limitation period stops running if a mediation is commenced under the mediation act.

§ 405

Section 405

(1) Jestliže právo bylo uplatněno před promlčením podle § 402 až 404, avšak v tomto řízení nebylo rozhodnuto ve věci samé, platí, že promlčecí doba nepřestala běžet.

(1) If a right is asserted before it becomes statute-barred under sections 402 to 404 and the relevant proceedings result in no decision on the merits, it is considered that the limitation period ran uninterrupted.

(2) Jestliže v době skončení soudního nebo rozhodčího řízení uvedeného v odstavci 1 promlčecí doba již uplynula nebo jestliže do jejího skončení zbývá méně než rok, prodlužuje se promlčecí doba tak, že neskončí dříve než jeden rok ode dne, kdy skončilo soudní nebo rozhodčí řízení.

(2) If at the time when the court or arbitration proceedings stated in subsection (1) are concluded, the limitation period has already expired or less than one year remains to its expiry, the limitation period is extended so that it does not expire earlier than one year from the date on which the court or arbitration proceedings are concluded.

§ 406

Section 406

(1) Soudní nebo rozhodčí řízení zahájené proti jednomu spoludlužníku nebo mediace zahájená s jedním spoludlužníkem způsobuje, že přestala běžet promlčecí doba proti jinému spoludlužníku, jenž je s ním ohledně projednávaného nároku zavázán společně a nerozdílně, jestliže jej věřitel vyrozumí písemně o zahájeném řízení nebo zahájené mediaci před uplynutím promlčecí doby.

(1) Court or arbitration proceedings commenced against one of the joint debtors or mediation commenced with one of the joint debtors interrupts the running of the limitation period against another joint debtor that is bound jointly and severally with it with respect to the asserted deliberated claim if the creditor notifies it in writing of the commencement of proceedings or the commencement of mediation before the expiry of the limitation period.

(2) Je-li zahájeno proti věřiteli, jehož právo se promlčuje, soudní nebo rozhodčí řízení třetí osobou nebo je-li mezi věřitelem a třetí osobou zahájena mediace ohledně závazku, k jehož splnění použil věřitel plnění poskytnuté dlužníkem, přestane běžet promlčecí doba ohledně práva věřitele, jestliže oznámí písemně dlužníku před uplynutím promlčecí doby, že bylo proti němu zahájeno uvedené řízení nebo že byla zahájena mediace s touto třetí osobou.

(2) If a creditor uses the performance provided by the debtor to perform its own obligation and a court or arbitration proceedings are commenced against the creditor by a third party or a mediation is commenced between the creditor and the third party, the limitation period with respect to the creditor's right against the debtor, if subject to the statute of limitations, stops running if it notifies the debtor in writing before the limitation period expires that the stated proceedings were commenced against it or that mediation was already commenced by the relevant third party.

(3) Jestliže soudní řízení, rozhodčí řízení nebo mediace uvedená v odstavcích 1 a 2 skončí, platí, že promlčecí doba ohledně práva věřitele nepřestala běžet, neuplyne však dříve než jeden rok po skončení tohoto řízení nebo mediace.

(3) If the court proceedings, arbitral proceedings or mediation stated in subsections (1) and (2) are concluded, the limitation period regarding the right of the creditor does not continue to run, but it does not expire earlier than one year after the relevant proceedings or mediation conclude.

§ 407

Section 407

(1) Uzná-li dlužník písemně svůj závazek, běží nová čtyřletá promlčecí doba od tohoto uznání. Týká-li se uznání pouze části závazku, běží nová promlčecí doba ohledně této části.

(1) If the debtor acknowledges its obligation in writing, a new four year limitation period runs from the relevant acknowledgement. If an acknowledgement relates only to a part of the obligation, the new limitation period runs only in relation to that part.

(2) Placení úroků se považuje za uznání závazku ohledně částky, z níž se úroky platí.

(2) Payment of interest is considered to be acknowledgement of obligation in relation to the amount on which the interest is paid.

(3) Plní-li dlužník částečně svůj závazek, má toto plnění účinky uznání zbytku dluhu, jestliže lze usuzovat, že plněním dlužník uznává i zbytek závazku.

(3) If the debtor performs its obligation in part, the relevant performance has the effects of acknowledgement of the remainder of the debt if it can be concluded that by such performance the debtor acknowledges also the remainder of the obligation.

(4) Účinky uznání závazku způsobem uvedeným v odstavci 1 nastávají i v případě, kdy jemu odpovídající právo bylo v době uznání již promlčeno.

(4) An acknowledgement of an obligation in a manner stated in subsection (1) is also effective if the relevant right was already statute-barred at the time of the acknowledgement.

ODDÍL 5

OBECNÉ OMEZENÍ PROMLČECÍ DOBY

SUB-CHAPTER 5

GENERAL RESTRICTIONS RELATING TO THE LIMITATION PERIOD

§ 408

(1) Bez ohledu na jiná ustanovení tohoto zákona skončí promlčecí doba nejpozději po uplynutí 10 let ode dne, kdy počala poprvé běžet. Do lhůty podle věty první se nezapočítává doba, po kterou se vede mediace podle zákona o mediaci. Námitku promlčení však nelze uplatnit v soudním nebo rozhodčím řízení, jež bylo zahájeno před uplynutím této lhůty.

(2) Bylo-li právo pravomocně přiznáno v soudním nebo rozhodčím řízení později než tři měsíce před uplynutím promlčecí doby nebo po jejím uplynutí, lze rozhodnutí soudně vykonat, jestliže řízení o jeho výkonu bylo zahájeno do tří měsíců ode dne, kdy mohlo být zahájeno.

Section 408

(1) Regardless of the other provisions of this Code, the limitation period expires at the latest 10 years from the date on which it started running for the first time. The time for which mediation is carried on under the mediation act does not count towards the period under the first sentence. The defence, however, of the statute of limitations cannot be raised in court or arbitration proceedings that are commenced before the expiry of that period.

(2) If a right has been legally determined in a binding manner in court or arbitration proceedings within three months before the expiry of the limitation period or after its expiry, the decision can only be judicially enforced if the proceeding for its enforcement is commenced within three months from the date on which it could have been commenced.

HLAVA II

TITLE II

ZVLÁŠTNÍ USTANOVENÍ O NĚKTERÝCH OBCHODNÍCH ZÁVAZKOVÝCH VZTAZÍCH

SPECIAL PROVISIONS RELATING TO CERTAIN RELATIONSHIPS OF COMMERCIAL OBLIGATION

DÍL I

CHAPTER I

KUPNÍ SMLOUVA

THE PURCHASE CONTRACT

ODDÍL 1

SUB-CHAPTER 1

VYMEZENÍ KUPNÍ SMLOUVY

THE SPECIFICATION OF A PURCHASE CONTRACT

§ 409

Section 409

Základní ustanovení

Fundamental provisions

(1) Kupní smlouvou se prodávající zavazuje dodat kupujícímu movitou věc (zboží) určenou jednotlivě nebo co do množství a druhu a převést na něho vlastnické právo k této věci a kupující se zavazuje zaplatit kupní cenu.

(1) In a purchase contract, a seller undertakes to supply to the purchaser a movable object (goods) specified individually or by quantity and generic type, and it undertakes to transfer to a purchaser the ownership title to that material object and the purchaser undertakes to pay the purchase price.

(2) Ve smlouvě musí být kupní cena dohodnuta nebo musí v ní být alespoň stanoven způsob jejího dodatečného určení, ledaže z jednání o uzavření smlouvy vyplývá vůle stran ji uzavřít i bez určení kupní ceny. V tomto případě je kupující povinen zaplatit kupní cenu stanovenou podle § 448.

(2) The purchase price must be agreed in the contract, or the contract must at least set out the manner of its subsequent determination, unless it follows from the contractual negotiations that the parties wish to conclude the contract even without determining a purchase price. In such a case, the purchaser must pay the purchase price as determined in accordance with section 448.

§ 410

Section 410

(1) Smlouva o dodání zboží, které má být teprve vyrobeno, se považuje za kupní smlouvu, ledaže strana, které má být zboží dodáno, se zavázala předat druhé straně podstatnou část věcí, jichž je zapotřebí k výrobě zboží.

(1) A contract for the supply of goods that are yet to be produced is considered to be a purchase contract, unless the party to which the goods are to be supplied has undertaken to provide to the other party a substantial proportion of the material objects necessary for the production of the goods.

(2) Za kupní smlouvu se nepovažuje smlouva, podle níž převážná část závazku strany, která má zboží dodat, spočívá ve vykonání činnosti nebo závazek této strany zahrnuje montáž zboží.

(2) A contract in which the greater proportion of the obligations of the party supplying the goods consists primarily in performing work or in which the obligation of that party includes the installation or assembly of the goods, is not considered to be a purchase contract.

ODDÍL 2

POVINNOSTI PRODÁVAJÍCÍHO

SUB-CHAPTER 2

THE DUTIES OF THE SELLER

§ 411

Prodávající je povinen kupujícímu dodat zboží, předat doklady, které se ke zboží vztahují, a umožnit kupujícímu nabýt vlastnického práva ke zboží v souladu se smlouvou a tímto zákonem.

Section 411

The seller has a duty to supply the goods to the purchaser, hand over the documents relating to the goods, and enable the purchaser to acquire the ownership title to the goods in accordance with the contract and this Code.

Dodání zboží

§ 412

(1) Není-li prodávající povinen podle smlouvy dodat zboží v určitém místě, uskutečňuje se dodání zboží jeho předáním prvnímu dopravci k přepravě pro kupujícího, jestliže smlouva stanoví odeslání zboží prodávajícím. Prodávající umožní kupujícímu uplatnit práva z přepravní smlouvy vůči dopravci, pokud tato práva nemá kupující na základě přepravní smlouvy.

(2) Jestliže smlouva nemá ustanovení o odeslání zboží prodávajícím a zboží je ve smlouvě jednotlivě určeno nebo určeno podle druhu, avšak má být dodáno z určitých zásob nebo má být vyrobeno a strany v době uzavření smlouvy věděly, kde se nachází nebo kde má být vyrobeno, uskutečňuje se dodání, když je kupujícímu umožněno nakládat se zbožím v tomto místě.

The supply of goods

Section 412

(1) Unless the seller has a duty under the contract to supply the goods at a specific location, if the contract provides that the seller must despatch the goods, the supply of goods is effected by handing over the goods to the first carrier for carriage to the purchaser. The seller must enable the purchaser to assert the rights against the carrier under the contract of carriage if the purchaser does not have these rights directly under the contract of carriage.

(2) If the contract contains no provisions relating to despatch of the goods by the seller and the goods are specified in the contract individually, or generically but to be supplied from a specific stock, or the goods are yet to be produced, and the parties were aware at the time of the conclusion of the contract where the goods were located or were to be produced, the supply is treated as effected when the purchaser has the disposition of the goods at that location.

(3) V případech, na které se nevztahují odstavce 1 a 2, splní prodávající povinnost dodat zboží tím, že umožní kupujícímu nakládat se zbožím v místě, kde má prodávající své sídlo nebo místo podnikání, popřípadě bydliště nebo organizační složku, jestliže prodávající její místo včas kupujícímu oznámí.

(3) In the cases to which subsections (1) and (2) do not apply, the seller is treated as having performed the duty to supply the goods by enabling the purchaser to have the disposition of the goods at the place where the seller has its registered office or place of business or residential address or a branch, provided that the seller notifies that place to the purchaser in time.

§ 413

Uskutečňuje-li se dodání zboží jeho odesláním a zboží předávané dopravci není zjevně a dostatečně označeno jako zásilka pro kupujícího, nastanou účinky dodání, jen když prodávající bez zbytečného odkladu oznámí kupujícímu odeslání zboží a odeslané zboží v oznámení blíže určí. Jestliže tak prodávající neučiní, uskutečňuje se dodání až předáním zboží dopravcem kupujícímu.

Section 413

If the supply of goods is carried out by despatching the goods and the goods that are handed over to the carrier are not clearly and sufficiently designated as a shipment for the purchaser, the supply is only effected if the seller without undue delay notifies the purchaser of the despatch of the goods and specifies in detail the goods despatched in the notification. If the seller fails to do so, the supply is only treated as effected by the carrier's handing over of the goods to the purchaser.

§ 414

(1) Prodávající je povinen dodat zboží:

a) dne, který je ve smlouvě určen nebo určen způsobem stanoveným ve smlouvě,

b) kdykoli během lhůty, která je ve smlouvě určena nebo určena způsobem stanoveným ve smlouvě, ledaže ze smlouvy nebo z účelu smlouvy, jenž byl prodávajícímu znám při uzavření smlouvy, vyplývá, že dobu dodání v rámci této lhůty určuje kupující.

(2) Nevyplývá-li ze smlouvy něco jiného, začíná lhůta, v níž má být zboží dodáno, běžet ode dne uzavření smlouvy. Jestliže však podle smlouvy má kupující splnit určité povinnosti ještě před dodáním zboží

Section 414

(1) The seller has a duty to supply the goods on the following:

(a) on the date specified in the contract or determined in a manner set out in the contract;

(b) at any time during the period specified in the contract or determined in a manner specified in the contract, unless the contract itself, or the purpose of the contract as it was known to the seller at the time of conclusion of the contract, requires the purchaser to determine the time of supply within that specified period.

(2) Unless the contract requires otherwise, the period in which the goods are to be supplied starts running from the date on which the contract is concluded. If, however, under the contract the purchaser must

(např. předložit nákresy potřebné k výrobě zboží, zaplatit kupní cenu nebo její část nebo zajistit její zaplacení), začíná tato lhůta běžet teprve ode dne splnění této povinnosti.

perform certain duties before the supply of the goods (for example, submit technical drawings necessary for the production of the goods, pay all or part of the purchase price, or secure the payment), the relevant period only starts running from the date on which that duty is performed.

(3) Dodá-li prodávající zboží před určenou dobou, je kupující oprávněn zboží převzít nebo je odmítnout.

(3) If the seller supplies the goods before the specified time, the purchaser is entitled to take over or reject the goods.

§ 415

Pokud z obchodních zvyklostí nebo z ustálené předchozí praxe mezi stranami nevyplývá něco jiného, rozumí se pro určení doby plnění ve smlouvě výrazem:

a) "začátkem období" prvních 10 dnů tohoto období,

b) "v polovině měsíce" od 10. do 20. dne měsíce,

c) "v polovině čtvrtletí" druhý měsíc čtvrtletí,

d) "koncem období" posledních 10 dnů období,

e) "ihned" u potravin a surovin do dvou dnů, u strojírenských výrobků 10 dnů, u ostatního zboží pět dnů.

Section 415

Unless commercial practices or past practice between the parties require otherwise, the terms used in the contract to determine the time of performance have the following meanings:

(a) "the beginning of the period" means the first 10 days of the relevant period;

(b) "in the middle of the month" means from the 10th to the 20th day of the relevant month;

(c) "in the middle of the quarter" means the second month of the quarter;

(d) "to the end of a period" means the last 10 days of the relevant period;

(e) "immediately" means, for food and raw materials, within two days, for engineering products, within 10 days, and for other goods, within five days.

§ 416

Není-li doba dodání zboží smluvena, je prodávající povinen bez vyzvání kupujícího dodat zboží ve lhůtě přiměřené s přihlédnutím k povaze zboží a k místu dodání.

Section 416

If the time of supply of the goods is not agreed, the seller has a duty to supply the goods, without being invited to do so, within a reasonable period having regard to the nature of the goods and the place of the supply.

Doklady vztahující se ke zboží

§ 417

Prodávající je povinen předat kupujícímu doklady, jež jsou nutné k převzetí a k užívání zboží, jakož i další doklady stanovené ve smlouvě.

§ 418

Předání dokladů, na něž se nevztahuje § 419, se uskutečňuje v době a místě určených ve smlouvě, jinak při dodání zboží v místě tohoto dodání. Jestliže prodávající předal doklady před stanovenou dobou, může až do této doby odstranit vady dokladů, jestliže tím nezpůsobí kupujícímu nepřiměřené obtíže nebo výlohy. Nárok na náhradu škody tím není dotčen.

§ 419

(1) Doklady, jež jsou potřebné k převzetí přepravovaného zboží nebo k volnému nakládání se zbožím nebo při dovozu k jeho proclení, je prodávající povinen předat kupujícímu v místě placení kupní ceny, jestliže k předání má dojít při tomto placení, jinak v sídle nebo místě podnikání, popřípadě bydlišti kupujícího.

(2) Doklady uvedené v odstavci 1 předá prodávající kupujícímu včas tak, aby kupující mohl se zbožím volně nakládat nebo převzít přepravované zboží v době jeho dojití do místa určení a dovezené zboží bez zbytečného odkladu proclít.

Documents relating to the goods

Section 417

The seller has a duty to hand over to the purchaser the documents that are necessary for taking over and using the goods and the other documents as set out in the contract.

Section 418

The handing over of documents beyond the scope of section 419 must be effected at the time and place specified in the contract, or otherwise when the goods are supplied and at the place of supply. If the seller has handed over the documents before the specified time, it may remedy any defects in the documents up to the specified time, provided that this does not cause the purchaser unreasonable inconvenience or expense. The right to compensation for damage is unaffected by this.

Section 419

The seller has a duty to hand over to the purchaser the documents that are necessary for taking over the goods transported or for the free disposition of the goods or, for imports, for customs clearance, with the handing over to take place at the place of payment of the purchase price, if the handing over is to be effected on payment, and otherwise at the registered office, place of business, or residential address of the purchaser.

(2) The seller must hand over to the purchaser the documents stated in subsection (1) in time for the purchaser to have free disposition of the goods or take over the transported goods when they arrive at the place of destination and clear the imported goods through customs without undue delay.

Množství, jakost, provedení a obal zboží

§ 420

(1) Prodávající je povinen dodat zboží v množství, jakosti a provedení, jež určuje smlouva, a musí je zabalit nebo opatřit pro přepravu způsobem stanoveným ve smlouvě.

(2) Neurčuje-li smlouva jakost nebo provedení zboží, je prodávající povinen dodat zboží v jakosti a provedení, jež se hodí pro účel stanovený ve smlouvě, nebo není-li tento účel ve smlouvě stanoven, pro účel, k němuž se takové zboží zpravidla užívá.

(3) Má-li být zboží dodáno podle vzorku nebo předlohy, je prodávající povinen dodat zboží s vlastnostmi vzorku nebo předlohy, jež předložil kupujícímu. Je-li rozpor mezi určením jakosti nebo provedením zboží podle tohoto vzorku nebo předlohy a určením zboží popsaným ve smlouvě, je rozhodující určení popsané ve smlouvě. Není-li v těchto určeních rozpor, má mít zboží vlastnosti podle obou těchto určení.

(4) Neurčuje-li smlouva, jak má být zboží zabaleno nebo opatřeno pro přepravu, je prodávající povinen zboží zabalit nebo opatřit pro přepravu způsobem, který je obvyklý pro takové zboží v obchodním styku, nebo nelze-li tento způsob určit, způsobem potřebným k uchování a ochraně zboží.

§ 421

(1) Vyplývá-li ze smlouvy, že množství zboží je určeno ve smlouvě pouze přibližně, je prodávající oprávněn určit přesné množství zboží, které má být dodáno, ledaže smlouva přiznává toto

The quantity, quality, specification, and packaging of the goods

Section 420

(1) The seller has a duty to supply the goods in the quantity, quality, and specification as specified in the contract and it must pack them or prepare them for carriage in the manner set out in the contract.

(2) Unless the contract specifies the quality or specification for the goods, the seller has a duty to supply the goods in the quality and specification that is fit for the purpose set out in the contract, or if there is no purpose set out in the contract, for the purpose for which such goods are generally used.

(3) If the goods are to be supplied according to a sample or a model, the seller has a duty to supply goods having the properties of the sample or model as submitted to the purchaser. If there is a discrepancy between the requisite quality or specification of the goods according to the sample or model and the requirements of the goods as described in the contract, the requirements described in the contract prevail. If there is no discrepancy between the requirements, the goods must have the properties according to the requirements of both.

(4) If the contract does not set out how the goods are to be packed or prepared for carriage, the seller has a duty to pack or prepare the goods for carriage in a manner that is usual for the relevant goods in commercial dealings or, if such a manner cannot be determined, in the manner necessary to preserve and protect the goods.

Section 421

(1) If it follows from the contract that the quantity of the goods specified in the contract is only approximate, the seller has the right to determine the precise quantity of the goods to be supplied, unless the contract

právo kupujícímu. Pokud ze smlouvy nevyplývá něco jiného, nesmí odchylka přesáhnout 5 % množství stanoveného ve smlouvě.

gives that right to the purchaser. Unless it otherwise follows from the contract, the deviation cannot exceed 5% of the quantity set out in the contract.

(2) Vyplývá-li z povahy zboží, že jeho množství určené ve smlouvě je pouze přibližné, může činit rozdíl mezi množstvím zboží určeným ve smlouvě a množstvím zboží skutečně dodaným nejvýše 5 % množství uvedeného ve smlouvě, pokud ze smlouvy nebo z předchozí praxe mezi stranami nebo z obchodních zvyklostí nevyplývá něco jiného.

(2) Unless the contract or past practice between the parties themselves or commercial practices require otherwise, if it follows from the nature of the goods that the quantity set out in the contract is only approximate, the difference between the quantity of goods set out in the contract and the quantity of the goods actually supplied cannot exceed 5% of the quantity stated in the contract.

(3) V případech, na něž se vztahují odstavce 1 a 2, má prodávající nárok na zaplacení kupní ceny za zboží skutečně dodané.

(3) In the cases within the scope of application of subsections (1) and (2), the seller has the right to payment of the purchase price for the goods actually supplied.

Vady zboží

Defects of goods

§ 422

Section 422

(1) Poruší-li prodávající povinnosti stanovené v § 420, má zboží vady. Za vady zboží se považuje i dodání jiného zboží, než určuje smlouva a vady v dokladech nutných k užívání zboží.

(1) If the seller breaches the duties set out in section 420, the goods are defective. A supply of goods different from those specified in the contract, and defects in the documents that are necessary for the use of the goods, are also considered to be defects of the goods.

(2) Jestliže z přepravního dokladu, dokladu o předání zboží nebo z prohlášení prodávajícího vyplývá, že dodává zboží v menším množství nebo jen část zboží, nevztahují se na chybějící zboží ustanovení o vadách zboží.

(2) The provisions relating to defects of goods do not apply to missing goods, if that follows from the carriage document, the document on handing over of the goods or a declaration of the seller that it is supplying goods in a smaller quantity or only a part of the goods.

§ 423

Section 423

Byly-li použity podle smlouvy při výrobě zboží věci předané kupujícím, neodpovídá prodávající za vady zboží, které byly způsobeny použitím těchto věcí, jestliže prodávající při vynaložení odborné péče

If material objects handed over by the purchaser were, in accordance with the contract, used in the production of the goods, the seller is not liable for defects of goods that were caused by the use of those nemohl odhalit nevhodnost těchto věcí pro výrobu zboží nebo na ni kupujícího upozornil, avšak kupující trval na jejich použití.

material objects, provided that the seller could not have discovered the unsuitability of those material objects for the production of the goods, even with professional care, or it notified the purchaser of the unsuitability and the purchaser insisted on their use.

§ 424

Prodávající neodpovídá za vady zboží, o kterých kupující v době uzavření smlouvy věděl nebo s přihlédnutím k okolnostem, za nichž byla smlouva uzavřena, musel vědět, ledaže se vady týkají vlastností zboží, které zboží mělo mít podle smlouvy.

Section 424

The seller is not liable for defects of goods of which the purchaser was aware at the time of the conclusion of the contract, or must have been aware considering the circumstances under which the contract was concluded, unless the defects relate to properties that the goods were to have according to the contract.

§ 425

(1) Prodávající odpovídá za vadu, kterou má zboží v okamžiku, kdy přechází nebezpečí škody na zboží na kupujícího, i když se vada stane zjevnou až po této době. Povinnosti prodávajícího vyplývající ze záruky za jakost zboží tím nejsou dotčeny.

(2) Prodávající odpovídá rovněž za jakoukoli vadu, jež vznikne po době uvedené v odstavci 1, jestliže je způsobena porušením jeho povinností.

Section 425

(1) The seller is liable for a defect that the goods have at the moment when the risk of damage to the goods passes to the purchaser, even if the relevant defect only becomes apparent after that time. This does not affect the duties of the seller deriving from a guarantee of quality of the goods.

(2) The seller is also liable for any defect that arises after the time set out in subsection (1) if this is caused by its breach of duty.

§ 426

Jestliže prodávající dodá zboží se souhlasem kupujícího před dobou stanovenou pro jeho dodání, může až do této doby dodat chybějící část nebo chybějící množství dodaného zboží nebo dodat náhradní zboží za dodané vadné zboží nebo vady dodaného zboží opravit, jestliže výkon tohoto práva nezpůsobí kupujícímu nepřiměřené obtíže nebo nepřiměřené výdaje. Kupujícímu je však zachován nárok na náhradu škody.

Section 426

If the seller supplies goods with the consent of the purchaser before the time set out for the supply of the goods, it may supply the missing part or the missing quantity of the goods supplied, or it may supply substitute goods replacing the defective goods supplied, or it may remedy defects of the goods supplied up to the relevant time, provided that exercising the right to do so does not cause the purchaser unreasonable difficulties or unreasonable expenses. The purchaser's claim for compensation for damage, however, is preserved.

§ 427

(1) Kupující je povinen prohlédnout zboží podle možnosti co nejdříve po přechodu nebezpečí škody na zboží, přičemž se přihlédne k povaze zboží.

(2) Jestliže smlouva stanoví odeslání zboží prodávajícím, může být prohlídka odložena až do doby, kdy zboží je dopraveno do místa určení. Jestliže však je zboží směrováno během přepravy do jiného místa určení nebo kupujícím znovu odesláno, aniž by měl kupující možnost přiměřenou povaze zboží si je prohlédnout, a v době uzavření smlouvy prodávající věděl nebo musel vědět o možnosti takové změny místa určení nebo takového opětného odeslání, prohlídka může být odložena až do doby, kdy zboží je dopraveno do nového místa určení.

(3) Jestliže kupující zboží neprohlédne nebo nezařídí, aby bylo prohlédnuto v době přechodu nebezpečí škody na zboží, může uplatnit nároky z vad zjistitelných při této prohlídce, jen když prokáže, že tyto vady mělo zboží již v době přechodu nebezpečí škody na zboží.

Section 427

(1) The purchaser has a duty to inspect the goods, having regard to the nature of the goods, as soon as possible after the risk of damage to the goods passes to it.

(2) If the contract provides that the seller must despatch the goods, the inspection may be postponed until the time when the goods are transported to their destination. If, however, the goods are directed in transit to a different destination or are despatched again by the purchaser without the purchaser having, having regard to the nature of the goods, a reasonable opportunity to inspect the goods and at the time of conclusion of the contract the seller was aware or must have been aware of the possibility of the change of destination or the repeated despatch, the inspection may be postponed until the time when the goods are transported to the new destination.

(3) If the purchaser fails to inspect the goods or fails to arrange for their inspection at the time of the passing of the risk of damage to the goods, it may only assert its claims for defects that can be ascertained at that inspection if it establishes that the goods already had such defects at the time of the passing of the risk of damage to the goods.

§ 428

(1) Právo kupujícího z vad zboží nemůže být přiznáno v soudním řízení, jestliže kupující nepodá zprávu prodávajícímu o vadách zboží bez zbytečného odkladu poté, kdy

a) kupující vady zjistil,

b) kupující při vynaložení odborné péče měl vady zjistit při prohlídce, kterou je povinen uskutečnit podle § 427 odst. 1 a 2, nebo

Section 428

(1) The right of the purchaser as a result of defects of the goods cannot be upheld in court proceedings if the purchaser fails to notify the seller of the defects of the goods without undue delay after the following:

(a) after the purchaser has discovered the defects;

(b) after the purchaser would have discovered the defects by the exercise of professional care during the inspection, which it has a duty to carry out under sections 427 (1) and (2); or

c) vady mohly být zjištěny později při vynaložení odborné péče, nejpozději však do dvou let od doby dodání zboží, popřípadě od dojití zboží do místa určení stanoveného ve smlouvě. U vad, na něž se vztahuje záruka za jakost, platí místo této lhůty záruční doba.

(c) after the defects could have been ascertained at a later time by the exercise of professional care but, in any event, not later than two years from the time of the supply of goods or, if applicable, the arrival of the goods to their destination set out in the contract. For defects that are covered by a guarantee of quality, the guarantee period applies instead of this period.

(2) K účinkům stanoveným v odstavci 1 se přihlédne, jen jestliže prodávající namítne v soudním řízení, že kupující nesplnil včas svou povinnost oznámit vady zboží.

(2) The effects set out in subsection (1) must only be taken into consideration if the seller raises in the court proceedings that the purchaser did not perform its duty to notify the defects of the goods in time.

(3) Účinky odstavců 1 a 2 nenastávají, jestliže vady zboží jsou důsledkem skutečností, o kterých prodávající věděl nebo musel vědět v době dodání zboží.

(3) The effects of subsections (1) and (2) do not apply if the defects of goods are a consequence of matters of which the seller was aware or must have been aware at the time of supply of the goods.

Záruka za jakost

§ 429

Quality assurance

Section 429

(1) Zárukou za jakost zboží přejímá prodávající písemně závazek, že dodané zboží bude po určitou dobu způsobilé pro použití ke smluvenému, jinak k obvyklému účelu, nebo že si zachová smluvené, jinak obvyklé vlastnosti.

(1) By a guarantee of quality of goods, the seller assumes in writing an obligation that, for a specified time, the goods supplied will be fit for use for the agreed purpose or otherwise the usual purpose, or that they will retain agreed or otherwise usual properties.

(2) Převzetí závazku ze záruky může vyplynout ze smlouvy nebo z prohlášení prodávajícího, zejména ve formě záručního listu. Účinky převzetí tohoto závazku má i vyznačení délky záruční doby nebo doby trvanlivosti nebo použitelnosti dodaného zboží na jeho obalu. Je-li ve smlouvě nebo v záručním prohlášení prodávajícího uvedena záruční doba odlišná, platí tato doba.

(2) The assumption of an obligation of guarantee may follow from the contract or from a declaration of the seller, most usually in the form of a certificate of guarantee. The marking of the duration of the guarantee period or "best before" or the "use before" date of the supplied goods on the packaging also has the effect of an assumption of this obligation. If the contract or a declaration of guarantee of the seller specifies a different guarantee period, the different period

applies.

§ 430

Nevyplývá-li z obsahu smlouvy nebo záručního prohlášení něco jiného, začíná záruční doba běžet ode dne dodání zboží. Je-li prodávající povinen odeslat zboží, běží záruční doba ode dne dojití zboží do místa určení. Záruční doba neběží po dobu, po kterou kupující nemůže užívat zboží pro jeho vady, za které odpovídá prodávající.

Section 430

Unless it otherwise follows from the content of the contract or a declaration of guarantee, the guarantee period starts running as at the date on which the goods are supplied. If the seller has a duty to despatch the goods, the guarantee period runs from the date on which the goods arrive at their destination. The guarantee period does not run while the purchaser is unable to use the goods due to their defects for which the seller is liable.

§ 431

Odpovědnost prodávajícího za vady, na něž se vztahuje záruka za jakost, nevzniká, jestliže tyto vady byly způsobeny po přechodu nebezpečí škody na zboží vnějšími událostmi a nezpůsobil je prodávající nebo osoby, s jejichž pomocí prodávající plnil svůj závazek.

Section 431

The liability of the seller for defects to which the guarantee of quality applies does not arise if the relevant defects are caused after the passing of the risk of damage to the goods due to external events, and if the relevant defects are not caused by the seller or persons assisting the seller in the performance of its obligation.

§ 432

Pro vady zboží, na něž se vztahuje záruka, platí též ustanovení § 426 až 428 a § 436 až 441.

Section 432

The provisions of sections 426 to 428 and sections 436 to 441 also apply to defects of goods to which the guarantee applies.

Právní vady zboží

§ 433

(1) Zboží má právní vady, jestliže prodané zboží je zatíženo právem třetí osoby, ledaže kupující s tímto omezením projevil souhlas.

(2) Vyplývá-li právo třetí osoby, jímž je zboží zatíženo, z průmyslového nebo jiného duševního vlastnictví, má zboží právní vady,

a) jestliže toto právo požívá právní ochrany podle právního řádu státu, na jehož území má prodávající sídlo nebo

Legal defects to goods

Section 433

(1) Goods have legal defects if the goods sold are encumbered by a right of a third party, unless the purchaser has expressed its consent to this restriction.

(2) If the right of the third party that encumbers the goods follows from industrial or other intellectual property, the goods suffer from legal defects in the following cases:

(a) if the relevant right enjoys legal protection under the legal order of a state within the territory of which the místo podnikání, popřípadě bydliště, nebo

seller has its registered office or place of business or residential address; or

b) jestliže prodávající v době uzavření smlouvy věděl nebo musel vědět, že toto právo požívá právní ochrany podle právního řádu státu, na jehož území má kupující sídlo nebo místo podnikání, popřípadě bydliště nebo podle právního řádu státu, kam zboží mělo být dále prodáno nebo kde mělo být užíváno, a prodávající o tomto prodeji nebo místu užívání v době uzavření smlouvy věděl.

(b) if the seller at the time of conclusion of the contract was aware or must have been aware that the relevant right enjoys legal protection under the legal order of a state within the territory of which the purchaser has its registered office, place of business, or residential address, or under the legal order of the state where the goods should have been further sold or used, provided that the seller was aware of that further sale or place of use at the time of the conclusion of the contract.

§ 434

Nárok z právních vad nevzniká, jestliže kupující o právu třetí osoby věděl v době uzavření smlouvy nebo prodávající podle smlouvy byl povinen při plnění svých povinností postupovat podle podkladů, které mu předložil kupující.

Section 434

A claim for legal defects does not arise if the purchaser was aware of the right of the third party at the time of the conclusion of the contract or if the seller had a duty under the contract to proceed, in the performance of its duties, on the basis of the instructions presented to it by the purchaser.

§ 435

(1) Uplatnění práva uvedeného v § 433 třetí osobou s uvedením jeho povahy je kupující povinen oznámit prodávajícímu bez zbytečného odkladu poté, kdy se o něm dověděl.

(2) Práva kupujícího z právních vad zboží nemohou být přiznána v soudním řízení, jestliže kupující nesplní povinnost stanovenou v odstavci 1 a prodávající v soudním řízení namítne nesplnění této povinnosti kupujícím.

(3) Tyto účinky nenastávají, jestliže prodávající o uplatnění práva třetí osobou věděl v době, kdy se o něm dověděl kupující.

Section 435

(1) The purchaser must notify the seller of a third party's assertion of the right set out in section 433 and the nature of the relevant right without undue delay after has become aware of it.

(2) The purchaser's rights as a result of legal defects to the goods cannot be upheld in court proceedings if the purchaser fails to perform the duty set out in subsection (1) and the seller alleges the failure by the purchaser to perform that duty in the court proceedings.

(3) These effects do not apply if the seller was aware of a third party's assertion of a right at the time when the purchaser became aware of it.

(4) Pro nároky kupujícího z právních vad zboží platí ustanovení § 436 až 441.

(4) The provisions of sections 436 to 441 apply to claims of the purchaser as a result of legal defects of goods.

Nároky z vad zboží

Claims for defective goods

§ 436

Section 436

(1) Je-li dodáním zboží s vadami porušena smlouva podstatným způsobem (§ 345 odst. 2), může kupující:

(1) If a supply of goods containing defects constitutes a material breach of contract (section 345 (2)), the purchaser may undertake the following:

a) požadovat odstranění vad dodáním náhradního zboží za zboží vadné, dodání chybějícího zboží a požadovat odstranění právních vad,

(a) it may require the remedy of the defects by the supply of substitute goods in place of the defective goods and the supply of missing goods, and it may require legal defects to be remedied;

b) požadovat odstranění vad opravou zboží, jestliže vady jsou opravitelné,

(b) it may require defects to be remedied by repair of the goods, provided that the defects can be remedied by repair;

c) požadovat přiměřenou slevu z kupní ceny, nebo

(c) it may require a reasonable discount from the purchase price; or

d) odstoupit od smlouvy.

(d) it may withdraw from the contract.

(2) Volba mezi nároky uvedenými v odstavci 1 kupujícímu náleží, jen jestliže ji oznámí prodávajícímu ve včas zaslaném oznámení vad nebo bez zbytečného odkladu po tomto oznámení. Uplatněný nárok nemůže kupující měnit bez souhlasu prodávajícího. Jestliže se však ukáže, že vady zboží jsou neopravitelné nebo že s jejich opravou by byly spojeny nepřiměřené náklady, může kupující požadovat dodání náhradního zboží, požádá-li o to prodávajícího bez zbytečného odkladu poté, kdy mu prodávající oznámil tuto skutečnost. Neodstraní-li prodávající vady zboží v přiměřené dodatečné lhůtě nebo oznámí-li před jejím uplynutím, že vady neodstraní, může kupující odstoupit od smlouvy nebo požadovat přiměřenou slevu z kupní ceny.

(2) The choice between the claims set out in subsection (1) may only be made by the purchaser if it notifies its choice to the seller in a notification of the defects, which is sent in time, or without undue delay after such a notification. The purchaser cannot change the claim asserted without the consent of the seller. If, however, it transpires that the defects of the goods cannot be remedied by repair or that repairing them would involve unreasonable costs, the purchaser may require the supply of substitute goods if it so requests from the seller without undue delay after the seller has notified it of that matter. If the seller does not remedy the defects of the goods in an additional reasonable period or if it notifies the purchaser before that period expires that it will not remedy the defects, the purchaser may withdraw from the contract or require a reasonable discount

from the purchase price.

(3) Neoznámí-li kupující volbu svého nároku ve lhůtě uvedené v odstavci 2, má nároky z vad zboží jako při nepodstatném porušení smlouvy.

(3) If the purchaser does not notify its choice of claim within the period set out in subsection (2), it has the same claims as a result of defects of goods as it has in the case of a non-material breach of contract.

(4) Vedle nároků stanovených v odstavci 1 má kupující nárok na náhradu škody, jakož i na smluvní pokutu, je-li sjednána.

(4) In addition to the claims set out in subsection (1), the purchaser is entitled to compensation for damage, as well as any contractual penalty if agreed.

§ 437

Section 437

(1) Je-li dodáním zboží s vadami smlouva porušena nepodstatným způsobem, může kupující požadovat buď dodání chybějícího zboží a odstranění ostatních vad zboží, nebo slevu z kupní ceny.

(1) If the supply of defective goods constitutes a non-material breach of the contract, the purchaser may require either the supply of missing goods and the remedy of other defects of the goods, or it may require a discount from the purchase price.

(2) Dokud kupující neuplatní nárok na slevu z kupní ceny nebo neodstoupí od smlouvy podle odstavce 5, je prodávající povinen dodat chybějící zboží a odstranit právní vady zboží. Ostatní vady je povinen odstranit podle své volby opravou zboží nebo dodáním náhradního zboží; zvoleným způsobem odstranění vad však nesmí způsobit kupujícímu vynaložení nepřiměřených nákladů.

(2) Until the purchaser asserts a claim for a discount from the purchase price or withdraws from the contract in accordance with subsection (5), the seller has the duty to supply missing goods and remedy legal defects of the goods. The seller has a duty to remedy other defects by the repair of the goods or by the supply of substitute goods, at its discretion. Its chosen manner of remedying the defects, however, must not cause the purchaser to incur unreasonable costs.

(3) Požaduje-li kupující odstranění vad zboží, nemůže před uplynutím dodatečné přiměřené lhůty, kterou je povinen poskytnout k tomuto účelu prodávajícímu, uplatnit jiné nároky z vad zboží, kromě nároku na náhradu škody a na smluvní pokutu, ledaže prodávající oznámí kupujícímu, že nesplní své povinnosti v této lhůtě.

(3) If the purchaser requires a remedy of the defects of the goods before the expiry of the additional reasonable period that it has a duty to provide to the seller for this purpose, unless the seller notifies the purchaser that it will not perform its duties within that period, it cannot assert other claims from the defects of the goods except for the claim to compensation for damage and any contractual penalty.

(4) Dokud kupující nestanoví lhůtu podle odstavce 3 nebo neuplatní nárok na slevu z kupní ceny, může prodávající sdělit kupujícímu, že vady odstraní v určité lhůtě. Jestliže kupující bez zbytečného odkladu po obdržení tohoto sdělení neoznámí prodávajícímu svůj nesouhlas, má toto oznámení účinek stanovení lhůty podle odstavce 3.

(4) Until the purchaser specifies a period under subsection (3) or asserts a claim for a discount from the purchase price, the seller may notify the purchaser that it will remedy the defects within a certain period. If the purchaser does not notify the seller that it disagrees without undue delay after receiving such a notification, the notification has the effect of a specification of the period under subsection (3).

(5) Neodstraní-li prodávající vady zboží ve lhůtě vyplývající z odstavce 3 nebo 4, může kupující uplatnit nárok na slevu z kupní ceny nebo od smlouvy odstoupit, jestliže upozorní prodávajícího na úmysl odstoupit od smlouvy při stanovení lhůty podle odstavce 3 nebo v přiměřené lhůtě před odstoupením od smlouvy. Zvolený nárok nemůže kupující bez souhlasu prodávajícího měnit.

(5) If the seller does not remedy defects of goods within the period that follows from subsection (3) or (4), the purchaser may assert a claim to a discount from the purchase price or it may withdraw from the contract if it notifies the seller of its intention to withdraw from the contract when specifying the period under subsection (3) or within a reasonable period before the withdrawal from the contract. The purchaser cannot change its choice of claim without the consent of the seller.

§ 438

Při dodání náhradního zboží je prodávající oprávněn požadovat, aby mu na jeho náklady kupující vrátil vyměňované zboží ve stavu, v jakém mu bylo dodáno. Ustanovení § 441 platí obdobně.

Section 438

On the supply of substitute goods, the seller is entitled to require the purchaser to return to it the goods substituted in the condition in which which they were supplied. The provisions of section 441 apply with appropriate changes.

§ 439

(1) Nárok na slevu z kupní ceny odpovídá rozdílu mezi hodnotou, kterou by mělo zboží bez vad, a hodnotou, kterou mělo zboží dodané s vadami, přičemž pro určení hodnot je rozhodující doba, v níž se mělo uskutečnit řádné plnění.

Section 439

(1) A claim to a discount from the purchase price must correspond to the difference between the value that the goods would have had without the defects and the value of the goods supplied with the defects. The time at which proper performance should have been provided is the relevant time for determining the values.

(2) Kupující může o slevu snížit kupní cenu placenou prodávajícímu; byla-li kupní cena již zaplacena, může kupující požadovat její vrácení do výše slevy spolu s úroky sjednanými ve smlouvě, jinak s určenými

(2) The purchaser may reduce the purchase price paid to the seller by a discount. If the purchase price has already been paid, the purchaser may require it to be returned to the extent of the amount of the discount

obdobně podle § 502.

together with interest as agreed in the contract or otherwise determined in accordance with section 502 with appropriate changes.

(3) Jestliže vada nebyla včas oznámena (§ 428 odst. 1 a § 435 odst. 1), může kupující pouze se souhlasem prodávajícího vykonat práva podle odstavce 2 nebo použít právo na slevu k započtení s pohledávkou prodávajícího. Toto omezení neplatí, jestliže prodávající o vadách věděl v době dodání zboží; u právních vad je rozhodující doba stanovená v § 435 odst. 1.

(3) If the defect is not notified in time (section 428 (1) and section 435 (1)), the purchaser may only with the consent of the seller exercise the rights under subsection (2) or apply its right to a discount by way of set off against a claim of the seller. This restriction does not apply if the seller is aware of the defects at the time of supply of the goods. For legal defects, the time set out in section 435 (1) is decisive.

(4) Do doby odstranění vad není kupující povinen platit část kupní ceny, jež by odpovídala jeho nároku na slevu, jestliže by vady nebyly odstraněny.

(4) Until the time when the defects are remedied, the purchaser does not have to pay the part of the purchase price that would correspond to the claim for a discount if the defects were not remedied.

§ 440

Section 440

(1) Nároky z vad zboží se nedotýkají nároku na náhradu škody nebo na smluvní pokutu. Kupující, kterému vznikl nárok na slevu z kupní ceny, není oprávněn požadovat náhradu zisku ušlého v důsledku nedostatku vlastnosti zboží, na něž se sleva vztahuje.

(1) The claims as a result of defects of the goods do not affect a claim for compensation for damage or for a contractual penalty. A purchaser that has become entitled to a discount from the purchase price is not entitled to require compensation for lost profit due to the goods not having those properties to which the discount applies.

(2) Uspokojení, kterého lze dosáhnout uplatněním některého z nároků z vad zboží podle § 436 a 437, nelze dosáhnout uplatněním nároku z jiného právního důvodu.

(2) The satisfaction that can be achieved by the asserting one of the claims as a result of defects of goods under sections 436 and 437 cannot be achieved by asserting a claim based on a different legal title.

§ 441

Section 441

(1) Kupující nemůže odstoupit od smlouvy, jestliže vady včas neoznámil prodávajícímu.

(1) The purchaser cannot withdraw from the contract if it failed to notify the defects to the seller in time.

(2) Účinky odstoupení od smlouvy nevzniknou nebo zaniknou, jestliže kupující nemůže vrátit zboží ve stavu, v jakém je

(2) The withdrawal from the contract is not effective or ceases to be effective if the purchaser is unable to return the goods in

obdržel.

the condition that it received them.

(3) Ustanovení odstavce 2 však neplatí,

(3) The provisions of subsection (2) do not, however, apply in the event of the following:

a) jestliže nemožnost vrácení zboží ve stavu tam uvedeném není způsobena jednáním nebo opomenutím kupujícího, nebo

(a) if the impossibility of returning the goods in the condition stated in subsection (2) is not caused by the act or omission of the purchaser; or

b) jestliže ke změně stavu zboží došlo v důsledku prohlídky řádně vykonané za účelem zjištění vad zboží.

(b) if the change to the condition of the goods has been caused as a result of an inspection duly carried out for the purpose of discovering the defects of the goods.

(4) Ustanovení odstavce 2 rovněž neplatí, jestliže před objevením vad kupující zboží nebo jeho část prodal nebo zboží zcela nebo zčásti spotřeboval nebo je pozměnil při obvyklém jeho použití. V tomto případě je povinen vrátit zboží neprodané nebo nespotřebované nebo zboží pozměněné a poskytnout prodávajícímu náhradu do výše, v níž měl z uvedeného použití zboží prospěch.

(4) The provisions of subsection (2) also do not apply if, before ascertaining the defects of the goods, the purchaser sold all or part of the goods, or consumed the goods in whole or in part, or modified the goods by using them in a way that they are usually used. In such a case, it has a duty to return the goods that are not sold or consumed or the goods that are modified and it has a duty to provide to the seller compensation to the amount in which it benefited from the use of the goods stated.

Dodání většího množství zboží

The supply of goods in bulk quantities

§ 442

Section 442

(1) Dodá-li prodávající větší množství zboží, než je stanoveno ve smlouvě, může kupující dodávku přijmout nebo může odmítnout přijetí přebytečného množství zboží.

(1) If the seller supplies a larger quantity of goods than specified in the contract, the purchaser may accept the supply or it may refuse to accept the quantity of the excess goods.

(2) Jestliže kupující přijme dodávku všeho nebo části přebytečného zboží, je povinen za ně zaplatit kupní cenu odpovídající kupní ceně stanovené ve smlouvě.

(2) If the purchaser accepts the supply of all or a part of the excess goods, it has a duty to pay a purchase price for them corresponding to the purchase price stated in the contract.

ODDÍL 3

NABYTÍ VLASTNICKÉHO PRÁVA

§ 443

(1) Kupující nabývá vlastnického práva ke zboží, jakmile je mu dodané zboží předáno.

(2) Před předáním nabývá kupující vlastnického práva k přepravovanému zboží, když získá oprávnění zásilkou nakládat.

§ 444

Strany si mohou písemně dojednat, že kupující nabude vlastnické právo před dobou uvedenou v § 443, jestliže předmětem koupě je zboží jednotlivě určené nebo zboží určené podle druhu a v době přechodu vlastnického práva bude dostatečně označeno k odlišení od jiného zboží, a to způsobem sjednaným mezi stranami, jinak bez zbytečného odkladu sděleným kupujícímu.

§ 445

Strany si mohou smluvit, že kupující nabude vlastnického práva ke zboží později, než je stanoveno v § 443. Nevyplývá-li z obsahu této výhrady vlastnického práva nic jiného, má se za to, že kupující má nabýt vlastnického práva teprve úplným zaplacením kupní ceny.

§ 446

Kupující nabývá vlastnické právo i v případě, kdy prodávající není vlastníkem prodávaného zboží, ledaže v době, kdy kupující měl vlastnické právo nabýt, věděl nebo vědět měl a mohl, že prodávající není vlastníkem a že není ani oprávněn zbožím nakládat za účelem jeho prodeje.

SUB-CHAPTER 3

THE ACQUISITION OF THE OWNERSHIP TITLE

Section 443

(1) The purchaser acquires the ownership title to the goods once the goods are handed over to it.

(2) Before their being handed over, the purchaser acquires the ownership title to transported goods when it acquires the right to the disposition of the shipment.

Section 444

The parties may agree in writing that the purchaser acquires the ownership title before the time stated in section 443 if the subject-matter of the purchase comprises goods that are specified individually or goods that are specified generically and at the time of the passing of the ownership title, the goods are sufficiently designated to make them distinct from other goods in a manner agreed by the parties, or otherwise in a manner notified to the purchaser without undue delay.

Section 445

The parties may agree that the purchaser acquires the ownership title to the goods later than as stated in section 443. Unless it otherwise follows from the content of such a retention of title, it is presumed that the purchaser only acquires the ownership title when it pays the purchase price in full.

Section 446

The purchaser also acquires the ownership title in the cases that the seller is not the owner of the goods sold unless, at the time when the purchaser was to acquire the ownership title, it was aware or could and should have been aware that the seller was not the owner and that it was not even entitled to the disposition of the goods so as to be able to sell them.

ODDÍL 4

POVINNOSTI KUPUJÍCÍHO

§ 447

Kupující je povinen zaplatit za zboží kupní cenu a převzít dodané zboží v souladu se smlouvou.

§ 448

(1) Kupující je povinen zaplatit dohodnutou kupní cenu.

(2) Není-li cena ve smlouvě dohodnuta a není-li stanoven ani způsob jejího určení a je-li smlouva platná s přihlédnutím k § 409 odst. 2, může prodávající požadovat zaplacení kupní ceny, za kterou se prodávalo obvykle takové nebo srovnatelné zboží v době uzavření smlouvy za smluvních podmínek obdobných obsahu této smlouvy.

(3) Je-li kupní cena stanovena podle hmotnosti zboží, je v pochybnosti rozhodující jeho čistá hmotnost.

§ 449

Jestliže má být kupní cena placena při předání zboží nebo dokladů, je kupující povinen kupní cenu zaplatit v místě tohoto předání.

§ 450

(1) Nevyplývá-li ze smlouvy něco jiného, je kupující povinen zaplatit kupní cenu, když prodávající v souladu se smlouvou a tímto zákonem umožní kupujícímu nakládat se zbožím nebo s doklady umožňujícími kupujícímu nakládat se zbožím. Prodávající může činit závislým předání zboží nebo dokladů na zaplacení kupní ceny. U zboží,

SUB-CHAPTER 4

THE DUTIES OF THE PURCHASER

Section 447

The purchaser has a duty to pay the purchase price for the goods and to take over the the goods supplied in accordance with the contract.

Section 448

(1) The purchaser has a duty to pay the agreed purchase price.

(2) If the price is not agreed in the contract and no other manner for determining it is set out and the contract is valid with respect to section 409 (2), the seller may require the payment of the purchase price for which those or comparable goods were usually sold at the time of the conclusion of the contract under contractual terms equivalent to the content of this contract.

(3) If the purchase price is determined according to the weight of the goods, in cases of doubt, the net weight is decisive.

Section 449

If the purchase price is to be paid on the handing over of the goods or documents, the purchaser has a duty to pay the purchase price at the place of that handing over.

Section 450

(1) Unless it otherwise follows from the contract, the purchaser has a duty to pay the purchase price when the seller enables the purchaser, in accordance with the contract or this Code, to have the disposition of the goods or the documents enabling the purchaser to have the disposition of the goods. The seller may render the handing

které podléhá rychlé zkáze nebo má zvláštním právním předpisem stanovenou časově omezenou minimální dobu trvanlivosti, anebo jehož použitelnost nebo jakost je biologicky omezena, je kupující povinen zaplatit kupní cenu do 30 dnů.

over of the goods or documents conditional on the payment of the purchase price. For perishable goods or goods that are subject to a minimum shelf-life set out by a special legal regulation, or whose usability or quality is biologically limited, the purchaser has a duty to pay the purchase price within 30 days.

(2) Má-li prodávající podle smlouvy odeslat zboží, může tak učinit s podmínkou, že zboží nebo doklady umožňující nakládání se zbožím budou kupujícímu předány jen při zaplacení kupní ceny, ledaže tato podmínka je v rozporu se smluveným způsobem placení kupní ceny.

(2) If in accordance with the contract the seller is to despatch the goods, it may do so subject to a condition that the goods, or the documents enabling the disposition of the goods, will only be handed over to the purchaser on payment of the purchase price, unless such a condition is contrary to the agreed manner of the payment of the purchase price.

(3) Kupující není povinen zaplatit kupní cenu, dokud nemá možnost si zboží prohlédnout, ledaže dohodnutý způsob dodání zboží nebo placení kupní ceny by s tím byly v rozporu.

(3) The purchaser does not have to pay the purchase price until it has the opportunity to inspect the goods, unless this would be contrary to the agreed manner of supplying the goods or the payment of the purchase price.

§ 451

Kupující je povinen učinit úkony, kterých je třeba podle smlouvy a tohoto zákona k tomu, aby prodávající mohl dodat zboží. Dodané zboží je kupující povinen převzít, pokud ze smlouvy nebo z tohoto zákona nevyplývá, že jeho převzetí může odmítnout.

Section 451

The purchaser has a duty to conclude such acts as are necessary under the contract and this Code to make it possible for the seller to supply the goods. The purchaser has a duty to take over the goods supplied unless it follows from the contract or from this Code that it may refuse to take them over.

§ 452

(1) Jestliže má kupující podle smlouvy určit dodatečně formu, velikost nebo vlastnosti zboží a neučiní tak ve smluvené lhůtě a není-li lhůta smluvena, ve lhůtě přiměřené po dojití žádosti prodávajícího, může je prodávající sám určit s přihlédnutím k potřebám kupujícího, pokud mu jsou známé. Tím nejsou dotčeny jiné nároky prodávajícího.

Section 452

(1) If, under the contract, the purchaser is subsequently to specify the form, size or properties of the goods and it fails to do so within the agreed period and, if such a period is not agreed, within a reasonable period after the request by the seller is delivered, the seller has the right to specify them itself considering the needs of the purchaser if it is aware of them. This does not affect other claims of the seller.

(2) Jestliže prodávající provedl určení sám, musí oznámit podrobné údaje o tom kupujícímu a stanovit přiměřenou lhůtu, v níž může kupující sdělit prodávajícímu odchylné určení. Jestliže kupující tak neučiní po dojití takového sdělení v určené lhůtě, je určení oznámené prodávajícím závazné.

(2) If the seller has made the specification itself, it must notify detailed information of the specification to the purchaser and it must specify a reasonable period within which the purchaser may notify to the seller a different specification. If the purchaser fails to do so within the specified period after such notification is delivered, the specification, as notified by the seller, is binding.

§ 453

Prodávající může požadovat, aby kupující zaplatil kupní cenu, převzal zboží a splnil jiné své povinnosti, dokud prodávající neuplatnil právo z porušení smlouvy, které je neslučitelné s tímto požadavkem.

Section 453

The seller may require that the purchaser pays the purchase price, takes over the goods and performs its other duties until the seller has asserted a right resulting from a breach of contract that is incompatible with such a requirement.

§ 454

Bylo-li smluveno zajištění závazku zaplatit kupní cenu, je kupující povinen ve smluvené době, jinak včas před dobou sjednanou pro dodání zboží, předat prodávajícímu doklady prokazující, že zaplacení kupní ceny bylo zajištěno v souladu se smlouvou. Nesplní-li kupující tuto povinnost, může prodávající odepřít dodání zboží do doby předání těchto dokladů. Jestliže kupující nezajistí zaplacení kupní ceny v dodatečně přiměřené lhůtě stanovené prodávajícím, může prodávající od smlouvy odstoupit.

Section 454

If security for the obligation to pay the purchase price has been agreed, the purchaser has a duty within the agreed period, and otherwise reasonably in advance of the time agreed for the supply of the goods, to hand over to the seller documents establishing that the payment of the purchase price has been secured in accordance with the contract. If the purchaser fails to perform this duty, the seller may refuse to supply the goods until such documents are handed over. If the purchaser fails to secure the payment of the purchase price within an additional reasonable period, as provided by the seller, the seller has may withdraw from the contract.

ODDÍL 5

NEBEZPEČÍ ŠKODY NA ZBOŽÍ

§ 455

Nebezpečí škody na zboží (§ 368 odst. 2) přechází na kupujícího v době, kdy převezme zboží od prodávajícího, nebo

SUB-CHAPTER 5

THE RISK OF DAMAGE TO THE GOODS

Section 455

The risk of damage to the goods (section 368 (2)) passes to the purchaser at the moment when it takes over the goods from the seller jestliže tak neučiní včas, v době, kdy mu prodávající umožní nakládat se zbožím a kupující poruší smlouvu tím, že zboží nepřevezme.

or, if it does not to do so in time, at the moment when the seller enables it to have the disposition of the goods and the purchaser breaches the contract by not taking over the goods.

§ 456

Má-li kupující převzít zboží od jiné osoby, než je prodávající, přechází nebezpečí škody na zboží na kupujícího v době stanovené pro dodání zboží, jestliže v této době bylo kupujícímu umožněno nakládat se zbožím a o této možnosti kupující věděl. Je-li kupujícímu umožněno nakládat se zbožím nebo dozví-li se o této možnosti teprve později, přechází nebezpečí v době, kdy má tuto možnost a dozví se o ní.

Section 456

If the purchaser is to take over the goods from a person different from the seller, the risk of damage to the goods passes to the purchaser at the moment set out for the supply of the goods if, at that moment, it was enabled for the purchaser to have the disposition of the goods and the purchaser was aware of that possibility. If it is enabled for the purchaser to have the disposition of the goods and if the purchaser becomes aware of that possibility only later, the risk of damage passes at the moment when it has that possibility and becomes aware of it.

§ 457

Jestliže je prodávající povinen podle smlouvy předat zboží dopravci v určitém místě pro přepravu zboží kupujícímu, přechází na kupujícího nebezpečí škody na zboží jeho předáním dopravci v tomto místě. Jestliže kupní smlouva zahrnuje povinnost prodávajícího odeslat zboží, avšak prodávající není povinen předat zboží dopravci v určitém místě, přechází nebezpečí škody na zboží na kupujícího, když zboží je předáno prvnímu dopravci pro přepravu do místa určení. Skutečnost, že prodávající nakládá s doklady vztahujícími se k přepravovanému zboží, nemá vliv na přechod nebezpečí škody na zboží.

Section 457

If, under the contract, the seller has a duty to hand over the goods to a carrier at a specific location for carriage of the goods to the purchaser, the risk of damage to the goods passes to the purchaser on handing them over to the carrier at that location. If the purchase contract includes a duty for the seller to despatch the goods but the seller does not have to hand over the goods to a carrier at a specific location, the risk of damage to the goods passes to the purchaser when the goods are handed over to the first carrier for carriage to the destination. The fact that the seller has the disposition of the documents relating to the goods transported does not affect the passing of the risk of damage to the goods.

§ 458

Nebezpečí škody na zboží určeném podle druhu a kupujícím nepřevzatém však nepřechází na kupujícího, dokud zboží není jasně vyznačeno pro účel smlouvy označením na zboží nebo přepravními

Section 458

The risk, however, of damage to goods specified generically, which the purchaser does not take over, does not pass to the purchaser until the goods are clearly designated for the purposes of the contract doklady či určeno ve zprávě zaslané kupujícímu nebo jinak vymezeno.

by a designation made on the goods or the carriage documents, or specified in a notification sent to the purchaser, or the goods are specified in another manner.

§ 459

Strany si mohou smluvit, že nebezpečí škody na zboží přechází před dobou uvedenou v § 455 a 458 jen u zboží jednotlivě určeného nebo u zboží určeného podle druhu, jestliže toto zboží je v době přechodu nebezpečí škody dostatečně odděleno a odlišeno od jiného zboží téhož druhu.

Section 459

The parties may agree that the risk of damage to the goods only passes before the time set out in sections 455 and 458 in relation to individually specified goods or goods specified generically if the relevant goods are, at the time of the passing of the risk of damage to the goods, sufficiently separated and distinct from other goods of the same generic type.

§ 460

Je-li v době uzavření smlouvy zboží již přepravováno, přechází nebezpečí škody na zboží jeho předáním prvnímu dopravci. Jestliže však prodávající při uzavření smlouvy věděl nebo s přihlédnutím ke všem okolnostem měl vědět, že již došlo ke škodě na zboží, nese tuto škodu prodávající.

Section 460

If, at the time of the conclusion of the contract, the goods are already transported, the risk of damage to the goods passes at the moment of their being handed over to the first carrier. If, however, the seller was aware or, considering all the circumstances, should have been aware at the time of the conclusion of the contract that the goods were already damaged, the damage is borne by the seller.

§ 461

(1) Škoda na zboží, jež vznikla po přechodu jejího nebezpečí na kupujícího, nemá vliv na jeho povinnost zaplatit kupní cenu, ledaže ke škodě na zboží došlo v důsledku porušení povinnosti prodávajícího.

(2) Účinky odstavce 1 nenastanou, jestliže kupující využil svého práva požadovat dodání náhradního zboží nebo práva odstoupit od smlouvy.

Section 461

(1) Damage occurring to the goods after the passing to the purchaser of the risk of damage to them does not affect the purchaser's duty to pay the purchase price, unless the damage to the goods occurred as a result of a breach of duty by the seller.

(2) The effects of subsection (1) do not apply if the purchaser exercised its right to require the supply of substitute goods or the right to withdraw from the contract.

ODDÍL 6

UCHOVÁNÍ ZBOŽÍ

§ 462

Jestliže je kupující v prodlení s převzetím zboží nebo se zaplacením kupní ceny v případech, kdy dodání zboží a zaplacení kupní ceny se má uskutečnit současně, a prodávající má zboží u sebe nebo s ním může jinak nakládat, musí prodávající učinit opatření přiměřená okolnostem k uchování zboží. Prodávající je oprávněn zboží zadržovat, dokud mu kupující neuhradí přiměřené náklady, jež prodávajícímu při tom vznikly.

§ 463

Jestliže kupující převzal zboží a zamýšlí je odmítnout, je povinen učinit opatření přiměřená okolnostem k uchování zboží. Dokud prodávající neuhradí přiměřené náklady, které kupujícímu při tom vznikly, je kupující oprávněn zadržovat zboží, jež má být vráceno prodávajícímu.

§ 464

Jestliže po dopravení zboží do místa určení má kupující možnost s ním nakládat a uplatní právo je odmítnout, je povinen zboží převzít a mít je u sebe na účet prodávajícího, může-li tak učinit bez zaplacení kupní ceny a bez nepřiměřených obtíží a výloh. Tato povinnost kupujícímu však nevzniká, jestliže v místě určení je přítomen prodávající nebo osoba, kterou prodávající pověřil péčí o zboží. Při převzetí zboží kupujícím se řídí jeho práva a povinnosti podle § 463.

SUB-CHAPTER 6

THE PRESERVATION OF THE GOODS

Section 462

If the purchaser is in default with taking over the goods, or with the payment of the purchase price in cases in which the supply of goods and the payment of the purchase price are to be simultaneous, and the seller has the goods with itself or otherwise has the disposition of them, the seller must take measures appropriate to the circumstances to preserve the goods. The seller has the right to retain the goods until the purchaser pays the reasonable costs that the seller incurred in so doing.

Section 463

If the purchaser has taken over the goods and it intends to reject them, it has a duty to take measures appropriate to the circumstances to preserve the goods. Until the seller pays the reasonable costs incurred by the purchaser in so doing, the purchaser is entitled to retain the goods that are to be returned to the seller.

Section 464

If, after the goods are transported to their destination, the purchaser has the disposition of the goods and it exercises its right to reject the goods, it has a duty to take over the goods and keep them for the account of the seller, provided that it is able to do so without paying the purchase price and without unreasonable difficulties and expenses. This duty does not, however, arise for the purchaser if the seller or a person that the seller has appointed for the care of the goods is present at the destination. When the purchaser takes over the goods, its rights and duties are governed by section 463.

§ 465

Povinnosti podle § 462 až 464 může povinná strana splnit i uložením zboží ve skladišti třetí osoby na účet druhé strany a může požadovat úhradu přiměřených nákladů, které jí při tom vznikly.

Section 465

The obligor may perform the duties under sections 462 to 464 by putting the goods in storage with a third party for the account of the other party and it may require reimbursement of the reasonable costs that it incurs in so doing.

§ 466

Strana, která je v prodlení s převzetím nebo se zpětným převzetím zboží nebo s placením kupní ceny, jež má být uskutečněno při převzetí zboží nebo s placením nákladů spojených s plněním povinností podle § 462 až 464, může být vyzvána ke splnění této povinnosti. Druhá strana je oprávněna ve výzvě k převzetí zboží stanovit k tomu přiměřenou lhůtu a po jejím marném uplynutí zboží prodat vhodným způsobem. Před tímto prodejem je však povinna upozornit stranu, která je v prodlení, na úmysl zboží prodat. Tento úmysl lze sdělit i při stanovení lhůty k převzetí.

Section 466

A party in default with taking over the goods or taking over returned goods, or with payment of the purchase price that is to be made when taking over the goods or with payment of costs attached to the performance of duties under sections 462 to 464 may be invited to perform this duty. The other party is entitled to specify in the invitation that the first party must take over the goods, a reasonable period for so doing and that the first party may sell the goods in an appropriate manner after the period expires without the required actions having been taken. Before such a sale, however, it has a duty to notify the party in default of its intention to sell the goods. This intention can also be notified when specifying the period for taking over the goods.

§ 467

Podléhá-li zboží rychlé zkáze nebo jsou-li s jeho uchováním spojeny nepřiměřené náklady, strana, která má povinnosti podle § 462 až 464, musí učinit přiměřená opatření k jeho prodeji, a pokud je to možné, druhou stranu o zamýšleném prodeji vyrozumět.

Section 467

If the goods are perishable or if preserving them would give rise to unreasonable costs, the party under the duty under sections 462 to 464 must take appropriate measures to sell them, and if possible, notify the other party of the intended sale.

§ 468

Strana, která zboží prodala, je oprávněna ponechat si z výtěžku prodeje částku odpovídající přiměřeným nákladům spojeným s plněním povinností podle § 462 až 464 a s prodejem zboží. Zbytek získaného výtěžku je povinna druhé straně

Section 468

A party that has sold the goods is entitled to retain from the proceeds of the sale an amount corresponding to the reasonable costs attached to the performance of the duties under sections 462 to 464 and to the sale of the goods. It has a duty to pay the remainder of the proceeds to the other party bez zbytečného odkladu uhradit.

without undue delay.

ODDÍL 7

ZVLÁŠTNÍ USTANOVENÍ O NÁHRADĚ ŠKODY

SUB-CHAPTER 7

SPECIAL PROVISIONS RELATING TO COMPENSATION FOR DAMAGE

§ 469

Jestliže některá strana v souladu s tímto zákonem odstoupila od smlouvy a v přiměřené době od odstoupení přiměřeným způsobem kupující uskutečnil náhradní koupi nebo prodávající náhradní prodej zboží, na něž se odstoupení od smlouvy vztahovalo, nárok na náhradu škody vzniklý podle tohoto zákona zahrnuje rozdíl mezi kupní cenou, jež měla být placena na základě smlouvy, a cenou dohodnutou v náhradním obchodě. Při určení tohoto rozdílu se přihlédne k obsahu smlouvy. Nárok na náhradu zbylé škody tím není dotčen.

Section 469

If one of the parties has withdrawn from the contract in accordance with this Code and, within a reasonable period after the withdrawal from the contract, the purchaser has made a substitute purchase of goods or the seller has made a substitute sale of the goods to which the withdrawal from the contract related, the claim for compensation for damage occurred under this Code comprises the difference between the purchase price that was to be paid on the basis of the contract and the price agreed in the substitute transaction. When determining this difference, the content of the contract must be considered. This has no effect on a claim for compensation for the remaining damage.

§ 470

(1) V případech, na něž se nevztahuje § 469, zahrnuje nárok na náhradu škody strany, která odstoupila od smlouvy týkající se zboží s běžnou cenou, rozdíl mezi kupní cenou, jež má být placena na základě smlouvy, a běžnou cenou dosahovanou u zboží téhož druhu a téže nebo srovnatelné jakosti za obdobných smluvních podmínek. Nárok na náhradu zbylé škody tím není dotčen.

(2) Rozhodující jsou ceny dosahované v době odstoupení od smlouvy; jestliže však zboží bylo převzato před odstoupením od smlouvy, jsou rozhodující běžné ceny dosahované v době tohoto převzetí.

Section 470

(1) In cases outside the scope of application of section 469, a claim for compensation for the damage of the party withdrawing from a contract relating to goods, for which there is a usual price, must include the difference between the purchase price to be paid on the basis of the contract and the usual price for the goods achieved for the goods of the same generic type and comparable quality under equivalent contractual terms. This has no effect on a claim for compensation for the remaining damage.

(2) The prices achieved at the time of withdrawal from the contract are decisive. However, if the goods were taken over before the withdrawal from the contract, the usual prices achieved at the time of taking them over are decisive.

DÍL II

UJEDNÁNÍ V SOUVISLOSTI S KUPNÍ SMLOUVOU

ODDÍL 1

KOUPĚ NA ZKOUŠKU

§ 471

Koupě na zkoušku vzniká uzavřením kupní smlouvy s podmínkou, že kupující do uplynutí zkušební doby zboží schválí. Není-li ve smlouvě zkušební doba stanovena, má se za to, že činí tři měsíce od uzavření smlouvy.

§ 472

(1) Nepřevzal-li kupující zboží, má podmínka povahu podmínky odkládací a tato podmínka se považuje za zmařenou, jestliže kupující nesdělí prodávajícímu ve zkušební době, že zboží schvaluje.

(2) Převzal-li kupující zboží, má podmínka povahu podmínky rozvazovací a platí, že kupující zboží schválil, jestliže je písemně neodmítne ve zkušební době.

(3) Kupující nemá právo zboží odmítnout, jestliže nemůže zboží vrátit ve stavu, v jakém je převzal.

ODDÍL 2

CENOVÁ DOLOŽKA

§ 473

Jestliže strany dohodnou při určení ceny, že její výše má být dodatečně upravena s

CHAPTER II

COVENANTS UNDER A PURCHASE CONTRACT

SUB-CHAPTER 1

TRIAL PURCHASE

Section 471

A trial purchase arises by the conclusion of a purchase contract that includes a condition that the purchaser must approve the goods before the expiry of a trial period. If the contract does not specify the term of the trial period, it is presumed that the period amounts to three months from the conclusion of the contract.

Section 472

(1) If the purchaser has not taken over the goods, the condition has the nature of a condition precedent and it is considered to be frustrated if the purchaser fails to notify the seller within the trial period that it approves the goods.

(2) If the purchaser has taken over the goods, the condition has the nature of a condition subsequent and it is considered that the purchaser approved the goods if it does not reject them in writing within the trial period.

(3) The purchaser does not have the right to reject the goods if it is unable to return the goods in the condition in which it takes over the goods.

SUB-CHAPTER 2

THE PRICING CLAUSE

Section 473

If, when determining the price, the parties agree that the price is subsequently to be přihlédnutím k výrobním nákladům, a neurčí-li, které složky výrobních nákladů jsou rozhodné, mění se kupní cena v poměru k cenovým změnám hlavních surovin potřebných k výrobě prodávaného zboží.

adjusted with respect to production costs and if they do not specify which components of the production costs are relevant, the purchase price must be adjusted in proportion to the changes to the prices of the main raw materials necessary for the production of the goods sold.

§ 474

Section 474

(1) Neurčí-li strany ve smlouvě, která doba je rozhodující pro posuzování cenových změn, přihlíží se k cenám v době uzavření smlouvy a v době, kdy měl prodávající zboží dodat. Má-li se dodání zboží uskutečnit během určité lhůty, je rozhodná doba skutečného včasného plnění, jinak konec této lhůty.

(1) Unless the parties specify in the contract as to the moment that is decisive for the assessment of changes in the price, the prices as at the time at which the contract is concluded and as at the time when the seller was to supply the goods must be considered. If the supply of the goods is to be effected during a certain period, the time of actual timely performance is the relevant time, or otherwise the end of that period.

(2) Je-li prodávající v prodlení s dodáním zboží, a v době skutečného dodání jsou ceny u rozhodných složek výrobních nákladů nižší než ceny v době stanovené podle odstavce 1, přihlíží se k těmto nižším cenám.

(2) If the seller is in default with supplying the goods and the prices of the relevant components of the production costs are, at the time of the actual supply, lower than the prices at the time determined in accordance with subsection (1), the lower prices must be taken into consideration.

§ 475

Section 475

Práva a povinnosti stran z doložky zanikají, jestliže oprávněná strana svá práva neuplatní u druhé strany bez zbytečného odkladu po dodání zboží.

The rights and duties of the parties under the clause terminate if the entitled party does not assert its rights without undue delay after the goods are supplied.

DÍL III

SMLOUVA O PRODEJI PODNIKU

§ 476

Základní ustanovení

(1) Smlouvou o prodeji podniku se prodávající zavazuje odevzdat kupujícímu podnik a převést na něj vlastnické právo k podniku a kupující se zavazuje převzít závazky prodávajícího související s podnikem a zaplatit kupní cenu.

(2) Smlouva vyžaduje písemnou formu.

§ 477

(1) Na kupujícího přecházejí všechna práva a závazky, na které se prodej vztahuje.

(2) Přechod pohledávek se jinak řídí ustanoveními o postoupení pohledávek.

(3) K přechodu závazku se nevyžaduje souhlas věřitele, prodávající však ručí za splnění převedených závazků kupujícím.

(4) Kupující je povinen bez zbytečného odkladu oznámit věřitelům převzetí závazků a prodávající dlužníkům přechod pohledávek na kupujícího.

§ 478

(1) Zhorší-li se nepochybně prodejem podniku dobytnost pohledávky věřitele, může se věřitel domáhat podáním odporu u soudu do 60 dnů ode dne, kdy se dověděl o prodeji podniku, nejpozději však

CHAPTER III

THE CONTRACT FOR THE SALE OF AN UNDERTAKING

Section 476

Fundamental provisions

In a contract for the sale of an undertaking, the seller undertakes to hand over to the purchaser an undertaking and to transfer to it the ownership title to the undertaking and the purchaser undertakes to assume the obligations of the seller relating to the undertaking and to pay the purchase price.

(2) The contract is required to be concluded in writing.

Section 477

(1) All rights and obligations to which the sale relates pass by transmission to the purchaser.

(2) The passing of claims by transmission is otherwise governed by the provisions on the assignment of claims.

(3) The consent of the creditor is not required for the passing of an obligation by transmission, but the seller is liable for the performance by the purchaser of the obligations so transferred.

(4) The purchaser has a duty without undue delay to notify the assumption of the obligations to the creditors and the seller must notify the debtors without undue delay of the passing of the claims by transmission to the purchaser.

Section 478

(1) If it is beyond doubt that the sale of an undertaking adversely affects the recoverability of a creditor's claim, the creditor may require, by filing a summary complaint with the court within 60 days from

do šesti měsíců ode dne, kdy prodej byl zapsán do obchodního rejstříku (§ 488 odst. 1), aby soud určil, že vůči němu je převod závazku prodávajícího na kupujícího neúčinný.

(2) Není-li prodávající zapsán v obchodním rejstříku, může být podán odpor u soudu do 60 dnů ode dne, kdy se věřitel doví o prodeji podniku, nejpozději však do šesti měsíců ode dne uzavření smlouvy.

(3) Jestliže věřitel úspěšně uplatní právo podle odstavce 1 nebo 2, je prodávající povinen vůči němu splnit závazek v době splatnosti a je oprávněn požadovat od kupujícího poskytnuté plnění s příslušenstvím.

§ 479

(1) Na kupujícího přecházejí všechna práva vyplývající z průmyslového nebo jiného duševního vlastnictví, jež se týkají podnikatelské činnosti prodávaného podniku. Je-li pro nabytí nebo zachování těchto práv rozhodné uskutečňování určité podnikatelské činnosti, započítává se do této činnosti nabyvatele uskutečněné po prodeji podniku i činnost uskutečněná při provozu podniku před jeho prodejem.

(2) K přechodu práva podle odstavce 1 však nedochází, jestliže by to odporovalo smlouvě o poskytnutí výkonu práv z průmyslového nebo jiného duševního vlastnictví nebo povaze těchto práv.

the date on which it becomes aware of the sale of the undertaking, but in any event not later than six months from the date on which the sale is entered in the commercial register (section 488 (1)), that the court determines the transfer of the obligation of the seller to the purchaser to be ineffective against the creditor.

(2) If the seller is not registered in the commercial register, the summary complaint may be filed with the court within 60 days from the date on which the creditor becomes aware of the sale of the undertaking, and in any event not later than six months from the date on which the contract is concluded.

(3) If the creditor successfully asserts the right under subsection (1) or (2), the seller has a duty to perform the obligation towards it at the due date and is entitled to require from the purchaser the consideration provided, together with accessories.

Section 479

(1) All the rights deriving from industrial or other intellectual property that relate to the business activities of the undertaking sold pass by transmission to the purchaser. If carrying on certain business activities is relevant for acquiring or maintaining such rights, both the activities of the person acquiring the undertaking carried out after the sale of the undertaking and the activities carried out in the operation of the undertaking before its sale must be considered.

(2) The rights do not, however, pass by transmission under subsection (1) if this would be contrary to a contract providing for the exercise of rights from industrial or other intellectual property or the nature of such rights.

§ 480

Práva a povinnosti vyplývající z pracovněprávních vztahů k zaměstnancům podniku přecházejí z prodávajícího na kupujícího.

Section 480

The rights and duties deriving from employment of the employees of the undertaking pass by transmission from the seller to the purchaser.

§ 481

zrušen

Section 481

Repealed

§ 482

Má se za to, že kupní cena je stanovena na základě údajů o souhrnu věcí, práv a závazků uvedených v účetní evidenci prodávaného podniku ke dni uzavření smlouvy a na základě dalších hodnot uvedených ve smlouvě, pokud nejsou zahrnuty do účetní evidence. Má-li nabýt smlouva účinnosti k pozdějšímu datu, mění se výše kupní ceny s přihlédnutím ke zvýšení nebo snížení jmění, k němuž došlo v mezidobí.

Section 482

It is presumed that the purchase price is determined on the basis of the information as to the aggregate of material objects, rights, and obligations stated in the accounting records of the undertaking sold, as at the date on which the contract is concluded, and on the basis of other values specified in the contract if these are not included in the accounting records. If the contract is to become effective as at a later date, the amount of the purchase price changes having regard to the increase or reduction of assets and liabilities occurring in the meantime.

§ 483

(1) Ke dni účinnosti smlouvy je povinen prodávající předat a kupující převzít věci zahrnuté do prodeje. O převzetí se sepíše zápis podepsaný oběma stranami.

(2) Převzetím věcí přechází nebezpečí škody na těchto věcech z prodávajícího na kupujícího.

(3) Vlastnické právo k věcem, jež jsou zahrnuty do prodeje, přechází z prodávajícího na kupujícího účinností smlouvy. Vlastnické právo k nemovitostem přechází vkladem do katastru nemovitostí. Ustanovení § 444 až 446 platí obdobně.

Section 483

(1) As at the effective date of the contract, the seller has a duty to hand over and the purchaser has a duty to take over the material objects included in the sale. A record of their being taken over must be prepared and signed by both parties.

(2) On taking over material objects, the risk of damage to these material objects passes by transmission from the seller to the purchaser.

(3) The ownership right to the material objects included in the sale passes by transmission from the seller to the purchaser when the contract becomes effective. The ownership right to real estate passes by transmission by being recorded in the real estate register. The provisions of sections

444 to 446 apply with appropriate changes.

§ 484

Prodávající je povinen nejpozději v zápise sepsaném podle § 483 odst. 1 upozornit kupujícího na všechny vady převáděných věcí, práv nebo jiných majetkových hodnot, o kterých ví nebo musí vědět, jinak odpovídá za škody, kterým bylo možno tímto upozorněním zabránit.

Section 484

The seller has a duty, by not later than on the entry prepared in accordance with section 483 (1), to notify the purchaser of all the defects of the transferred material objects, rights, or other properties, of which it is aware or must be aware, or it is otherwise liable for the damage that could be prevented by such a notification.

§ 485

V zápise o převzetí věcí sepsaném podle § 483 odst. 1 se uvedou chybějící věci a vadné věci. Za chybějící se považují věci, které prodávající nepředal kupujícímu, ačkoliv tyto věci podle účetní evidence a smlouvy mají být součástí jmění prodávaného podniku. Při posuzování vadnosti věcí se přihlédne k jejich schopnosti sloužit provozu podniku a k době jejich používání podle účetních záznamů.

Section 485

The record of taking over material objects prepared under section 483 (1) must include a statement of missing and defective material objects. Material objects are considered to be missing if the seller has not handed them over to the purchaser but, under the accounting records and the contract, such material objects are to be a part of the assets and liabilities of the undertaking sold. When considering whether material objects are defective, their fitness to be used in the operation of the undertaking and the time for which they have been in use under the accounting records must be considered.

§ 486

(1) Kupující má právo na přiměřenou slevu z kupní ceny odpovídající chybějícím nebo vadným věcem. Jestliže chybějící věci nebo zjistitelné vady věci nebyly zachyceny v zápisu podle § 483 odst. 1, nemůže být právo na slevu přiznáno v soudním řízení, ledaže prodávající o nich věděl v době předání věci. U vad zjistitelných až při provozu podniku nastávají tyto účinky, jestliže tyto vady kupující neoznámí prodávajícímu bez zbytečného odkladu poté, kdy je zjistil nebo při odborné péči mohl zjistit, nejpozději však po uplynutí šesti měsíců ode dne účinnosti smlouvy (§ 482). Ustanovení § 428 odst. 2 a § 439

Section 486

(1) The purchaser has the right to a reasonable discount from the purchase price corresponding to missing or defective material objects. If the missing material objects or defects in the material objects that can be ascertained are not included in the entry under section 483 (1), the right to a discount cannot be upheld in court proceedings unless the seller was aware of them at the time of handing over the material objects. For defects that can only be ascertained in the operation of the undertaking, these effects occur if the purchaser fails to notify the relevant defects to the seller without undue delay after it has ascertained them or after it could have

platí obdobně.

ascertained them exercising professional care, and in any event not later than after the expiry of six months from the effective date of the contract (section 482). The provisions of sections 428 (2) and 439 apply with appropriate changes.

(2) Kupující je oprávněn odstoupit od smlouvy, jestliže podnik není způsobilý pro provoz stanovený ve smlouvě a vady včas oznámené jsou neodstranitelné nebo je prodávající neodstraní v dodatečné přiměřené lhůtě, kterou mu kupující stanoví. Ustanovení § 441 platí přiměřeně.

(2) The purchaser has the right to withdraw from the contract if the undertaking is not fit for the operation set out in the contract and the defects that are notified in time cannot be remedied or the seller fails to remedy them within an additional reasonable period provided by the purchaser. The provisions of section 441 apply as appropriate.

(3) Kupující může uplatnit nárok na slevu z kupní ceny ohledně závazků, jež na něho přešly a nebyly zachyceny v účetní evidenci v době účinnosti smlouvy (§ 482), ledaže o nich kupující v době uzavření smlouvy věděl.

(3) The purchaser may assert a claim to a discount from the purchase price with respect to such obligations that passed to it by transmission and were not included in the accounting records as at the moment when the contract became effective (section 482), unless the purchaser was aware of the obligations at the time of conclusion of the contract.

(4) Pro právní vady prodávaného podniku platí obdobně § 433 až 435. Nepřejde-li vlastnické právo k nemovitosti tvořící součást podniku na kupujícího a prodávající neodstraní tuto vadu v přiměřené dodatečné lhůtě, kterou mu kupující určí, může kupující od smlouvy odstoupit.

(4) Sections 433 to 435 apply with appropriate changes to legal defects of the undertaking sold. If the ownership title to a real estate property that is a part of the undertaking does not pass to the purchaser by transmission and the seller fails to remedy this defect within a reasonable additional period that the purchaser specifies, the purchaser may withdraw from the contract.

(5) Práva podle předchozích odstavců se nedotýkají nároků na náhradu škody. Ustanovení § 440 platí obdobně.

(5) The rights under the preceding subsections do not affect claims for compensation for damage. The provisions of section 440 apply with appropriate changes.

§ 487

Ustanovení § 477 až 486 platí i pro smlouvy, jimiž se prodává část podniku tvořící samostatnou organizační složku.

Section 487

The provisions of sections 477 to 486 also apply to contracts under which a part of the undertaking that forms a separate branch is sold.

§ 488

(1) Prodá-li podnik osoba zapsaná v obchodním rejstříku, navrhne provedení zápisu o prodeji podniku nebo jeho části v tomto rejstříku.

(2) Právnická osoba, jež prodala podnik tvořící její jmění, může ukončit svou likvidaci a být vymazána z obchodního rejstříku teprve po uplynutí jednoho roku po tomto prodeji, jestliže v této době nebylo zahájeno soudní řízení podle § 478, nebo později, když byly zajištěny nebo uspokojeny nároky, jež byly v tomto řízení úspěšně uplatněny.

Section 488

(1) If the undertaking is sold by a person that is entered in the commercial register, that person must apply for the making of the entry of the sale of all or part of the undertaking in this register.

(2) A legal person that has sold an undertaking that forms its assets and liabilities may only conclude its liquidation and be struck off the commercial register after the expiry of one year from the conclusion of the sale, provided that within that period no proceedings under section 478 are commenced, or later when claims that are successfully asserted in such proceedings have been secured or satisfied.

§ 488a

Pro smlouvu o prodeji podniku platí obdobně § 672a. Konkurenční doložkou může být omezena činnost prodávajícího.

Section 488a

Section 672a applies to the contract for the sale of an undertaking with appropriate changes. A non-competition clause may restrict the activities of the seller.

DÍL IIIA

SMLOUVA O NÁJMU PODNIKU

§ 488b

Základní ustanovení

(1) Smlouvou o nájmu podniku se pronajímatel zavazuje přenechat svůj podnik nájemci, aby jej samostatně provozoval a řídil na vlastní náklad a nebezpečí a aby z něj pobíral užitky. Nájemce se zavazuje zaplatit pronajímateli nájemné.

(2) Ve smlouvě musí být dohodnuta výše nájemného nebo způsob jejího určení.

(3) Smlouva o nájmu podniku musí mít písemnou formu.

(4) Smlouva o nájmu podniku nemůže nabýt účinnosti přede dnem zveřejnění podle § 33 odst. 1.

§ 488c

(1) Podnik nelze přenechat do podnájmu.

(2) Nestanoví-li tento zákon jinak, platí pro nájem podniku § 664, § 665 odst. 1, § 667 a 670 občanského zákoníku.

§ 488d

Nájemcem může být jen podnikatel zapsaný v obchodním rejstříku, který má příslušné podnikatelské oprávnění, jinak je smlouva neplatná.

§ 488e

(1) Nájemce je povinen provozovat podnik s odbornou péčí a bez souhlasu pronajímatele není oprávněn měnit předmět podnikání provozovaný v pronajatém podniku.

CHAPTER IIIA

THE LEASE OF AN UNDERTAKING

Section 488b

Fundamental provisions

(1) In a lease of an undertaking, the lessor undertakes to leave its undertaking to the lessee to operate it independently and manage it at its own cost and risk and to retain any yield from the undertaking. The lessee undertakes to pay rent to the lessor.

(2) The rent or a manner of its determination must be agreed in the lease.

(3) The lease of an undertaking must be concluded in writing.

(4) The lease of an undertaking cannot become effective before the date of publication under section 33 (1).

Section 488c

(1) An undertaking must not be sub-leased.

(2) Unless this Code provides otherwise, section 664, section 665 (1), sections 667 and 670 of the Civil Code apply to a lease of an undertaking.

Section 488d

Only an entrepreneur entered in the commercial register and having a relevant business licence can be a lessee, or otherwise the lease is void.

Section 488e

(1) The lessee has a duty to operate the undertaking with professional care and is not entitled to change the scope of business carried on in the leased undertaking without the consent of the lessor.

(2) Práva a závazky, které náležejí k pronajatému podniku, přecházejí účinností smlouvy o nájmu podniku na nájemce. To platí i pro práva a povinnosti z pracovněprávních vztahů. Ustanovení § 477 odst. 2 až 4 platí obdobně. Pronajímatel ručí za závazky, které náležejí k pronajatému podniku a vznikly před účinností smlouvy. Nájemce provozuje pronajatý podnik pod svou firmou.

(2) The rights and obligations that belong to the leased undertaking pass by transmission to the lessee when the lease of an undertaking becomes effective. This applies also for rights and duties from employment relationships. The provisions of sections 477 (2) to (4) apply with appropriate changes. The lessor is liable for the obligations belonging to the leased undertaking and occurring before the lease becomes effective. The lessee operates the leased undertaking under its own business name.

(3) Věřitel se může domáhat, aby soud prohlásil všechny závazky pronajímatele, které náležejí k pronajatému podniku, za splatné k účinnosti smlouvy o nájmu podniku, jestliže je nájmem podniku ohroženo jejich plnění. Není-li toto právo uplatněno do tří měsíců od účinnosti smlouvy o nájmu podniku, zaniká.

(3) A creditor may require the court to declare all the lessor's obligations belonging to the leased undertaking to be due as at the date on which the lease of the undertaking becomes effective, if the lease of the undertaking puts at risk the performance of such obligations. If this right is not asserted within three months from the date on which the lease of an undertaking becomes effective, it ceases.

(4) Práva a závazky z pracovněprávních vztahů trvajících ke dni skončení nájmu a z trvajících smluv o nájmu nebytových prostor přecházejí na pronajímatele. Ostatní závazky související s pronajatým podnikem se stávají splatnými.

(4) The rights and obligations under employment relationships existing as at the date on which the lease terminates and under the existing contracts on the lease of non-residential premises pass to the lessor by transmission. The other obligations relating to the leased undertaking become due.

§ 488f

Section 488f

(1) Není-li dohodnuto něco jiného, prodlužuje se nájem o dobu, na kterou byla uzavřena smlouva o nájmu podniku, a to i opakovaně, jestliže po uplynutí doby, na kterou byla uzavřena smlouva o nájmu podniku, obě strany pokračují v jejím plnění.

(1) Unless agreed otherwise, the lease is extended by the period for which the lease of an undertaking was concluded, even repeatedly, if after the period for which the lease of an undertaking was concluded both parties continue to perform it.

(2) Jestliže byla smlouva o nájmu podniku uzavřena na dobu neurčitou, lze ji vypovědět nejpozději šest měsíců před uplynutím účetního období k poslednímu dni účetního období, nestanoví-li smlouva jinou výpovědní lhůtu.

(2) If the lease of an undertaking has been concluded for an indefinite period of time, the notice of termination can be given as at the last day of the financial year not later than six months before the financial year ends, unless the contract provides a different notice period.

§ 488g

Section 488g

(1) Na základě smlouvy o nájmu podniku vzniká nájemci oprávnění užívat označení, know-how a předměty průmyslového vlastnictví náležející pronajímateli a související s pronajatým podnikem v rozsahu, v jakém je toho třeba pro řádné provozování podniku, a to po dobu trvání nájmu. Úhrada za užívání je součástí nájemného. Ustanovení zvláštních právních předpisů o licenční smlouvě a zápisu licence do příslušných rejstříků nejsou dotčena.

(1) The lease of an undertaking entitles the lessee to use the designation, know-how and anything that is the subject matter of industrial property and belongs to the lessor and relates to the leased undertaking, within the scope in which these are necessary for proper operation of the undertaking, during the existence of the lease. The payment for the use is included in the rent. This is without prejudice to the provisions of special legal regulations relating to a licence contract and the entry of a licence in the relevant registers.

(2) Účinností smlouvy o nájmu podniku nebo jeho části přechází vlastnické právo ke zboží na skladě, k materiálu určenému ke zpracování, k náhradním dílům a jiným věcem určeným podle druhu, které se spotřebovávají nebo zpracovávají v souvislosti s provozem podniku nebo které slouží k odbytu, na nájemce. K přechodu vlastnictví však dojde jenom tehdy, dohodnou-li strany přiměřenou úplatu za tyto věci v rámci nájemného nebo mimo ně. Strany jsou povinny sepsat zápis o převzetí těchto věcí, ve kterém bude uveden jejich soupis.

(2) When the lease of all or part of an undertaking becomes effective, the ownership right to the goods on stock, material designated for processing, spare parts and other material objects specified generically that are consumed or processed in connection with the operation of the undertaking, or serve for sales, passes to the lessee by transmission. The ownership, however, only passes by transmission if the parties agree on a reasonable consideration for these material objects within the rent or separately from it. The parties have a duty to draw up a record of taking over these material objects, which must include a list of them.

(3) Oprávnění podle odstavce 1 zaniká skončením nájmu, popřípadě zápisem zániku licence do příslušné evidence na základě zániku nájmu. Vlastnictví k předmětům uvedeným v odstavci 2 přechází okamžikem skončení nájmu na pronajímatele. Strany jsou povinny sepsat

(3) The entitlement under subsection (1) ceases on the termination of the lease or, if applicable on entry of the termination of a licence in the relevant registry on the basis of the discharge of the lease. The ownership of the material objects stated in subsection (2) passes to the lessor by transmission at the

zápis o předání těchto věcí pronajímateli a pronajímatel je povinen uhradit cenu věcí na základě zvláštní dohody.

moment of the termination of the lease. The parties have a duty to prepare a record of handing over the relevant material objects to the lessor and the lessor has a duty to pay the price for the material objects on the basis of a special agreement.

§ 488h

Pro nájem podniku nebo jeho části platí obdobně ustanovení § 672a. Na dobu trvání nájmu může být konkurenční doložkou omezena činnost pronajímatele; po skončení nájmu může být konkurenční doložkou omezena činnost nájemce.

Section 488h

The provisions of section 672a apply with appropriate changes to the lease of all or part of an undertaking. For the duration of the lease, a non-competition clause may restrict the activities of the lessor and after the termination of the lease a non-competition clause may restrict the activities of the lessee.

§ 488i

Pro smlouvy, jimiž se pronajímá část podniku tvořící samostatnou organizační složku, platí obdobně ustanovení § 488b až 488g.

Section 488i

The provisions of sections 488b to 488g apply with appropriate changes to contracts by which a part of an undertaking forming a separate branch is leased.

DÍL IV

SMLOUVA O KOUPI NAJATÉ VĚCI

§ 489

Základní ustanovení

(1) Smlouvou o koupi najaté věci si strany ujednají v nájemní smlouvě nebo po jejím uzavření, že nájemce je oprávněn koupit najatou věc nebo najatý soubor věcí během platnosti nájemní smlouvy nebo po jejím zániku.

(2) Smlouva o koupi najaté věci vyžaduje písemnou formu.

§ 490

Je-li nájemce oprávněn podle smlouvy ke koupi najaté věci během platnosti nájemní smlouvy, doručením písemného oznámení o uplatnění tohoto práva v souladu se smlouvou o koupi najaté věci nájemní smlouva zaniká, i když byla sjednána na určitou dobu.

§ 491

Je-li nájemce oprávněn podle smlouvy ke koupi najaté věci po ukončení nájemní smlouvy, zaniká toto právo, neoznámí-li oprávněná strana druhé straně písemně vůli koupit najatou věc bez zbytečného odkladu po zániku nájemní smlouvy.

§ 492

Oznámí-li písemně oprávněná strana v souladu se smlouvou o koupi najaté věci druhé straně, že uplatňuje právo na koupi věci, jež je nebo byla předmětem nájemní smlouvy, vzniká ohledně této věci doručením tohoto oznámení kupní smlouva. Oprávněná strana má postavení

CHAPTER IV

THE CONTRACT OF HIRE-PURCHASE

Section 489

Fundamental provisions

(1) In a contract of hire-purchase, the parties agree in a lease contract or after the lease is concluded that the lessee has the right to purchase a leased material object or the leased aggregate of material objects during the validity of the lease contract or after it is discharged.

(2) A contact of hire-purchase is required to be concluded in writing.

Section 490

If, under the contract, the lessee is entitled to purchase the leased material object during the validity of the lease, the lease is discharged by the delivery of a written notice of asserting such a right in accordance with the contract of hire-purchase even if it has been agreed for a definite period.

Section 491

If, under the contract, the lessee is entitled to purchase the leased material object after the termination of the lease, this right extinguishes if the entitled party fails to notify the other party in writing that it wants to buy the leased material object without undue delay after the discharge of the lease.

Section 492

If the entitled party notifies the other party in accordance with the hire-purchase contract that it asserts its right to purchase the material object that is or was the subject matter of the lease, a purchase agreement with respect to such material object arises with the delivery of such notification. The kupujícího a druhá strana postavení prodávajícího.

entitled party has the status of the purchaser and the other party of the seller.

§ 493

Section 493

(1) Vznikem kupní smlouvy (§ 492) přechází na kupujícího vlastnické právo k movité věci. Vlastnické právo k nemovitostem přechází vkladem do katastru nemovitostí.

(1) The ownership right to the movable object passes to the purchaser by transmission on the formation of the purchase contract (section 492). The ownership right to real estate properties passes by transmission by being entered in the real estate register.

(2) Nebezpečí škody na věci přechází na kupujícího vznikem kupní smlouvy (§ 492).

(2) The risk of damage to the material object passes to the purchaser on formation of the purchase contract (section 492).

§ 494

Section 494

(1) Není-li v ujednání určena kupní cena rozhodná při využití práva najatou věc koupit a ani způsob jejího určení, je kupující povinen zaplatit kupní cenu určenou podle § 448 odst. 2. Na určení kupní ceny nemá vliv poškození nebo větší opotřebení věci, za něž je odpovědný nájemce.

(1) If the agreement does not contain the price that is relevant in case of the exercise of the right to purchase the leased material object or the manner of determining it, the purchaser has a duty to pay the purchase price determined under section 448 (2). Damage or greater wear on the material object for which the lessee is liable has no effect on determining the purchase price.

(2) Kupní cenu je kupující povinen zaplatit bez zbytečného odkladu po vzniku kupní smlouvy.

(2) The purchaser has a duty to pay the purchase price without undue delay after the purchase contract is formed.

§ 495

Section 495

(1) Pro posuzování vad věci jsou rozhodné vlastnosti, které měla mít najatá věc.

(1) The properties that the leased material object should have had are relevant for assessing defects to the material object.

(2) Lhůty pro oznámení vad koupené věci se počítají ode dne, kdy nájemce převzal najatou věc.

(2) The periods for the notification of defects of the purchased material object may be calculated from the date on which the lessee took over the leased material object.

(3) Nepřejde-li vlastnické právo k najaté věci na kupujícího a prodávající neodstraní tuto vadu v přiměřené dodatečné době, kterou mu kupující určí, může kupující od smlouvy odstoupit.

(3) If the ownership right to a leased material object does not pass to the purchaser and the seller fails to remedy this defect within a reasonable additional period that the purchaser specifies, the purchaser may withdraw from the contract.

§ 496

Section 496

(1) Smlouva může stanovit, že po určité době platnosti nájemní smlouvy je nájemce oprávněn nabýt bezplatně vlastnické právo k najaté věci, jestliže toto právo uplatní vůči pronajímateli.

(1) The contract may provide that, after a certain time of validity of the lease, the lessee is entitled to acquire the ownership right to the leased material object for no consideration if it asserts that right towards the lessor.

(2) Nabyvatel vlastnického práva podle odstavce 1 není oprávněn u najaté věci uplatňovat její vady s výjimkou právních vad, ledaže je mu poskytnuta záruka za jakost.

(2) The transferee acquiring the ownership right in accordance with subsection (1) is not entitled to assert defects of the leased material object with the exception of legal defects, unless guarantee of quality is provided to it.

DÍL V

SMLOUVA O ÚVĚRU

§ 497

Základní ustanovení

Smlouvou o úvěru se zavazuje věřitel, že na požádání dlužníka poskytne v jeho prospěch peněžní prostředky do určité částky, a dlužník se zavazuje poskytnuté peněžní prostředky vrátit a zaplatit úroky.

§ 498

Strany mohou určit peněžní prostředky, jež jsou předmětem smlouvy, i v jiné než české měně, pokud to není v rozporu s devizovými předpisy. Pokud se strany nedohodnou jinak, je dlužník povinen vrátit peněžní prostředky v měně, v níž mu byly poskytnuty, a v téže měně platit úroky.

§ 499

Za sjednání závazku věřitele poskytnout na požádání peněžní prostředky lze sjednat úplatu, jestliže poskytování úvěru je předmětem podnikání věřitele.

§ 500

(1) Dlužník je oprávněn uplatnit nárok na poskytnutí peněžních prostředků ve lhůtě stanovené ve smlouvě. Není-li tato lhůta ve smlouvě stanovena, může dlužník tento nárok uplatnit, dokud poskytnutí úvěru některá strana nevypoví.

(2) Nestanoví-li smlouva jinou výpovědní lhůtu, může poskytnutí úvěru vypovědět dlužník s okamžitou účinností a věřitel ke konci kalendářního měsíce následujícího po měsíci, v němž byla výpověď doručena dlužníku.

CHAPTER V

THE CONTRACT OF CREDIT

Section 497

Fundamental provisions

By a contract of credit, a creditor undertakes, at its debtor's request, to provide for the debtor's benefit funds up to a certain amount and the debtor undertakes to return the funds so provided and to pay interest.

Section 498

The parties may also specify the funds that are the subject-matter of the contract in a currency other than the Czech currency, provided that this is not contrary to foreign exchange regulations. Unless the parties agree otherwise, the debtor has a duty to return the funds in the currency in which these were provided to it and pay interest in the same currency.

Section 499

Consideration for agreeing the obligation of the creditor to provide funds on request of the debtor can be agreed if granting credit is within the scope of business of the creditor.

Section 500

(1) The debtor has the right to assert a claim for the provision of funds within the period specified in the contract. If that period is not specified in the contract, the debtor may assert this claim until any of the parties gives notice of the provision of the credit.

(2) If the contract does not provide for a different notice period, the debtor may give notice of the termination of the credit with immediate effect and the creditor as at the end of the calendar month following the month in which the notice was delivered to the debtor.

§ 501

(1) Věřitel je povinen dlužníku peněžní prostředky poskytnout, jestliže byl o to dlužníkem v souladu se smlouvou požádán, a to v době stanovené v požadavku, jinak bez zbytečného odkladu.

(2) Stanoví-li smlouva, že úvěr lze použít pouze k určitému účelu, může věřitel omezit poskytnutí peněžních prostředků pouze na plnění závazků dlužníka převzatých v souvislosti s tímto účelem.

§ 502

(1) Od doby poskytnutí peněžních prostředků je dlužník povinen platit z nich úroky ve sjednané výši, jinak v nejvyšší přípustné výši stanovené zákonem nebo na základě zákona. Nejsou-li takto úroky stanoveny, je dlužník povinen platit obvyklé úroky požadované za úvěry, které poskytují banky v místě sídla dlužníka v době uzavření smlouvy. Jestliže strany sjednají úroky vyšší než přípustné podle zákona nebo na základě zákona, je dlužník povinen platit úroky ve výši nejvýše přípustné.

(2) V pochybnostech se má za to, že sjednaná výše úroků se týká ročního období.

§ 503

(1) Závazek platit úroky je splatný spolu se závazkem vrátit použité peněžní prostředky. Jestliže lhůta pro vrácení poskytnutých peněžních prostředků je delší než rok, jsou úroky splatné koncem každého kalendářního roku. V době, kdy má být vrácen zbytek poskytnutých peněžních prostředků, jsou splatny i úroky,

Section 501

(1) The debtor has a duty to provide the funds to the debtor if it has been requested to do so by the debtor in accordance with the contract, within the period specified in the request, and in any event without undue delay.

(2) If the contract provides that the credit may be used for a specific purpose only, the creditor may only restrict the provision of the funds to performance of the obligations of the debtor assumed in connection with that purpose.

Section 502

(1) From the moment when the funds are provided, the debtor has a duty to pay interest on them at the agreed rate, and otherwise at the highest permissible rate prescribed by the law or on the basis of the law. If the interest rate is not set out in this manner, the debtor has a duty to pay a usual rate of interest required for credits by banks at the place of the debtor's registered office at the time of conclusion of the contract. If the parties agree on a higher interest rate than the rate admissible according to the law or on the basis of the law, the debtor has a duty to pay the interest at the maximum permissible rate.

(2) In cases of doubt, it is presumed that the agreed rate of interest is an annual one.

Section 503

(1) The obligation to pay interest is due together with the obligation to return the relevant funds. If the period for the return of the funds provided is longer than one year, the interest is due as at the end of each calendar year. At the time when the remainder of the funds provided is to be returned the interest that relates to them is

které se jej týkají.

also due.

(2) Mají-li být poskytnuté peněžní prostředky vráceny ve splátkách, jsou v den splatnosti každé splátky splatny i úroky z této splátky.

(2) If the funds provided are to be returned in instalments, the interest on each instalment is due as at the due date of each instalment.

(3) Dlužník je oprávněn vrátit poskytnuté peněžní prostředky před dobou stanovenou ve smlouvě. Úroky je povinen zaplatit jen za dobu od poskytnutí do vrácení peněžních prostředků.

(3) The debtor has the right to return the funds provided before the time specified in the contract. It only has a duty to pay interest for the time from the provision to the return of the funds.

§ 504

Dlužník je povinen vrátit poskytnuté peněžní prostředky ve sjednané lhůtě, jinak do jednoho měsíce ode dne, kdy byl o jejich vrácení věřitelem požádán.

Section 504

The debtor has a duty to return the funds provided within the agreed period, and in any event within one month from the date on which it is invited to return the funds by the creditor.

§ 505

Zanikne-li nebo zhorší-li se za trvání smlouvy zajištění závazku vrátit poskytnuté peněžní prostředky, je dlužník povinen doplnit zajištění na původní rozsah. Jestliže tak dlužník neučiní v přiměřené lhůtě, může věřitel od smlouvy odstoupit a požadovat, aby dlužník vrátil dlužnou částku s úroky. Odstoupení věřitele od smlouvy nemá vliv na zajištění závazků z této smlouvy.

Section 505

If, during the existence of the contract, the security for the obligation to return the funds provided deteriorates or is discharged, the debtor has a duty to supplement the security to its original extent. If the debtor fails to do so within a reasonable period, the creditor may withdraw from the contract and require that the debtor returns the outstanding amount with interest. The withdrawal of the creditor from the contract does not affect the security of the obligations under this contract.

§ 506

Je-li dlužník v prodlení s vrácením více než dvou splátek nebo jedné splátky po dobu delší než tři měsíce, je věřitel oprávněn od smlouvy odstoupit a požadovat, aby dlužník vrátil dlužnou částku s úroky. Odstoupení věřitele od smlouvy nemá vliv na zajištění závazků z této smlouvy.

Section 506

If the debtor is in default with the return of more than two instalments or one instalment for a period longer than three months, the creditor is entitled to withdraw from the contract and require that the debtor returns the outstanding amount with interest. The withdrawal of the creditor from the contract does not affect the security of the obligations under this contract.

§ 507

Mají-li být poskytnuté peněžní prostředky podle smlouvy použity dlužníkem pouze k určitému účelu a dlužník je použije k jinému účelu nebo jestliže jejich použití k smluvenému účelu je nemožné, je věřitel oprávněn od smlouvy odstoupit a požadovat, aby dlužník vrátil bez zbytečného odkladu použité a nevrácené prostředky s úroky. Odstoupení věřitele od smlouvy nemá vliv na zajištění závazků z této smlouvy.

Section 507

If, in accordance with the contract, the funds provided are to be used by the debtor only for a certain purpose and the debtor uses these for a different purpose or if their use for the agreed purpose is impossible, the creditor is entitled to withdraw from the contract and require that the debtor returns without undue delay the relevant used and not returned funds with interest. The withdrawal of the creditor from the contract is without prejudice to the security of the obligations under this contract.

DÍL VI

LICENČNÍ SMLOUVA K PŘEDMĚTŮM PRŮMYSLOVÉHO VLASTNICTVÍ

§ 508

Základní ustanovení

(1) Licenční smlouvou k předmětům průmyslového vlastnictví opravňuje poskytovatel nabyvatele ve sjednaném rozsahu a na sjednaném území k výkonu práv z průmyslového vlastnictví (dále jen "právo") a nabyvatel se zavazuje k poskytování určité úplaty, nebo jiné majetkové hodnoty.

(2) Smlouva vyžaduje písemnou formu.

§ 509

(1) Stanoví-li tak zvláštní předpis, vyžaduje se k výkonu práva poskytnutého na základě smlouvy zápis do příslušného rejstříku těchto práv.

(2) Závisí-li trvání práva na jeho výkonu, je nabyvatel k tomuto výkonu povinen.

§ 510

Poskytovatel je povinen po dobu trvání smlouvy udržovat právo, pokud to povaha tohoto práva vyžaduje.

§ 511

(1) Poskytovatel je nadále oprávněn k výkonu práva, jež je předmětem smlouvy, a k poskytnutí jeho výkonu jiným osobám.

(2) Nabyvatel není oprávněn přenechat výkon práva jiným osobám.

CHAPTER VI

THE INDUSTRIAL PROPERTY LICENCE CONTRACT

Section 508

Fundamental provisions

(1) By a licence contract for objects of industrial property, a licensor entitles a licensee to exercise rights over industrial property (a "right") within the agreed scope and in the agreed territory and the licensee undertakes to provide a certain consideration or other property.

(2) The contract is required to be concluded in writing.

Section 509

(1) If a special regulation so provides, the entry in the relevant register of rights is required for the exercise of the right provided on the basis of the contract.

(2) If the existence of the right depends on it being exercised, the licensee has a duty to exercise it.

Section 510

The licensor has a duty to maintain the right for the duration of the contract, provided that the nature of such right requires so.

Section 511

(1) The licensor remains entitled to exercise the right that is the subject-matter of the contract and to provide its exercise to other persons.

(2) The licensee is not entitled to permit other persons exercise the right.

§ 512

Poskytovatel je povinen bez zbytečného odkladu po uzavření smlouvy poskytnout nabyvateli veškeré podklady a informace, jež jsou potřebné k výkonu práva podle smlouvy.

Section 512

The licensor has a duty without undue delay after the conclusion of the contract to provide to the licensee any documents and information necessary for the performance of the right under the contract.

§ 513

Nabyvatel je povinen utajovat poskytnuté podklady a informace před třetími osobami, ledaže ze smlouvy nebo z povahy poskytnutých podkladů a informací vyplývá, že poskytovatel nemá zájem na jejich utajování. Za třetí osoby se nepovažují osoby, jež se účastní na podnikání podnikatele a které podnikatel zavázal mlčenlivostí. Po zániku smlouvy je nabyvatel povinen poskytnuté podklady vrátit a dále utajovat poskytnuté informace do doby, kdy se stanou obecně známými.

Section 513

The licensee has a duty to keep the documents provided and information secret from third parties, unless it follows from the contract or from the nature of the provided information that the licensor has no interest in keeping them secret. The persons that participate in the entrepreneur's business and that the entrepreneur obligated to maintain confidentiality are not considered to be third parties. After the contract is discharged, the licensee has a duty to return the provided documents and maintain the secrecy of the information provided until the time when these have become generally known.

§ 514

(1) Je-li nabyvatel omezován ve výkonu práva jinými osobami nebo zjistí-li, že jiné osoby toto právo porušují, je povinen bez zbytečného odkladu podat o tom zprávu poskytovateli.

(2) Poskytovatel je povinen bez zbytečného odkladu učinit potřebná právní opatření k ochraně výkonu práva nabyvatelem. Při těchto opatřeních je nabyvatel povinen poskytnout poskytovateli potřebné spolupůsobení.

Section 514

(1) If the licensee is restricted in the exercise of the right by other persons, or if it finds out that other persons are breaching the relevant right, it has a duty without undue delay to notify this to the licensor.

(2) The licensor has a duty without undue delay to take the necessary legal measures to protect the exercise of the right by the licensee. The licensee has a duty to provide the licensor with the necessary cooperation in relation to such measures.

§ 515

Nebyla-li smlouva sjednána na dobu určitou, lze ji vypovědět. Nestanoví-li smlouva jinou výpovědní lhůtu, nabývá výpověď účinnosti uplynutím jednoho roku od konce kalendářního měsíce, v němž

Section 515

Unless the contract has been agreed for a definite period of time, it can be terminated by giving a notice of termination. Unless the contract provides a different notice period, the notice becomes effective on the expiry of byla výpověď doručena druhé straně.

one year from the end of the calendar month in which the notice is delivered to the other party.

DÍL VII

SMLOUVA O ULOŽENÍ VĚCI

§ 516

Základní ustanovení

(1) Smlouvou o uložení se zavazuje opatrovatel, že bude pro uložitele dočasně bezplatně opatrovat věc, kterou má u sebe v souvislosti s obchodním stykem s uložitelem.

(2) Jestliže ve smlouvě není uvedeno, zda věc se má opatrovat za úplatu nebo bezplatně, a opatrování věci není předmětem podnikání opatrovatele, platí, že strany uzavřely smlouvu o uložení věci.

CHAPTER VII

THE CONTRACT OF CUSTODY

Section 516

Fundamental provisions

(1) By a contract of custody, a custodian undertakes at no cost to keep temporarily in custody a material object that it possesses in connection with commercial dealings with the depositor.

(2) If the contract does not state whether the material object is to be kept in custody for a payment or at no cost, and keeping material objects in custody is not the subject of the business of the custodian, it is considered that the parties have concluded a contract of custody.

§ 517

Opatrovatel je povinen věc pečlivě opatrovat a dbát s přihlédnutím k její povaze a svým možnostem, aby na ní nevznikla škoda. Vyžaduje-li opatrování věci zvláštních opatření, je opatrovatel povinen je učinit, jestliže jsou uvedeny ve smlouvě nebo byl-li na ně upozorněn uložitelem před uzavřením smlouvy. Opatrovatel je povinen dát věci pojistit proti škodám, jen když to stanoví smlouva.

Section 517

The custodian has a duty to keep the material object carefully and exercise due care, considering the nature of the material object and its capacity to do so, to prevent damage to it. If custody of the material object requires special measures, the custodian has a duty to take them, provided that they are specified in the contract or if it has been notified of them by the depositor before the conclusion of the contract. The custodian only has a duty to have the material objects insured against damage if the contract so provides.

§ 518

I když se opatrovatel zavázal ve smlouvě opatrovat věc určitým způsobem, může se od tohoto způsobu odchýlit, jestliže nastanou okolnosti, které opatrovatel nemohl v době uzavření smlouvy předvídat a jež činí plnění závazku pro něho nepřiměřeně tíživým. O vzniku těchto okolností je opatrovatel povinen včas

Section 518

Even if the custodian undertakes in the contract to keep the material object in custody in a certain manner, it may deviate from that manner in circumstances that the custodian could not have foreseen at the time of conclusion of the contract and which make the performance of the obligation unreasonably burdensome for it. The custodian has a duty to give a timely vyrozumět uložitele.

notification to the depositor about the occurrence of such circumstances.

§ 519

(1) Svěří-li opatrovatel bez souhlasu uložitele opatrování věci třetí osobě, odpovídá, jako by věc opatroval sám. Jestliže toto učiní se souhlasem uložitele, odpovídá jako mandatář.

(2) Svěří-li opatrovatel opatrování věci třetí osobě v rozporu se smlouvou, přechází na opatrovatele nebezpečí škody na věci. Ustanovení § 518 tím není dotčeno.

Section 519

If the custodian entrusts the custody of the material object to a third party without the consent of the depositor, it is liable as if it had held the material object in custody itself. If it does so with the consent of the depositor, it is liable as a mandatary.

(2) If the custodian entrusts the custody of the material object to a third party to the contrary of the contract, the risk of damage to the material object passes to the custodian. This has no effect of the provisions of section 518.

§ 520

Opatrovatel nesmí bez souhlasu uložitele užívat věc nebo umožnit její užívání třetí osobě.

Section 520

The custodian cannot use the material object or enable a third party to use it without the consent of the depositor.

§ 521

(1) Uložitel je povinen nahradit opatrovateli škodu způsobenou mu uloženou věcí, pokud jí nemohl opatrovatel odvrátit vynaložením péče uvedené v § 517. Dále je uložitel povinen uhradit náklady, které opatrovatel nutně nebo účelně vynaložil při plnění své povinnosti.

(2) U mimořádných nákladů, které byly nepředvídatelné v době uzavření smlouvy, je opatrovatel povinen si vyžádat souhlas uložitele před jejich vynaložením, je-li to možné. Jestliže uložitel nesdělí opatrovateli bez zbytečného odkladu svůj nesouhlas, má se za to, že s vynaložením nákladů souhlasí.

Section 521

(1) The depositor has a duty to compensate the custodian for the damage caused to it by the material object in custody, provided that the custodian could not have avoided it by exercising the care stated in section 517. Further, the depositor has a duty to pay the costs that the custodian has necessarily or efficiently incurred in the performance of its duties.

(2) In the case of extraordinary costs that were unforeseeable at the time of the conclusion of the contract, the custodian has a duty to request the consent of the depositor before incurring them, provided that it is possible. If the depositor fails to notify the custodian without undue delay that it disagrees, it is presumed that it consents to incurring the costs.

(3) Jestliže opatrovatel vynaloží náklady uvedené v odstavci 2, aniž si předem vyžádal potřebný souhlas uložitele, a ten s jejich vynaložením neprojeví dodatečně souhlas, může opatrovatel požadovat úhradu nákladů v rozsahu, v kterém se uložitel o úsporu těchto nákladů obohatil.

(3) If the custodian expends the costs stated in subsection (2) without requiring the necessary consent of the depositor in advance and the depositor does not subsequently express its consent to this expenditure, the custodian may require the payment of the costs to the extent to which the depositor enriched itself by saving on such costs.

(4) Náklady, k jejichž úhradě je opatrovatel oprávněn, je uložitel povinen uhradit bez zbytečného odkladu poté, kdy byl o to opatrovatelem požádán, nejpozději však při převzetí věci.

(4) The depositor has a duty to pay the costs to which the custodian is entitled without undue delay after it has been invited to do so by the custodian, and in any event not later than on taking over the material object.

§ 522

Opatrovatel je povinen uloženou věc uložiteli vydat v místě, kde věc měla být podle smlouvy uložena, jinak ve svém sídle nebo v místě podnikání, popřípadě bydlišti, anebo v místě, kde je jeho organizační složka opatrující věc.

Section 522

The custodian has a duty to surrender the material object in custody to the depositor at a place where it was to be kept in custody in accordance with the contract, and otherwise at its registered office or place of business, or residential address, or the place where its branch keeping the material object is custody is located.

§ 523

(1) I když byla smluvena doba, po kterou má být věc uložena, je opatrovatel povinen věc vydat bez zbytečného odkladu poté, kdy byl o to uložitelem požádán.

Section 523

(1) Even if the period for which the material object is to be kept in custody has been agreed, the custodian as a duty to surrender the material object without undue delay after it has been requested to do do by the depositor.

(2) Opatrovatel je oprávněn se domáhat na uložiteli, aby převzal uloženou věc bez zbytečného odkladu ještě před uplynutím smluvené doby uložení, jestliže další plnění povinností by opatrovateli způsobilo nepřiměřené obtíže, které nemohl v době uzavření smlouvy předvídat, nebo jestliže třetí osoba se domáhá vydání uložené věci.

(2) The custodian is entitled to require that the depositor takes over the material object in custody without undue delay even before the agreed period of custody expires if further performance of duties would cause the custodian disproportionate difficulties that it could not have foreseen at the time of conclusion of the contract or if a third person requires surrender of the material object in custody.

§ 524

Není-li ujednáno a ani z okolností, za nichž byla smlouva uzavřena, nevyplývá, jak dlouho má být věc uložena, je opatrovatel povinen vydat věc uložiteli, jakmile jej o to uložitel požádá, a uložitel je povinen převzít věc bez zbytečného odkladu poté, kdy jej opatrovatel k tomu vyzval.

Section 524

Unless it is agreed otherwise and nothing else follows from the circumstances under which the contract is concluded, the custodian has a duty to hand over the material object in custody to the depositor as soon as the depositor so requests and the depositor has a duty to take over the material object without undue delay after being invited to do so by the custodian.

§ 525

Nepřevezme-li uložitel věc včas, může mu opatrovatel k tomu určit přiměřenou lhůtu. Po jejím marném uplynutí může opatrovatel od smlouvy odstoupit, a jestliže uložitele na to upozorní při stanovení dodatečné lhůty, je oprávněn věc na účet uložitele vhodným způsobem prodat nebo na náklady uložitele uskladnit u třetí osoby.

Section 525

If the depositor fails to take over the material object in time, the custodian may provide to it a reasonable period to do so. After this expires without the required actions having been taken, the custodian may withdraw from the contract and, if it notifies the depositor of this when specifying the additional period, it is entitled sell the material object in an appropriate manner for the account of the depositor or put it in storage with a third party at the cost of the depositor.

§ 526

Ustanoveními § 517 až 525 se řídí přiměřeně určení práv a povinností stran i v případech, kdy podle ustanovení tohoto zákona, týkajících se jiných smluv než smlouvy o uložení věci, je jedna strana povinna bez nároku na úplatu pečovat pro druhou stranu o věc, kterou má u sebe, ledaže z těchto ustanovení vyplývá odlišná úprava.

Section 526

The provisions of sections 517 to 525 also regulate as appropriate the determination of the rights and duties of the parties in cases in which, in accordance with the provisions of this Code relating to other contracts than the custody contract, one party has a duty without the right to receive consideration to take care of a material object of the other party that it has in its possession, unless other rules follow from such provisions.

DÍL VIII

SMLOUVA O SKLADOVÁNÍ

§ 527

Základní ustanovení

(1) Smlouvou o skladování zavazuje se skladovatel převzít věc, aby ji uložil a opatroval, a ukladatel se zavazuje zaplatit mu za to úplatu (skladné).

(2) Jestliže ve smlouvě není uvedeno, zda věc se má opatrovat za úplatu nebo bezplatně, a opatrování věci je předmětem podnikání skladovatele, platí, že strany uzavřely smlouvu o skladování.

§ 528

(1) Skladovatel je povinen věc převzít při jejím předání ukladatelem a převzetí zboží písemně potvrdit.

(2) Potvrzení o převzetí věci ke skladování může mít povahu cenného papíru, s nímž je spojeno právo požadovat vydání skladované věci (skladištní list).

(3) Skladištní list může znít na doručitele nebo na jméno. Zní-li na doručitele, je skladovatel povinen vydat zboží osobě, která skladištní list předloží. Zní-li na jméno, je povinen věc vydat osobě v skladištním listu uvedené. Skladištní list na jméno může oprávněná osoba převádět rubopisem na jiné osoby, pokud v něm není převod vyloučen. O rubopisu platí obdobně předpisy upravující směnky.

CHAPTER VIII

THE CONTRACT OF STORAGE

Section 527

Fundamental provisions

(1) In a contract of storage, a warehouse operator undertakes to take over a material object to store and care for it and the depositor undertakes to make a payment to it for this (the storage fee).

(2) If the contract specifies whether the material object is to be kept in storage for consideration or free of charge, and storing material objects is within the scope of business of the warehouse operator, it is considered that the parties have concluded a contract of storage.

Section 528

(1) The warehouse operator has a duty to take over the material object when it is handed over by the depositor and to confirm in writing the taking over of the goods.

(2) The confirmation of taking over a material object for storage may have the nature of a security to which the right is attached to require that the stored material object be handed over (warehouse receipt).

(3) A warehouse receipt can be issued to bearer or in a person's name. If it is to bearer, the warehouse operator has a duty to hand over the goods to the person that submits the warehouse receipt. If it is in a person's name, it has a duty to hand over the material object to the person stated in the warehouse receipt. A warehouse receipt in a person's name may be transferred by the entitled person to other persons by endorsement, provided that transfer is not precluded in it. The provisions regulating

bills of exchange apply to the endorsement with appropriate changes.

(4) Osoba oprávněná domáhat se na základě skladištního listu vydání věci má postavení ukladatele a je povinna na požádání skladovatele potvrdit na skladištním listu převzetí skladované věci, není však povinna platit skladné. Není-li skladné zaplaceno, není skladovatel povinen zboží vydat, uplatní-li zadržovací právo na zboží uloženém ve skladu.

(4) A person entitled to require a material object to be handed over to it on the basis of a warehouse receipt has the status of the depositor and, on the warehouse operator's request, it has a duty to confirm taking over the stored material object on the warehouse receipt, but it does not have a duty to pay the storage fee. If the storage fee is not paid, the warehouse operator does not have a duty to hand over the goods if it asserts a retention of title over the goods stored in the warehouse.

(5) Skladištní list musí obsahovat alespoň

a) firmu nebo název a sídlo právnické osoby nebo jméno a místo podnikání, popřípadě bydliště skladovatele,

b) firmu nebo název a sídlo právnické osoby nebo jméno a místo podnikání, popřípadě bydliště ukladatele,

c) označení a množství, váhu nebo objem uskladněného zboží,

d) údaj, zda skladištní list byl vydán na doručitele nebo na řad s uvedením jména nebo firmy či názvu osoby, na jejíž řad byl vydán,

e) označení místa, kde je zboží uskladněno,

(5) A warehouse receipt must contain at least the following items:

(a) the business name or corporate name and the registered office of a legal person or the name and place of business, or residential address of the warehouse operator, if applicable;

(b) the business name or corporate name and the registered office of a legal person or the name and place of business, or residential address of the depositor, if applicable;

(c) the designation and quantity, weight, or volume of the stored goods;

(d) the information as to whether the warehouse receipt has been issued to bearer or to order, together with a statement of the name or business name or corporate name of the person to whose order the warehouse receipt has been issued;

(e) a designation of the place where the goods are stored;

f) dobu, na niž je zboží uskladněno,

(f) the time for which the goods must be stored;

g) místo a den vydání skladištního listu a podpis skladovatele.

(g) the place and date of issue of the warehouse receipt and a signature of the warehouse operator.

(6) Jestliže skladištní list neobsahuje jméno osoby, na jejíž řad je vydán, považuje se za vystavený na řad ukladatele.

(6) If the warehouse receipt does not contain the name of the person to whose order it is issued, it is considered that it is issued to the order of the depositor.

§ 529

Section 529

Nevyplývá-li ze smlouvy něco jiného, smlouva zaniká, jestliže ukladatel nepředá skladovateli věc k uskladnění do doby stanovené ve smlouvě, jinak do šesti měsíců po uzavření smlouvy.

Unless it otherwise follows from the contract, the contract is discharged if the depositor fails to hand over the material object for storage to the warehouse operator within the period specified in the contract, and in any event within six months from the conclusion of the contract.

§ 530

Section 530

Skladovatel je povinen uložit věc odděleně od ostatních skladovaných věcí s označením, že jde o věci ukladatele. Ukladatel má právo kontrolovat stav skladované věci a brát z ní vzorky.

The warehouse operator has a duty to store the material object separately from the other material objects stored and with a designation that the material objects belong to the depositor. The depositor has the right to inspect the condition of the stored material object and take samples from it.

§ 531

Section 531

(1) Ukladatel platí skladné ode dne převzetí věci ve výši a způsobem dohodnutým ve smlouvě.

(1) The depositor must pay the storage fee from the date of taking over the material objects in the amount and manner agreed in the contract.

(2) Není-li výše skladného ve smlouvě sjednána, je ukladatel povinen zaplatit skladné obvyklé v době uzavření smlouvy s přihlédnutím k povaze věci, délce a způsobu skladování.

(2) If the amount of the storage fee is not agreed in the contract, the depositor has a duty to pay the storage fee that is usual at the time of conclusion of the contract with respect to the nature of the material object, the duration and manner of storage.

(3) Trvá-li skladování déle než šest měsíců, platí se skladné pololetně pozadu. Skladné za neukončené šestiměsíční období a skladné za kratší dobu skladování se platí při vyzvednutí skladované věci. I po ukončení smlouvy má skladovatel právo na skladné za dobu, po kterou byla skladovaná věc u něho uložena z důvodu, že ji ukladatel včas nevyzvedl.

(3) If storage lasts for more than six months, the storage fee must be paid semi-annually in arrears. The storage fee for an incomplete six month period and the storage fee for a shorter period of storage must be paid when the stored material object is collected. Even after the contract is discharged, the warehouse operator is entitled to a storage fee for the time for which the stored material object was stored with it for the reasons that the depositor failed to pick it up in time.

(4) Skladné kryje všechny náklady spojené se skladováním, nezahrnuje však náklady na pojištění; skladovatel má na ně nárok, jestliže je povinen podle smlouvy dát věc pojistit.

(4) The storage fee covers all the costs associated with storage, but it does not include the costs of insurance. The warehouse operator is entitled to the costs of insurance if under the contract it has a duty to have the material object insured

§ 532

Section 532

(1) Je-li skladování sjednáno na dobu určitou, může ukladatel věci vyzvednout ještě před jejím uplynutím, musí však předtím zaplatit skladné připadající na celou smluvenou dobu. Před uplynutím sjednané doby může ukladatel požádat znovu o převzetí věci k uskladnění do konce této doby a je povinen uhradit skladovateli náklady s tím spojené.

(1) If storage is agreed for a definite period of time, the depositor may collect the material objects before that period expires, but before that it must pay the storage fee for the entire agreed period. Before the agreed period expires, the depositor may again request that the material object be taken over for storage until the end of that period and it has a duty to pay the warehouse operator the related costs.

(2) Není-li uvedena lhůta, na kterou se smlouva uzavírá, má se za to, že se uzavírá na dobu neurčitou. Ukladatel může požadovat kdykoli vydání věci a je povinen zaplatit skladné za dobu, kdy věc byla skladována. Vyzvednutím věci smlouva zaniká.

(2) If the period for which the contract is concluded is not specified, it is presumed that it is concluded for an indefinite period of time. The depositor may require the material object to be handed over at any time and it has a duty to pay the storage fee for the period for which the material object was stored. The contract is discharged by collecting the material object.

(3) Skladovatel je oprávněn smlouvu vypovědět jednoměsíční výpovědí. Výpovědní lhůta začíná běžet prvním dnem měsíce následujícího po měsíci, v

(3) The warehouse operator has the right to give notice of termination with a one month notice period. The notice period starts running on the first day of the month

němž byla výpověď doručena ukladateli.

following the month in which the notice is delivered to the depositor.

§ 533

Section 533

(1) Skladovatel odpovídá za škodu na skladované věci, jež vznikla po převzetí věci, a to až do jejího vydání, ledaže tuto škodu nemohl odvrátit při vynaložení odborné péče.

(1) The warehouse operator is liable for damage to the stored material object that occurs after the material object is taken over and before it is handed over, unless it could not avert such damage even by exercising professional care.

(2) Skladovatel neodpovídá za škodu na věci, jestliže byla způsobena

(2) The warehouse operator is not liable for damage to a material object if it is caused by the following:

a) ukladatelem nebo vlastníkem věci,

(a) the depositor or the owner of the material object;

b) vadou nebo přirozenou povahou uložené věci, nebo

(b) a defect or the nature of the stored material object; or

c) vadným obalem, na který skladovatel při převzetí věci ukladatele upozornil a toto upozornění zahrnul do potvrzení o převzetí věci; neupozornil-li skladovatel na vadnost obalu, neodpovídá za škodu na věci jen tehdy, když vadnost obalu nebyla poznatelná.

(c) defective packaging if the warehouse operator notified the depositor of this when taking over the material object and included such notification in the confirmation of its taking over the material object. If the warehouse operator fails to notify the defect of the packaging, it is liable for the damage to the material object unless the defectiveness of the packaging was not ascertainable.

(3) Vznikla-li škoda způsobem uvedeným v odstavci 2, je skladovatel povinen vynaložit odbornou péči, aby škoda byla co nejmenší.

(3) If damage occurs in the manner stated in subsection (2), the warehouse operator has a duty to exercise professional care so that the damage is mitigated.

§ 534

Section 534

(1) Skladovatel může odstoupit od smlouvy,

(1) The warehouse operator may withdraw from the contract in the following cases:

a) zatajil-li ukladatel nebezpečnou povahu věci a hrozí-li z ní skladovateli značná škoda,

(a) if the depositor fails to notify the dangerous nature of a material object and the warehouse operator is at risk of substantial damage from this;

b) dluží-li ukladatel skladné za dobu nejméně tři měsíce,

(b) if the depositor owes a storage fee for at least a three month period;

c) hrozí-li vznik podstatné škody na uložené věci, kterou skladovatel nemůže odvrátit, nebo

(c) if there is a risk of considerable damage to the material object deposited, which the warehouse operator cannot avert; or

d) nevyzvedne-li ukladatel věc po skončení doby, po kterou je skladovatel povinen věc skladovat.

(d) if the depositor fails to collect the material object after the expiry of the period for which the warehouse operator has a duty to store it.

(2) Skladovatel může po odstoupení od smlouvy stanovit přiměřenou lhůtu k vyzvednutí věci s upozorněním, že jinak zboží prodá. Po marném uplynutí této lhůty může skladovatel skladované zboží prodat vhodným způsobem na účet ukladatele. Od výtěžku z prodeje, který je povinen skladovatel bez zbytečného odkladu ukladateli vydat, může si odečíst kromě skladného i vynaložené náklady spojené s prodejem.

(2) After the warehouse operator withdraws from the contract, it may specify a reasonable period for collecting the material object by a notification, which may state that it will otherwise sell the goods. After this period expires without the required actions having been taken, the warehouse operator may sell the stored goods in an appropriate manner and for the account of the depositor. The warehouse operator may withhold the storage fee and the costs associated with the sale from the proceeds of the sale, which the warehouse operator has a duty without undue delay to hand over to the depositor.

§ 535

Skladovatel má k zajištění svých nároků ze smlouvy o skladování zákonné zástavní právo na skladovaných věcech, dokud se u něho nacházejí. Toto zákonné zástavní právo má přednost před jinými zástavními právy.

Section 535

In order to secure its claims under the storage contract, the warehouse operator has a right of pledge by operation of law over the stored material objects for so long as the material objects are located with it. This pledge by operation of law has priority over other pledges.

DÍL IX

SMLOUVA O DÍLO

ODDÍL 1

ZÁKLADNÍ USTANOVENÍ

§ 536

(1) Smlouvou o dílo se zavazuje zhotovitel k provedení určitého díla a objednatel se zavazuje k zaplacení ceny za jeho provedení.

(2) Dílem se rozumí zhotovení určité věci, pokud nespadá pod kupní smlouvu, montáž určité věci, její údržba, provedení dohodnuté opravy nebo úpravy určité věci nebo hmotně zachycený výsledek jiné činnosti. Dílem se rozumí vždy zhotovení, montáž, údržba, oprava nebo úprava stavby nebo její části.

(3) Cena musí být ve smlouvě dohodnuta nebo v ní musí být alespoň stanoven způsob jejího určení, ledaže z jednání o uzavření smlouvy vyplývá vůle stran uzavřít smlouvu i bez tohoto určení.

ODDÍL 2

PROVEDENÍ DÍLA

§ 537

(1) Zhotovitel je povinen provést dílo na svůj náklad a na své nebezpečí ve sjednané době, jinak v době přiměřené s přihlédnutím k povaze díla. Nevyplývá-li ze smlouvy nebo z povahy díla něco jiného, může zhotovitel provést dílo ještě před sjednanou dobou.

CHAPTER IX

THE CONTRACT FOR WORK

SUB-CHAPTER 1

FUNDAMENTAL PROVISIONS

Section 536

(1) By a contract for work, a contractor undertakes to carry out certain work and a principal undertakes to pay a price for the work carried out.

(2) Work means the production of a certain material object provided that this does not fall within the scope of a purchase contract, installation of a certain material object, its maintenance, carrying out an agreed repair or modification of a certain material object or the result of other activities captured in a tangible form. The construction, installation or assembly, maintenance, repair, or modification of a construction work or its part is always considered to be work.

(3) The price must be agreed in the contract, or the contract must at least set out a manner for its determination, unless it follows from the contractual negotiations that the parties want to conclude the contract even without such a specification.

SUB-CHAPTER 2

CARRYING OUT THE WORK

Section 537

(1) The contractor has a duty to carry out the work at its own cost and risk within the agreed period and, in any event., within a period that is reasonable considering the nature of the work. Unless it otherwise follows from the contract or the nature of the work, the contractor may carry out the

work even before the agreed time.

(2) Objednatel je povinen provedené dílo převzít.

(2) The principal has a duty to take over the work carried out.

(3) Při provádění díla postupuje zhotovitel samostatně a není při určení způsobu provedení díla vázán pokyny objednatele, ledaže se k jejich plnění výslovně zavázal.

(3) When carrying out work, the contractor proceeds independently and it is not bound by the instructions of the principal in determining the manner in which it carries out the work, unless it has expressly undertaken to comply with such instructions.

§ 538

Zhotovitel díla může pověřit jeho provedením jinou osobu, jestliže ze smlouvy nebo z povahy díla nevyplývá nic jiného. Při provádění díla jinou osobou má zhotovitel odpovědnost, jako by dílo prováděl sám.

Section 538

Unless it otherwise follows from the contract or the nature of the work, the contractor may appoint another person to carry out the work. When the work is carried out by another person, the contractor has the same liability as if it were carrying out the work itself.

ODDÍL 3

VĚCI URČENÉ K PROVEDENÍ DÍLA

SUB-CHAPTER 3

MATERIAL OBJECTS DESIGNATED FOR CARRYING OUT THE WORK

§ 539

(1) Věci, které má objednatel podle smlouvy opatřit k provedení díla, je povinen předat zhotoviteli v době určené ve smlouvě, jinak bez zbytečného odkladu po uzavření smlouvy. V pochybnostech se má za to, že o cenu těchto věcí se nesnižuje cena za provedení díla.

Section 539

(1) The principal has a duty to hand over to the contractor the material objects that it is to procure under the contract for the purpose of carrying out the work at the time specified in the contract, and in any event without undue delay after the conclusion of the contract. In cases of doubt, it is presumed that the price for carrying out the work is not reduced by the price of these material objects.

(2) Neopatří-li věci objednatel včas, může mu pro to zhotovitel poskytnout přiměřenou lhůtu a po jejím marném uplynutí může sám po předchozím upozornění opatřit věci na účet objednatele. Objednatel je povinen uhradit jejich cenu a účelné náklady s tím spojené bez zbytečného odkladu poté, kdy

(2) If the principal does not procure the material objects in time, the contractor may provide it with a reasonable period and, after that period expires without the required actions having been taken, it may, after a prior notification, procure the material objects itself for the account of the principal. The principal has a duty to pay the price for it

jej o to zhotovitel požádá.

and the associated costs without undue delay after the contractor requests it to do so.

(3) Věci, které jsou potřebné k provedení díla a k jejichž opatření není podle smlouvy zavázán objednatel, je povinen opatřit zhotovitel.

(3) The contractor has a duty to procure the material objects that are necessary for carrying out the work, which objects the principal is not liable to procure under the contract.

§ 540

Section 540

(1) Objednatel nese nebezpečí škody na věcech, které opatřil k provedení díla, a zůstává jejich vlastníkem až do doby, kdy se zpracováním stanou součástí předmětu díla.

(1) The principal bears the risk of damage to the material objects that it has procured for carrying out the work and remains their owner until these are processed and become a part of the object of the work.

(2) Za věc převzatou od objednatele do opatrování za účelem jejího zpracování při provádění díla nebo za účelem její opravy nebo úpravy odpovídá zhotovitel jako skladovatel.

(2) The contractor is liable as a warehouse operator for a material object taken over into custody from the principal for the purposes of processing it in carrying out the work or for the purposes of its repair or modification.

(3) Po dokončení díla nebo po zániku závazku dílo provést je zhotovitel povinen bez zbytečného odkladu vrátit objednateli věci od něho převzaté, jež nebyly zpracovány při provádění díla.

(3) After the work is completed or the obligation to carry out the work is discharged, the contractor has a duty without undue delay to return to the principal the material objects taken over from it that were not processed in carrying out the work.

§ 541

Section 541

Ohledně věcí, které zhotovitel opatřil k provedení díla, má postavení prodávajícího, pokud z ustanovení upravujících smlouvu o dílo nevyplývá něco jiného. V pochybnostech se má za to, že kupní cena těchto věcí je zahrnuta v ceně za provedení díla.

With respect to the material objects that the contractor has procured for carrying out the work, the contractor has the status of the seller, unless it otherwise follows from the provisions governing the contract for work. In cases of doubt, it is presumed that the purchase price of these material objects is included in the price for carrying out the work.

ODDÍL 4

VLASTNICKÉ PRÁVO K ZHOTOVOVANÉ VĚCI A NEBEZPEČÍ ŠKODY NA NÍ

§ 542

(1) Jestliže zhotovitel zhotovuje věc u objednatele, na jeho pozemku nebo na pozemku, který objednatel opatřil, objednatel nese nebezpečí škody na zhotovované věci a je jejím vlastníkem, jestliže smlouva nestanoví něco jiného.

(2) V případech, na něž se nevztahuje odstavec 1, nese zhotovitel nebezpečí škody na zhotovované věci a je jejím vlastníkem. Pro určení přechodu nebezpečí škody na zhotovované věci ze zhotovitele na objednatele se použije obdobně ustanovení o přechodu nebezpečí škody na zboží z prodávajícího na kupujícího.

(3) Na zhotovitele nepřechází nebezpečí škody na věci, jež je předmětem údržby, opravy nebo úpravy, ani vlastnické právo k ní.

§ 543

(1) Má-li ke zhotovené věci vlastnické právo zhotovitel a závazek provést dílo zanikne z důvodu, za který neodpovídá objednatel, je objednatel oprávněn požadovat zaplacení ceny věcí zhotovitelem od něho převzatých, které zhotovitel zpracoval při provedení díla nebo které nelze vrátit. Nárok objednatele na náhradu škody tím není dotčen.

SUB-CHAPTER 4

THE OWNERSHIP RIGHT TO A MATERIAL OBJECT PRODUCED AND THE RISK OF DAMAGE TO IT

Section 542

(1) Unless the contract provides otherwise, if the contractor produces a material object on the principal's premises, on its land, or on land that the principal has procured, the principal bears the risk of damage to the material object produced and is its owner.

(2) In the cases for which subsection (1) does not apply, the contractor bears the risk of damage to the material object produced and is its owner. The provisions relating to the passage of the risk of damage to goods from the seller to the purchaser apply for the determination of the passage of the risk of damage to the material object produced from the contractor to the principal with appropriate changes.

(3) Neither the risk of damage to the material object that is the object of maintenance, repair, or modification, nor the ownership right to it, passes to the contractor.

Section 543

(1) If the contractor has the ownership right to the material object produced and the obligation to carry out the work is discharged for a reason for which the principal is not liable, the principal is entitled to require the payment of the price of the material objects taken over from it by the contractor that the contractor processed in carrying out the work, or which cannot be returned. This has no effect on the right of the principal ordering work to compensation for damage.

(2) Zanikl-li závazek provést dílo z důvodu, za který odpovídá objednatel, je objednatel oprávněn požadovat úhradu toho, o co se zhotovitel obohatil.

(2) If the obligation to carry out the work has been discharged for reasons for which the principal is liable, the principal is entitled to require the payment of the amount by which the contractor has been enriched.

§ 544

Section 544

(1) Má-li ke zhotovované věci vlastnické právo objednatel a věc nelze vzhledem k její povaze vrátit nebo předat zhotoviteli, je objednatel povinen uhradit zhotoviteli to, o co se objednatel zhotovováním věci obohatil, jestliže závazek zanikl z důvodu, za který objednatel neodpovídá.

(1) If the obligation has been discharged for a reason for which the principal is not liable and the principal has the ownership right to the material object produced and due to its nature the material object cannot be returned or handed over to the contractor, the principal has a duty to pay to the contractor the amount by which the principal as been enriched by producing the material object.

(2) Zanikl-li závazek v případech uvedených v odstavci 1 z důvodů, za něž odpovídá objednatel, může zhotovitel požadovat úhradu ceny věcí, které účelně opatřil a jež se zpracováním staly součástí zhotovované věci, pokud cena těchto věcí není zahrnuta v nároku zhotovitele podle § 548 odst. 2.

(2) If, in the cases stated in subsection (1), the obligation is discharged for reasons for which the principal is liable, the contractor may require the payment of the price for the material objects that it purposefully procured and that were processed to become a part of the material object produced, provided that the price of such material objects is not included in a claim of the contractor under section 548 (2).

§ 545

Section 545

Ustanovení § 544 platí obdobně v případech, kdy předmětem díla je montáž, údržba, oprava nebo úprava věci.

The provisions of section 544 also apply with appropriate changes in the cases if the object of work is the installation or assembly, maintenance, repair, or modification of a material object.

ODDÍL 5

CENA ZA DÍLO

SUB-CHAPTER 5

THE PRICE FOR THE WORK

§ 546

Section 546

(1) Objednatel je povinen zhotoviteli zaplatit cenu dohodnutou ve smlouvě nebo určenou způsobem stanoveným ve smlouvě. Není-li cena takto dohodnutá

(1) The principal has a duty to pay to the contractor the price agreed in the contract or determined in a manner set out in the contract. If the price is not agreed or

nebo určitelná a smlouva je přesto platná (§ 536 odst. 3), je objednatel povinen zaplatit cenu, která se obvykle platí za srovnatelné dílo v době uzavření smlouvy za obdobných obchodních podmínek.

determinable in such a manner and the contract remains valid (section 536 (3)), the principal has a duty to pay the price that is usually paid for comparable work under equivalent commercial terms and conditions at the time of conclusion of the contract.

(2) Sjednání a poskytnutí záloh na cenu za dílo se nedotýká účinků podle § 548 a 549.

(2) The agreement on and provision of advance payments for the price of work is without prejudice to the effects under sections 548 and 549.

§ 547

Section 547

Cena podle rozpočtu

Price according to a budget

(1) Na výši ceny nemá vliv, že cena byla určena na základě rozpočtu, jenž je součástí smlouvy nebo byl objednateli sdělen zhotovitelem do uzavření smlouvy.

(1) The fact that the price has been determined on the basis of a budget, which is a part of the contract or has been notified to the principal by the contractor by the time of the conclusion of the contract, has no influence on the price.

(2) Byla-li však cena určena na základě rozpočtu, ohledně něhož ze smlouvy vyplývá, že se nezaručuje jeho úplnost, může se zhotovitel domáhat přiměřeného zvýšení ceny, objeví-li se při provádění díla potřeba činností do rozpočtu nezahrnutých, pokud tyto činnosti nebyly předvídatelné v době uzavření smlouvy.

(2) If, however, the price has been determined on the basis of a budget and it follows from the contract that its completeness is not guaranteed, the contractor may require a reasonable increase to the price if, during the carrying out of the work, a necessity arises to carry out activities that are not included in the budget, provided that such activities were not foreseeable at the time of conclusion of the contract.

(3) Byla-li cena určena na základě rozpočtu, který podle smlouvy se považuje za nezávazný, může se zhotovitel domáhat, aby bylo určeno zvýšení ceny o částku, o níž nevyhnutelně převýší náklady účelně vynaložené zhotovitelem, náklady zahrnuté do rozpočtu.

(3) If the price has been determined on the basis of a budget that is, under the contract, considered as non-binding, the contractor may require that an increase of the price by the amount by which the costs effectively expended by the contractor unavoidably exceed the costs included in the budget be determined.

(4) Nesouhlasí-li se zvýšením ceny objednatel, určí její zvýšení soud na návrh zhotovitele.

(4) If the principal disagrees with an increase in the price, the increase must be determined by the court on petition by the contractor.

(5) Objednatel může bez zbytečného odkladu odstoupit od smlouvy, požaduje-li zhotovitel zvýšení ceny podle odstavců 2 a 3 o částku, jež přesahuje o více než 10 % cenu stanovenou na základě rozpočtu. V tomto případě je objednatel povinen nahradit zhotoviteli část ceny odpovídající rozsahu částečného provedení díla podle rozpočtu.

(5) The principal may without undue delay withdraw from the contract if the contractor demands an increase in the price in accordance with subsections (2) and (3) by an amount exceeding by more than 10% the price provided on the basis of the budget. In such a case, the principal has a duty to compensate the contractor for a part of the price corresponding to the extent of partial carrying out of the work according to the budget.

(6) Zhotoviteli zaniká nárok na určení zvýšení ceny podle odstavců 2 a 3, jestliže neoznámí nutnost překročení rozpočtované částky a výši požadovaného zvýšení ceny bez zbytečného odkladu poté, kdy se ukázalo, že je nevyhnutelné překročení ceny, jež byla určena na základě rozpočtu.

(6) A claim of the contractor for the determination of an increase in the price under subsections (2) and (3) is released if the contractor fails to notify the necessity to exceed the budgeted amount, and the amount of the requested increase in price, without undue delay after it becomes apparent that it is inevitable that the the price determined on the basis of the budget will be exceeded.

§ 548

Section 548

(1) Objednatel je povinen zaplatit zhotoviteli cenu v době sjednané ve smlouvě. Pokud ze smlouvy nebo tohoto zákona nevyplývá něco jiného, vzniká nárok na cenu provedením díla.

(1) The principal must pay the price to the contractor within the time agreed in the contract. Unless it otherwise follows from the contract or this Code, a claim for the price arises by completion of the work.

(2) Odstoupil-li zhotovitel od smlouvy pro prodlení objednatele a nespočívá-li překážka pro splnění povinnosti objednatele v okolnostech vylučujících odpovědnost (§ 374), náleží zhotoviteli cena, na kterou má nárok na základě smlouvy. Od této ceny se však odečte to, co zhotovitel ušetřil neprovedením díla v plném rozsahu.

(2) If the contractor has withdrawn from the contract due to default by the principal and the impediment to performance of the duty of the principal does not comprise circumstances excusing liability (section 374), the contractor is entitled to to the price to which it is entitled under the contract. The amount, however, that the contractor saves by not carrying out the work in full must be deducted from that price.

§ 549

Section 549

(1) Dohodnou-li se strany po uzavření smlouvy na omezení rozsahu díla a nesjednají-li jeho důsledky na výši ceny, je

(1) If, after the conclusion of the contract, the parties agree to restrict the scope of the work and they fail to agree on the

objednatel povinen zaplatit jen cenu přiměřeně sníženou; dohodnou-li se tímto způsobem na rozšíření díla, je objednatel povinen zaplatit cenu přiměřeně zvýšenou.

consequences for the price, the principal has a duty to pay only a reasonably reduced price. If they agree to extend the scope of the work in such a manner, the principal has a duty to pay a reasonably increased price.

(2) Dohodnou-li se strany po uzavření smlouvy na změně díla a nesjednají-li její důsledky na výši ceny, je objednatel povinen zaplatit cenu zvýšenou nebo sníženou s přihlédnutím k rozdílu v rozsahu nutné činnosti a v účelných nákladech spojených se změněným prováděním díla.

(2) If, after the conclusion of the contract, the parties agree to modify the work and they fail to agree on the consequences for the price, the principal has a duty to pay a price increased or reduced with respect to the difference in the extent of the necessary activities and the efficient costs attaching to the modified carrying out of the work.

ODDÍL 6

ZPŮSOB PROVÁDĚNÍ DÍLA

SUB-CHAPTER 6

THE MANNER OF CARRYING OUT WORK

§ 550

Objednatel je oprávněn kontrolovat provádění díla. Zjistí-li objednatel, že zhotovitel provádí dílo v rozporu se svými povinnostmi, je objednatel oprávněn dožadovat se toho, aby zhotovitel odstranil vady vzniklé vadným prováděním a dílo prováděl řádným způsobem. Jestliže zhotovitel díla tak neučiní ani v přiměřené lhůtě mu k tomu poskytnuté a postup zhotovitele by vedl nepochybně k podstatnému porušení smlouvy (§ 345 odst. 2), je objednatel oprávněn odstoupit od smlouvy.

Section 550

The principal has the right to inspect the carrying out of the work. If the principal ascertains that the contractor is carrying out the work contrary to its duties, the principal is entitled to require the contractor to remedy the defects arising as a result of defective carrying out of the work and to carry out the work in the proper manner. If the contractor fails to do so within a reasonable period provided to it to do so and its conduct would beyond doubt lead to a material breach of the contract (section 345 (2), the principal is entitled to withdraw from the contract.

§ 551

(1) Zhotovitel je povinen upozornit objednatele bez zbytečného odkladu na nevhodnou povahu věcí převzatých od objednatele nebo pokynů daných mu objednatelem k provedení díla, jestliže zhotovitel mohl tuto nevhodnost zjistit při vynaložení odborné péče. Jestliže nevhodné věci nebo pokyny překážejí v řádném provádění díla, je zhotovitel povinen jeho provádění v nezbytném

Section 551

(1) The contractor has a duty without undue delay to notify the principal of the unsuitable nature of the material objects taken over from the principal or instructions issued to it by the client for the carrying out of the work, if the contractor could ascertain this unsuitability by exercising professional care. If unsuitable material objects or instructions impede the proper carrying out of the work, the contractor has a duty to suspend carrying

rozsahu přerušit do doby výměny věcí nebo změny pokynů objednatele nebo písemného sdělení, že objednatel trvá na provádění díla s použitím předaných věcí a daných pokynů. O dobu, po kterou bylo nutno provádění díla přerušit, se prodlužuje lhůta stanovená pro jeho dokončení. Zhotovitel má rovněž nárok na úhradu nákladů spojených s přerušením provádění díla nebo s použitím nevhodných věcí do doby, kdy jejich nevhodnost mohla být zjištěna.

it out to the extent necessary until the time when the material objects are exchanged or the instructions of the principal are modified or the principal notifies the contractor in writing that it insists on carrying out the work using the material objects handed over and the instructions provided. The period specified for the completion of the work is extended by the period for which the carrying out of the work had to be suspended. The contractor is also entitled to the payment of costs attaching to the suspension of the carrying out of the work or the use of unsuitable material objects until such time as the unsuitability could be ascertained.

(2) Zhotovitel, který splnil povinnost uvedenou v odstavci 1, neodpovídá za nemožnost dokončení díla nebo za vady dokončeného díla způsobené nevhodnými věcmi nebo pokyny, jestliže objednatel na jejich použití při provádění díla písemně trval. Při nedokončení díla má zhotovitel nárok na cenu sníženou o to, co ušetřil tím, že neprovedl dílo v plném rozsahu.

(2) A contractor that has performed the duty stated in subsection (1) is not liable for the impossibility of completion of the work or for defects of the completed work caused by unsuitable material objects or instructions if the principal has insisted in writing on using them in carrying out the work. If work is not completed, the contractor is entitled to have the price reduced by the amount that it has saved by not carrying out the work in full.

(3) Zhotovitel, který nesplnil povinnost uvedenou v odstavci 1, odpovídá za vady díla způsobené použitím nevhodných věcí předaných objednatelem nebo pokynů daných mu objednatelem.

(3) A contractor that has failed to perform its duty stated in subsection (1) is liable for defects of the work caused by the use of unsuitable material objects handed over by the principal or instructions provided to it by the principal.

§ 552

Section 552

(1) Zjistí-li zhotovitel při provádění díla skryté překážky, týkající se věci, na níž má být provedena oprava nebo úprava, nebo místa, kde má být dílo provedeno, a tyto překážky znemožňují provedení díla dohodnutým způsobem, je zhotovitel povinen to oznámit bez zbytečného odkladu objednateli a navrhnout mu změnu díla. Do dosažení dohody o změně díla je zhotovitel oprávněn provádění díla

(1) If, while carrying out the work the contractor ascertains hidden impediments relating to a material object on which repair or modification is to be carried out, or to the place where the work is to be carried out, and these impediments make it impossible to carry out the work in the agreed manner, the contractor has a duty to notify this to the principal without undue delay and to propose a change to the work. The

BELISARIUS

přerušit. Nedohodnou-li se strany v přiměřené lhůtě na změně smlouvy, může kterákoli ze stran od smlouvy odstoupit.

contractor is entitled to suspend the carrying out of the work until agreement is reached on the change to the work. If the parties fail to agree on a change of the contract within a reasonable period, any of the parties may withdraw from the contract.

(2) Jestliže zhotovitel neporušil svou povinnost zjistit před započetím provádění díla překážky uvedené v odstavci 1, nemá žádná ze stran nárok na náhradu škody; zhotovitel má nárok na cenu za část díla, jež bylo provedeno do doby, než překážky mohl odhalit při vynaložení odborné péče.

(2) If the contractor has not breached its duty to ascertain the impediments stated in subsection (1) before commencing the carrying out of the work, none of the parties is entitled to compensation for damage. The contractor is entitled to the price for the part of the work carried out up to the time when it could have ascertained the impediments by exercising professional care.

§ 553

Section 553

(1) Stanoví-li smlouva, že objednatel je oprávněn zkontrolovat předmět díla na určitém stupni jeho provádění, je zhotovitel povinen včas objednatele pozvat k provedení kontroly.

(1) If the contract provides that the principal is entitled to inspect the object of work at a certain stage of carrying it out, the contractor has a duty to invite the principal in time to carry out the inspection.

(2) Nesplní-li zhotovitel povinnost uvedenou v odstavci 1, je povinen umožnit objednateli provedení dodatečné kontroly a nést náklady s tím spojené.

(2) If the contractor fails to perform the duty stated in subsection (1), it has a duty to enable the principal to carry out a subsequent inspection and to bear the related costs.

(3) Nedostavil-li se objednatel ke kontrole, na kterou byl řádně pozván nebo která se měla konat podle dohodnutého časového rozvrhu, může zhotovitel pokračovat v provádění díla. Jestliže však účast na kontrole byla objednateli znemožněna překážkou, kterou nemohl odvrátit, může objednatel bez zbytečného odkladu požadovat provedení dodatečné kontroly, je však povinen zhotoviteli nahradit náklady způsobené opožděním kontroly.

(3) If the principal fails to attend an inspection to which it was duly invited or which was to be carried out in accordance with an agreed schedule, the contractor may continue to carry out the work. If, however, attending the inspection was made impossible for the principal by an impediment that it could not have averted, the principal may without undue delay require the carrying out of a subsequent inspection, but it has a duty to compensate the contractor for the costs caused by the delay to the inspection.

ODDÍL 7

PROVEDENÍ DÍLA

§ 554

(1) Zhotovitel splní svou povinnost provést dílo jeho řádným ukončením a předáním předmětu díla objednateli v dohodnutém místě, jinak v místě stanoveném tímto zákonem. Je-li místem předání jiné místo, než je uvedené v odstavcích 2 a 4, vyzve zhotovitel objednatele k převzetí díla.

(2) Není-li toto místo dohodnuto a smlouva zahrnuje povinnost zhotovitele odeslat předmět díla, uskutečňuje se předání předmětu díla jeho předáním prvnímu dopravci, který má uskutečnit přepravu do místa určení. Zhotovitel umožní objednateli uplatnění práv z přepravní smlouvy, pokud tato práva nemá objednatel již na základě této smlouvy.

(3) Jestliže smlouva nestanoví místo předání a ani povinnost zhotovitele odeslat předmět díla, uskutečňuje se předání v místě, v němž se podle smlouvy mělo dílo provádět; není-li ve smlouvě toto místo určeno, uskutečňuje se předání v místě, o němž objednatel věděl nebo musel vědět v době uzavření smlouvy, že v něm bude zhotovitel dílo provádět.

(4) V případech, na něž se nevztahují odstavce 1 až 3, uskutečňuje se předání díla v místě, kde má zhotovitel sídlo nebo místo podnikání, popřípadě bydliště nebo organizační složku, jestliže její místo včas objednateli oznámí.

SUB-CHAPTER 7

CARRYING OUT THE WORK

Section 554

(1) The contractor performs its duty to carry out the work by completing it in full and handing over the object of work to the principal at the agreed place, and otherwise at a place specified by this Code. If the place of the handing over is a place different from that stated in subsections (2) and (4), the contractor must invite the principal to take over the work.

(2) If the relevant place is not agreed and the contract includes a duty for the contractor to despatch the object of work, the handing over of the object of the work is effected by handing it over to the first carrier that is to carry it to the destination. The contractor must enable the principal to assert the rights under the contract of carriage, unless the principal has these rights already on the basis of the relevant contract.

(3) If the contract does not provide a place for handing over or a duty for the contractor to despatch the object of work, the handing over must be effected at the place at which the work was to be carried out under the contract. If that place is not stated in the contract, the handing over must be effected at the place about which the principal knew, or must have known at the time of conclusion of the contract, that the contractor would be carrying out the work there.

(4) In the cases to which subsections (1) to (3) do not apply, the handing over of the work must be effected at the place where the contractor has its registered office or place of business, or residential address, or branch, provided that it notifies the place to the principal in time.

(5) Předáním zhotovené věci nabývá k ní objednavatel vlastnické právo, jestliže je do této doby měl zhotovitel, a na objednatele přechází nebezpečí škody na zhotovené věci, jestliže je do této doby nesl zhotovitel. Ustanovení § 444 až 446, § 455 až 459 a § 461 platí obdobně.

(5) By handing over the material object produced, the client acquires the ownership right to it if the contractor has had it until that time, and the risk of damage to the material object produced passes to the principal if it has been borne by the contractor until that time. The provisions of sections 444 to 446, sections 455 to 459, and section 461 apply with appropriate changes.

(6) Požádá-li o to kterákoli strana, sepíše se o předání předmětu díla zápis, který podepíší obě strany.

(6) If any of the parties requests it, a record of handing over the object of work must be prepared and both parties must affix their signatures to it.

§ 555

Section 555

(1) Nezahrnuje-li smlouva povinnost zhotovitele předmět díla odeslat, splní zhotovitel svou povinnost provést dílo, jestliže umožní objednateli nakládat s předmětem díla řádně provedeným v místě stanoveném v § 554. Zahrnuje-li závazek zhotovitele provést montáž jím zhotovené, opravené nebo upravené věci, je závazek splněn řádným provedením této montáže.

(1) If the contract does not include a duty for the contractor to despatch the object of work, the contractor performs its duty to carry out the work when it enables the principal to dispose of the object of work duly carried out at the place set out in section 554. If the obligation of the contractor includes the installation or assembly of the material object produced, repaired, or modified by it, the obligation is performed by carrying out in full the relevant installation or assembly.

(2) Jestliže podle smlouvy má být řádné provedení díla prokázáno provedením dohodnutých zkoušek, považuje se provedení díla za dokončené teprve, když tyto zkoušky byly úspěšně provedeny. K účasti na nich je zhotovitel povinen objednatele včas pozvat.

(2) If, under the contract, the carrying out of the work in full is to be established by carrying out agreed tests, carrying out the work is considered complete only once such tests have been successfully carried out. The contractor has a duty to invite the principal in time to participate in them.

(3) Neúčast objednatele na zkouškách, k jejichž provedení byl objednatel včas pozván, nebrání provedení zkoušek. Ustanovení § 553 odst. 3 o opakování zkoušek platí obdobně.

(3) A failure of the principal to participate in the tests the carrying out of which it was invited in time does not affect the carrying out of the tests. The provisions of section 553 (3) with appropriate changes to the repeating of the tests.

(4) Výsledek zkoušek se zachytí v zápisu podepsaném oběma stranami. Není-li objednatel přítomen, podepíše zápis místo něho hodnověrná a nestranná osoba, jež se zkoušek zúčastnila.

(4) The result of the tests must be recorded in a record signed by both parties. If the principal is not present, the record must be signed instead of it by a trustworthy and impartial person that participated in the tests.

§ 556

Spočívá-li dílo v jiném výsledku činnosti než zhotovení věci, montáži, údržbě, opravě nebo úpravě věci, je zhotovitel povinen při této činnosti postupovat v rámci stanoveném smlouvou s odbornou péčí tak, aby se dosáhlo hmotně zachyceného výsledku činnosti určeného ve smlouvě. Zhotovitel je povinen hmotně zachycený výsledek předat objednateli.

Section 556

If the work comprises in another result than the production of a material object, installation or assembly, maintenance, or modification of a material object, the contractor has a duty to proceed in such activity within the framework specified by the contract with professional care so that the result captured in a tangible form specified in the contract is achieved. The contractor has a duty to hand over to the principal the result captured in a tangible form.

§ 557

Výsledek činnosti, jež je předmětem díla podle § 556, je zhotovitel oprávněn poskytnout i jiným osobám než objednateli, pokud to dovoluje smlouva. Neobsahuje-li smlouva zákaz tohoto poskytnutí, je k němu zhotovitel oprávněn, není-li to vzhledem k povaze díla v rozporu se zájmy objednatele.

Section 557

If the contract so permits, the contractor is also entitled to provide the result of the activity that is the object of work in accordance with section 556 to persons other than the principal. If the contract does not contain a prohibition of such provision, the contractor is entitled to do so, provided that with respect to the nature of the work this is not contrary to the principal's interests.

§ 558

Je-li předmětem díla podle § 556 výsledek činnosti, který je chráněn právem z průmyslového nebo jiného duševního vlastnictví, je objednatel oprávněn použít jej pouze k účelu vyplývajícímu z uzavřené smlouvy o dílo. K jiným účelům je oprávněn jej použít jen se souhlasem zhotovitele.

Section 558

If the object of work is, under section 556, a result of activities that are protected by the law of industrial or other intellectual property, the principal is only entitled to use it for the purpose deriving from the concluded contract for work. It is only entitled to use it for other purposes with consent of the contractor.

§ 559

Zhotovitel odpovídá za porušení práva jiné osoby z průmyslového nebo jiného duševního vlastnictví v důsledku použití předmětu díla, jestliže k tomuto porušení dojde podle československého právního řádu nebo podle právního řádu státu, kde má být předmět díla využit, a zhotovitel o tom věděl v době uzavření smlouvy. Pro právní vady díla platí přiměřeně § 434 a 435.

Section 559

The contractor is liable for a breach of another person's right of industrial or other intellectual property as a result of using the object of work, provided that the relevant breach occurs under the Czechoslovak legal order or under the legal order of the state where the object of work is to be used and the contractor was aware of it at the time of conclusion of the contract. For legal defects of the work sections 434 and 435 apply as appropriate.

ODDÍL 8

VADY DÍLA

§ 560

(1) Dílo má vady, jestliže provedení díla neodpovídá výsledku určenému ve smlouvě.

(2) Zhotovitel odpovídá za vady, jež má dílo v době jeho předání (§ 554); jestliže však nebezpečí škody na zhotovené věci přechází na objednatele později, je rozhodující doba tohoto přechodu. Za vady díla, na něž se vztahuje záruka za jakost, odpovídá zhotovitel v rozsahu této záruky.

(3) Zhotovitel odpovídá za vady díla vzniklé po době uvedené v odstavci 2, jestliže byly způsobeny porušením jeho povinností.

(4) Spočívá-li dílo ve zhotovení věci, platí obdobně ustanovení § 420 až 422 a § 426.

SUB-CHAPTER 8

DEFECTIVE WORK

Section 560

(1) The work is defective if the carrying out of the work does not correspond to the result specified in the contract.

(2) The contractor is liable for defects of the work at the time of its handing over (section 554). If, however, the risk of damage to the material object produced passes to the principal afterwards, the time of the relevant passing is relevant. In relation to defects of the work to which guarantee of quality applies the contractor is liable within the scope of such a guarantee.

(3) The contractor is liable for defects of the work that have occurred after the time stated in subsection (2) if these have been caused by a breach of its duties.

(4) If the work comprises the production of a material object, the provisions of sections 420 to 422 and 426 apply with appropriate changes.

§ 561

Zhotovitel neodpovídá za vady díla, jestliže tyto vady byly způsobeny použitím věcí předaných mu k zpracování objednatelem v případě, že zhotovitel ani při vynaložení odborné péče nevhodnost těchto věcí nemohl zjistit nebo na ně objednatele upozornil a objednatel na jejich použití trval. Zhotovitel rovněž neodpovídá za vady způsobené dodržením nevhodných pokynů daných mu objednatelem, jestliže zhotovitel na nevhodnost těchto pokynů upozornil a objednatel na jejich dodržení trval nebo jestliže zhotovitel tuto nevhodnost nemohl zjistit.

Section 561

The contractor is not liable for defects of the work if such defects were caused by the use of material objects handed over to it by the principal for processing, provided that the contractor could not have ascertained the unsuitability of such material objects even by exercising professional care or notified the principal of such unsuitability and the principal insisted on using them. The contractor is also not liable for defects caused by adhering to unsuitable instructions provided to it by the principal if the contractor had identified the unsuitability of these instructions and the principal insisted on compliance with them, or if the contractor could not have ascertained such unsuitability.

§ 562

(1) Objednatel je povinen předmět díla prohlédnout nebo zařídit jeho prohlídku podle možnosti co nejdříve po předání předmětu díla.

(2) Soud nepřizná objednateli právo z vad díla, jestliže objednatel neoznámí vady díla

a) bez zbytečného odkladu poté, kdy je zjistí,

b) bez zbytečného odkladu poté, kdy je měl zjistit při vynaložení odborné péče při prohlídce uskutečněné podle odstavce 1,

c) bez zbytečného odkladu poté, kdy mohly být zjištěny později při vynaložení odborné péče, nejpozději však do dvou let a u staveb do pěti let od předání předmětu díla. U vad, na něž se vztahuje záruka, platí místo této lhůty záruční doba.

Section 562

(1) The principal has a duty to inspect the object of work or arrange for its inspection as soon as possible after the handing over of the object of work.

(2) The court cannot adjudicate the right from defects of the work to the principal if the principal fails to notify the defects of work in the following manner:

(a) without undue delay after it ascertains these;

(b) without undue delay after it should have ascertained them by exercising professional care in the inspection carried out under subsection (1);

(c) without undue delay after they could have been ascertained at a later time by exercising professional care, and in any event not later than within two years and, for buildings, within five years after the hand over of the object of work. For defects that are covered by a guarantee, the guarantee period applies instead of this period.

(3) Ustanovení § 428 odst. 2 a 3 se použijí obdobně na účinky uvedené v odstavci 2.

(3) The provisions of section 428 (2) and (3) apply with appropriate changes to the effects stated in subsection (2).

§ 563

Section 563

(1) Záruční doba týkající se díla počíná běžet předáním díla.

(1) A guarantee period relating to work starts running by the handing over of the work.

(2) Pro záruku za jakost díla jinak platí přiměřeně ustanovení § 429 až 431.

(2) In other respects the provisions of sections 429 to 431 apply to the guarantee of quality of work, as appropriate.

§ 564

Section 564

Při vadách díla platí přiměřeně § 436 až 441. Objednatel však není oprávněn požadovat provedení náhradního díla, jestliže předmět díla vzhledem k jeho povaze nelze vrátit nebo předat zhotoviteli.

Sections 436 to 441 apply as appropriate for defective work. The principal is not, however, entitled to require that substitute work is carried out if the object of work due to its nature cannot be returned or handed over to the contractor.

§ 565

Section 565

Využije-li objednatel podle ustanovení uvedených v § 564 práva odstoupit od smlouvy týkající se předmětu díla, který nelze vrátit nebo předat zhotoviteli, neplatí § 441. Objednatel však není oprávněn odstoupit od smlouvy, jestliže vady díla neoznámil včas zhotoviteli.

If the principal exercises its right under the provisions of section 564 to withdraw from a contract relating to an object of work that cannot be returned or handed over to the contractor, section 441 does not apply. The principal is not, however, entitled to withdraw from the contract if it fails to notify the contractor of the defects in time.

DÍL X

SMLOUVA MANDÁTNÍ

§ 566

(1) Mandátní smlouvou se zavazuje mandatář, že pro mandanta na jeho účet zařídí za úplatu určitou obchodní záležitost uskutečněním právních úkonů jménem mandanta nebo uskutečněním jiné činnosti, a mandant se zavazuje zaplatit mu za to úplatu.

(2) Je-li zařízení záležitosti předmětem podnikatelské činnosti mandatáře, má se za to, že úplata byla smluvena.

§ 567

(1) Mandatář je povinen postupovat při zařizování záležitosti s odbornou péčí.

(2) Činnost, k níž se mandatář zavázal, je povinen uskutečňovat podle pokynů mandanta a v souladu s jeho zájmy, které mandatář zná nebo musí znát. Mandatář je povinen oznámit mandantovi všechny okolnosti, které zjistil při zařizování záležitosti a jež mohou mít vliv na změnu pokynů mandanta.

(3) Od pokynů mandanta se může mandatář odchýlit, jen je-li to naléhavě nezbytné v zájmu mandanta a mandatář nemůže včas obdržet jeho souhlas. Ani v těchto případech se však mandatář nesmí od pokynů odchýlit, jestliže je to zakázáno smlouvou nebo mandantem.

CHAPTER X

THE CONTRACT OF MANDATE

Section 566

(1) A contract of mandate is a contract under which a mandatary undertakes, for a consideration, to arrange for a principal and for its account a certain commercial matter by making legal acts in the name of the principal or carrying out other activities and the principal undertakes to pay it a consideration for this.

(2) If arranging matters is the subject-matter of the business activities of the mandatary, it is presumed that a consideration has been agreed.

Section 567

(1) In arranging the matter, the mandatary has a duty to proceed with professional care.

(2) The mandatary has a duty to carry on the activities undertaken in accordance with the instructions of the principal and in compliance with its interest of which the mandatary is or must be aware. The mandatary has a duty to notify the principal of all circumstances of which it has become aware when arranging the matter and which could influence the change to the instructions of the principal.

(3) The mandatary may only deviate from the instructions of the principal if it is urgently necessary in the interests of the principal and the mandatary is unable to receive its consent in time. If, however, it is prohibited by the contract or by the principal, it is is considered that, even in such cases, the mandatary must not deviate from the instructions.

§ 568

(1) Mandatář je povinen zařídit záležitost osobně, jen jestliže to stanoví smlouva. Poruší-li tuto povinnost, odpovídá za škodu tím způsobenou mandantovi.

(2) Mandant je povinen předat včas mandatáři věci a informace, jež jsou nutné k zařízení záležitosti, pokud z jejich povahy nevyplývá, že je má obstarat mandatář.

(3) Vyžaduje-li zařízení záležitosti uskutečnění právních úkonů jménem mandanta, je mandant povinen vystavit včas mandatáři písemně potřebnou plnou moc.

(4) Není-li plná moc obsažena ve smlouvě, nenahrazuje ji převzetí smluvního závazku mandatářem jednat jménem mandanta, a to ani v případě, že osoba, s kterou mandatář jedná, o tomto závazku ví.

Section 568

(1) The mandatary only has a duty to arrange the matter in person if the contract so provides. If the mandatary breaches this duty, it is liable to the principal for the damage caused by it.

(2) The principal has a duty to hand over to the mandatary the material objects and information necessary for the arrangement of the matter in time, unless their nature requires that they are to be procured by the mandatary.

(3) If the arrangement of the matter requires making legal acts in the name of the principal, the principal has a duty to issue the necessary power of attorney to the mandatary in writing and in time.

(4) If a power of attorney is not contained in the contract, it cannot be replaced by the mandatary's assumption of the contractual obligation to act in the name of the principal, not even in the cases where the person with whom the mandatary is dealing knows of that obligation.

§ 569

Mandatář je povinen předat bez zbytečného odkladu mandantovi věci, které za něho převzal při vyřizování záležitosti.

Section 569

The mandatary has a duty without undue delay to hand over to the principal the material objects which it has taken over on the principal's behalf while arranging the matter.

§ 570

Mandatář odpovídá za škodu na věcech převzatých od mandanta k zařízení záležitosti a na věcech převzatých při jejím zařizování od třetích osob, ledaže tuto škodu nemohl odvrátit ani při vynaložení odborné péče. Tyto věci je mandatář povinen dát včas pojistit, jen když to stanoví smlouva, nebo když jej mandant o

Section 570

The mandatary is liable for the damage to the material objects taken over from the principal to arrange the matter and to the material objects taken over from third parties while arranging the matter, unless it could not have averted such damage by exercising professional care. The mandatary is only under a duty to have the relevant to požádá, a to na účet mandanta.

material objects insured in time for the account of the principal if the contract so provides, or if the principal so requests.

§ 571

(1) Není-li výše úplaty ve smlouvě stanovena, je mandant povinen zaplatit mandatáři úplatu, která je obvyklá v době uzavření smlouvy za činnost obdobnou činnosti, kterou mandatář uskutečnil při zařízení záležitosti.

(2) Nevyplývá-li ze smlouvy něco jiného, vznikne mandatáři nárok na úplatu, když řádně vykoná činnost, ke které byl povinen, a to bez ohledu na to, zda přinesla očekávaný výsledek, či nikoliv. Lze-li očekávat, že v souvislosti s vyřizováním záležitosti vzniknou mandatáři značné náklady, může mandatář požadovat po uzavření smlouvy přiměřenou zálohu.

Section 571

(1) If the amount of consideration is not specified in the contract, the principal has a duty to pay to the mandatary a consideration that is usual at the time of conclusion of the contract for activities equivalent to activities conducted by the mandatary in arranging the matter.

(2) Unless it otherwise follows from the contract, the mandatary is entitled to consideration once it performs in full the activity for which it was under a duty to carry out, regardless of whether it has brought the expected result or not. If it can be anticipated that the mandatary will incur considerable costs in the arrangement of the matter, the mandatary may demand reasonable advance payment on conclusion of the contract.

§ 572

Mandant je povinen uhradit mandatáři náklady, které mandatář nutně nebo účelně vynaložil při plnění svého závazku, ledaže z jejich povahy vyplývá, že jsou již zahrnuty v úplatě.

Section 572

The mandant has a duty to reimburse the mandatary for all the costs which the mandatary necessarily and effectively incurred in performing its obligation, unless it follows from their nature that they are already included in the consideration.

§ 573

Mandatář neodpovídá za porušení závazku osoby, s níž uzavřel smlouvu při zařizování záležitosti, ledaže se ve smlouvě zaručil za splnění závazků převzatých jinými osobami v souvislosti se zařizováním záležitosti.

Section 573

The mandatary is not liable for a breach of an obligation by a person with which it concludes a contract in arranging a matter, unless it guaranteed in the contract the performance of the obligations assumed by other persons in connection with the arrangement that matter.

§ 574

(1) Mandant může smlouvu kdykoli částečně nebo v celém rozsahu vypovědět.

(2) Nestanoví-li výpověď pozdější účinnost, nabývá účinnosti dnem, kdy se o ní mandatář dověděl nebo mohl dovědět.

(3) Od účinnosti výpovědi je mandatář povinen nepokračovat v činnosti, na kterou se výpověď vztahuje. Je však povinen mandanta upozornit na opatření potřebná k tomu, aby se zabránilo vzniku škody bezprostředně hrozící mandantovi nedokončením činnosti související se zařizováním záležitosti.

(4) Za činnost řádně uskutečněnou do účinnosti výpovědi má mandatář nárok na úhradu nákladů vynaložených podle § 572 a na přiměřenou část úplaty.

Section 574

(1) The principal may give notice of termination of the contract, in part or in full, at any time.

(2) Unless the notice of termination provides for a later effective date, it is effective as at the date on which the mandatory became aware of it or could have become aware of it.

(3) The mandatary has a duty to cease the activities to which the notice of termination applies as at the effective date of the notice of termination. The mandatary, however, has a duty to notify the principal of all measures necessary to prevent any immediate threat of damage to the principal resulting from the fact that the mandatary does not complete the activities relating to arranging the matter.

(4) The mandatary is entitled to reimbursement of the costs incurred under section 572 and a reasonable part of the consideration for the activities duly carried out prior to the effective date of the notice of termination.

§ 575

(1) Mandatář může smlouvu vypovědět s účinností ke konci kalendářního měsíce následujícího po měsíci, v němž byla výpověď doručena mandantovi, nevyplývá-li z výpovědi doba pozdější.

(2) Ke dni účinnosti výpovědi zaniká závazek mandatáře uskutečňovat činnost, ke které se zavázal. Jestliže tímto přerušením činnosti by vznikla mandantovi škoda, je mandatář povinen jej upozornit, jaká opatření je třeba učinit k jejímu odvrácení. Jestliže tato opatření mandant nemůže učinit ani pomocí jiných osob a požádá mandatáře, aby je učinil sám, je

Section 575

(1) The mandatary may give notice of termination of the contract, effective as at the end of the calendar month following the month in which the notice of termination was delivered to the mandant, unless the notice of termination requires a later time.

(2) The mandatary's obligation to carry out the activities undertaken by it is discharged as at the effective date of the notice of termination. If the relevant suspension of activities could cause damage to the principal, the mandatary has a duty to notify the principal of the measures that need to be taken to avert such damage. If the principal cannot take the relevant measures, even

mandatář k tomu povinen.

through other persons, and it requests the mandatary to take them itself, the mandatary must do so.

(3) Závazek mandatáře zaniká jeho smrtí, je-li fyzickou osobou, nebo jeho zánikem, je-li právnickou osobou.

(3) If the mandatary is a natural person, its obligation is discharged on its death. If the mandatary is a legal person, its obligation is discharged on its dissolution.

(4) Ohledně činnosti uskutečněné ode dne výpovědi do její účinnosti a uskutečněné podle odstavce 2 má mandatář nárok na úhradu nákladů podle § 572 a na část úplaty přiměřené výsledku dosaženému při zařizování záležitosti.

(4) As regards activities carried on from the date of the notice of termination until its effective date and those carried out in accordance with subsection (2), the mandatary is entitled to a reimbursement of costs in accordance with section 572 and a part of the consideration adequate to the result attained in arranging the matter.

§ 576

Ustanovení § 567 až 575 se použijí přiměřeně v případech, kdy je povinnost podle jiných ustanovení tohoto zákona zařídit určitou záležitost na účet jiného, ledaže z těchto jiných ustanovení vyplývá něco jiného.

Section 576

The provisions of sections 567 to 575 apply as appropriate in the cases involving a duty to arrange a certain matter on another person's account under other provisions of this Code, unless such other provisions require otherwise.

DÍL XI

SMLOUVA KOMISIONÁŘSKÁ

§ 577

Základní ustanovení

Smlouvou komisionářskou se zavazuje komisionář, že zařídí vlastním jménem pro komitenta na jeho účet určitou obchodní záležitost, a komitent se zavazuje zaplatit mu úplatu.

§ 578

(1) Komisionář je povinen při zařizování záležitosti jednat s potřebnou odbornou péčí podle pokynů komitenta.

(2) Od pokynů komitenta se může komisionář odchýlit, jen když je to v zájmu komitenta a nemůže-li si vyžádat jeho včasný souhlas. Při porušení této povinnosti nemusí komitent uznat jednání za uskutečněné na svůj účet, jestliže účinnost jednání pro sebe odmítl bez zbytečného odkladu poté, co se o obsahu jednání dověděl.

§ 579

(1) Komisionář je povinen chránit jemu známé zájmy komitenta související se zařizováním záležitosti a oznámit mu všechny okolnosti, jež mohou mít vliv na změnu komitentových příkazů. Pojištění je komisionář povinen obstarat, jen když to stanoví smlouva nebo když dostal k tomu příkaz od komitenta, a to na účet komitenta.

CHAPTER XI

THE CONSIGNMENT CONTRACT

Section 577

Fundamental provisions

By a consignment contract, a consignee undertakes to arrange in its own name for a consignor and for the consignor's account a certain commercial matter and the consignor undertakes to pay it a consideration.

Section 578

(1) In arranging the matter, the consignee has a duty to proceed with the requisite professional care according to the instructions of the consignor.

(2) The consignee may only deviate from the instructions of the consignor if it is in the interests of the consignor to do so and it is unable to request its consent in time. If this duty is breached, the consignor does not have to acknowledge the acts as concluded for its account if the consignor refuses the effectiveness of the acts with respect to itself without undue delay after it becomes aware of the content of the relevant acts.

Section 579

(1) The consignee has a duty to protect the interests of the consignor relating to the arrangement of the matter of which it is aware and notify it of all circumstances that may have an effect on the change of the consignor's instructions. The consignee only has a duty to procure insurance if the contract so provides or if it has received an instruction from the consignor to do so, and for the account of the consignor.

(2) Komisionář je povinen podávat komitentovi zprávy o zařizování záležitosti způsobem stanoveným ve smlouvě, jinak na výzvu komitenta.

(2) The consignee has a duty to submit reports to the consignor about the arrangement of the matter in the manner specified in the contract, and otherwise on invitation by the consignor.

§ 580

Section 580

(1) Nestanoví-li smlouva něco jiného, je komisionář povinen použít ke splnění smlouvy jiné osoby, jestliže nemůže svůj závazek splnit sám.

(1) Unless the contract provides otherwise, the consignee has a duty to use other persons to perform the contract if it is unable to perform the obligation itself.

(2) Použije-li komisionář ke splnění závazku jiné osoby, odpovídá jako by záležitost obstarával sám.

(2) If the consignee uses other persons to perform the obligation, it is liable as if it procured the matter itself.

§ 581

Section 581

Z jednání komisionáře nevznikají komitentu ve vztahu k třetím osobám ani práva ani povinnosti. Komitent však může přímo na třetí osobě požadovat vydání věci nebo splnění závazku, které pro něho opatřil komisionář, jestliže tak nemůže učinit komisionář pro okolnosti, které se týkají jeho osoby.

The consignor does not acquire rights or duties in relation to third parties from the acts of the consignee. The consignor may, however, require directly from a third party that it surrenders a material object or performs an obligation that the consignee arranged for it, provided that the consignee is unable to do so due to circumstances relating to its person.

§ 582

Section 582

Komitent může požadovat na komisionáři splnění závazku třetí osoby, aniž tato splnila svůj závazek vůči komisionáři, jen pokud komisionář tento závazek písemně převzal nebo jestliže porušil příkazy komitenta týkající se osoby, s níž měla být smlouva na účet komitenta uzavřena. V takovém případě platí přiměřeně ustanovení o ručení.

The consignor may only require that the consignee performs the obligation of a third party, without the relevant third party performing its obligation to the consignee, if the consignee assumed the relevant obligation in writing or if it breached the instructions of the consignor relating to the person with which the contract was to be concluded for the account of the consignor. In such cases the provisions relating to a guarantee apply, as appropriate.

§ 583

(1) K movitým věcem svěřeným komisionáři k prodeji má komitent vlastnické právo, dokud je nenabude třetí osoba. Vlastnické právo k movitým věcem získaným pro komitenta nabývá komitent jejich předáním komisionáři.

(2) Za škodu na věcech uvedených v odstavci 1 odpovídá komisionář podle ustanovení o smlouvě o skladování.

§ 584

(1) Po zařízení záležitosti je komisionář povinen o výsledku podat komitentovi zprávu a provést vyúčtování.

(2) Ve zprávě komisionář označí osobu, s kterou smlouvu uzavřel. Jestliže tak neučiní, je komitent oprávněn vymáhat vůči komisionáři nárok na plnění závazku z této smlouvy.

§ 585

Komisionář je povinen bez zbytečného odkladu převést na komitenta práva získaná při zařizování záležitosti a vydat mu vše, co přitom získal, a komitent je povinen je převzít.

§ 586

Jestliže osoba, s kterou komisionář uzavřel smlouvu při zařizování záležitosti, poruší své závazky, je komisionář povinen na účet komitenta splnění těchto závazků vymáhat, nebo jestliže s tím komitent souhlasí, postoupit mu pohledávky odpovídající těmto závazkům.

Section 583

The consignor has the the ownership right to movable objects entrusted with the consignee for sale until a third party acquires this. The consignor acquires the ownership right to the movable objects acquired for it by their handing over to the consignee.

(2) The consignee is liable for damage to material objects stated in subsection (1) in accordance with the provisions relating to the storage contract.

Section 584

(1) After the matter is arranged, the consignee has a duty to report the result to the consignor and make a bill.

(2) In the report, the consignee must identify the person with which it concluded the contract. If it fails to do so, the consignor is entitled to enforce against the consignee a claim for the performance of such an obligation from this contract.

Section 585

The consignee has a duty to transfer all the rights acquired in arranging the matter to the consignor and surrender it everything that it has acquired in doing so without undue delay and the consignor has a duty to take them over.

Section 586

If the person with which the consignee has concluded a contract in arranging the matter breaches its obligations, the consignee has a duty to enforce performance of such obligations on the account of the consignor or, if the consignor agrees, assign to it the claims corresponding to the relevant obligations.

§ 587

(1) Nebyla-li výše úplaty sjednána, přísluší komisionáři úplata přiměřená uskutečněné činnosti a dosaženému výsledku s přihlédnutím k úplatě obvykle poskytované za obdobnou činnost v době uzavření smlouvy.

(2) Komisionáři vzniká nárok na úplatu, jakmile splní povinnosti stanovené v § 584 až 586.

§ 588

Zároveň s úplatou je komitent povinen uhradit komisionáři náklady, které komisionář nutně nebo užitečně vynaložil při plnění svého závazku. V pochybnostech se má za to, že v úplatě je obsažena i náhrada nákladů.

§ 589

Pro komisionářskou smlouvu platí obdobně ustanovení § 574 a 575.

§ 590

Je-li předmětem závazku komisionáře trvalá činnost, použije se na vztah mezi komitentem a komisionářem přiměřeně též ustanovení upravující smlouvu o obchodním zastoupení.

Section 587

(1) If the amount of consideration has not been agreed, the consignee is entitled to a consideration that is adequate to the activities carried on and the result achieved with respect to the consideration usually provided for equivalent activities at the time of conclusion of the contract.

(2) The consignee is entitled to consideration once it performs the duties stated in sections 584 to 586.

Section 588

Together with the consideration, the consignor has a duty to pay the consignee the costs that the consignee necessarily or purposefully expended in performing its obligation. In cases of doubt, it is presumed that the reimbursement of costs is included in the consideration.

Section 589

The provisions of sections 574 and 575 apply to the consignment contract with appropriate changes.

Section 590

If the subject-matter of the obligation of the consignee is a permanent activity, the provisions that regulate the commercial agency contract also apply as appropriate to the relationship between the consignor and the consignee.

DÍL XII

SMLOUVA O KONTROLNÍ ČINNOSTI

§ 591

Základní ustanovení

Smlouvou o kontrolní činnosti se zavazuje vykonavatel kontroly provést nestranně zjištění stavu určité věci nebo ověření výsledku určité činnosti a vydat o tom kontrolní osvědčení a objednavatel kontroly se zavazuje zaplatit mu za to úplatu.

§ 592

(1) Vykonavatel kontroly je povinen provést kontrolu nestranným způsobem a zjištěný stav popsat v kontrolním osvědčení.

(2) Ustanovení smlouvy, jimiž se ukládají vykonavateli kontroly povinnosti, jež by mohly ovlivnit nestrannost prováděné kontroly nebo správnost kontrolního osvědčení, jsou neplatná.

§ 593

Vykonavatel kontroly je povinen provádět kontrolu s vynaložením odborné péče s přihlédnutím ke stanovenému způsobu kontroly, k době, místu a rozsahu kontroly, jakož i ke stavu, v jakém se nacházel předmět kontroly v době jejího provádění.

§ 594

(1) Vykonavatel kontroly je povinen ji provést v rozsahu a způsobem stanoveným ve smlouvě, jinak v rozsahu a způsobem obvyklým při obdobných kontrolách.

CHAPTER XII

THE CONTRACT FOR INSPECTION ACTIVITIES

Section 591

Fundamental provisions

By a contract for inspection activities, an inspector undertakes to conduct impartial assessment of the condition of a certain matter or to verify the result of certain activities and issue a certificate of inspection and the client ordering the inspection undertakes to pay it a consideration for this.

Section 592

(1) The inspector has a duty to conduct the inspection in an impartial manner and describe the ascertained condition in the certificate of inspection.

(2) Provisions of the contract imposing on the inspector the duties that could affect the impartiality of the inspection conducted or the correctness of the certificate of inspection are void.

Section 593

The inspector has a duty to conduct the inspection with professional care with respect to the specified manner of inspection, the time, place, and scope of the inspection, as well as the condition of the subject-matter of the inspection at the time when the inspection was conducted.

Section 594

(1) The inspector has a duty to conduct the inspection in the scope and manner specified in the contract, and otherwise in the scope and manner usual for equivalent inspections.

(2) Nevyplývá-li ze smlouvy něco jiného, má se za to, že se kontrola má uskutečnit bez zbytečného odkladu v místě, kde se podle smlouvy nachází předmět kontroly. Není-li toto místo ve smlouvě uvedeno, je objednavatel povinen oznámit včas vykonavateli kontroly dobu a místo, kde se má kontrola uskutečnit.

(2) Unless the contract requires otherwise, it is presumed that the inspection is to be conducted without undue delay at the place where the subject matter of inspection is located according to the contract. If the relevant place is not specified in the contract, the client has a duty to notify the inspector in time of the time and place where the inspection is to be conducted.

§ 595

Section 595

(1) Vykonavatel kontroly má nárok na úplatu po splnění povinnosti provést kontrolu a vydat kontrolní osvědčení.

(1) The inspector is entitled to consideration after it performs its duty to conduct the inspection and to issue the certificate of inspection.

(2) Není-li úplata smluvena, je objednatel povinen zaplatit úplatu obvyklou v době uzavření smlouvy se zřetelem k předmětu, rozsahu, způsobu a místu kontroly.

(2) If the consideration is not agreed, the client has a duty to pay the consideration that is usual at the time of conclusion of the contract with respect to the subject matter, scope, manner and place of the inspection.

(3) Vedle úplaty je objednatel povinen uhradit vykonavateli kontroly i nutné a účelně vynaložené náklady vzniklé při provedení kontroly, pokud z jejich povahy nevyplývá, že jsou již zahrnuty v úplatě.

(3) In addition to the consideration, the client also has a duty to pay the inspector the necessary and efficiently incurred costs that arose in the conduct of the inspection, unless it follows from their nature that they are already included in the consideration.

§ 596

Section 596

Objednatel je povinen poskytnout vykonavateli kontroly součinnost nutnou k provedení kontroly, zejména mu umožnit potřebný přístup k předmětu kontroly.

The client has a duty to cooperate with the inspector as necessary for conducting the inspection, in particular to enable it to have the necessary access to the subject-matter of inspection.

§ 597

Section 597

Provedení kontroly se nedotýká právních poměrů mezi objednatelem a jinými osobami, zejména osobami, jimž je určen nebo od nichž pochází předmět kontroly.

Conducting an inspection does not affect the legal relationships between the client and other persons, in particular the persons for which the subject-matter of inspection is intended or from which it originates.

§ 598

Jestliže vykonavatel kontroly neprovedl kontrolu řádně, nevznikají mu nároky podle § 595 a objednatel může po uplynutí doby stanovené pro provedení kontroly od smlouvy odstoupit.

Section 598

If the inspector fails to conduct the inspection properly, claims under section 595 do not arise to it and the client may withdraw from the contract after the expiry of the period specified for conducting the inspection.

§ 599

Vykonavatel kontroly je povinen nahradit škodu způsobenou porušením povinnosti provést řádně kontrolu, jen pokud tato škoda nemůže být nahrazena uplatněním nároku objednatele vůči osobě odpovědné za vadné plnění, jež je předmětem kontroly. Jako náhradu škody však nemůže objednatel požadovat náhradu toho, co opomenul včas oznámit nebo vymáhat vůči osobě odpovědné za vadné plnění předmětu kontroly, nebo co objednatel nemůže vymáhat vzhledem k ujednání uzavřenému s touto osobou, jež takový nárok po provedené kontrole vylučuje.

Section 599

The inspector has a duty to compensate the damage caused by a breach of the duty to conduct the inspection properly but only provided that the relevant damage cannot be compensated by the client's asserting a claim against the person responsible for defective performance relating to the subject-matter of the inspection. The client cannot, however, require compensation for issues that it fails to report or to enforce in time against a person liable for defective performance relating to the subject matter of the inspection, or for issues that the client cannot enforce due to covenants concluded with such a person, which preclude such a claim after the inspection is conducted.

§ 600

Je-li vykonavatel kontroly podle § 599 povinen k náhradě škody, přecházejí na něho zaplacením této náhrady nároky, které má objednatel vůči osobě odpovědné za vadné plnění předmětu kontroly tak, jako by mu byly tyto nároky postoupeny.

Section 600

If the inspector has a duty to compensate damage under section 599, the claims that the client has against a person liable for defective performance relating to the subject-matter of the inspection pass to the inspector by transmission by the payment of the compensation as if such claims were assigned to it.

DÍL XIII

SMLOUVA ZASÍLATELSKÁ

§ 601

Základní ustanovení

(1) Smlouvou zasílatelskou se zavazuje zasílatel příkazci, že mu vlastním jménem na jeho účet obstará přepravu věcí z určitého místa do určitého jiného místa, a příkazce se zavazuje zaplatit zasílateli úplatu.

(2) Zasílatel je oprávněn žádat, aby mu byl dán písemně příkaz k obstarání přepravy (zasílatelský příkaz), jestliže smlouva nemá písemnou formu.

§ 602

(1) V rámci smlouvy je zasílatel povinen plnit pokyny příkazce. Zasílatel je povinen upozornit příkazce na zjevnou nesprávnost jeho pokynů. Neobdrží-li zasílatel od příkazce potřebné pokyny, je povinen požádat příkazce o jejich doplnění. Při nebezpečí z prodlení je však povinen postupovat i bez těchto pokynů tak, aby byly co nejvíce chráněny zájmy příkazce, které jsou zasílateli známé.

(2) Stanoví-li smlouva, že před vydáním zásilky nebo dokladu umožňujících nakládat se zásilkou, zasílatel vybere určitou peněžní částku od příjemce nebo uskuteční jiný inkasní úkon, platí přiměřeně ustanovení o bankovním dokumentárním inkasu (§ 697 a násl.).

CHAPTER XIII

THE DISPATCH CONTRACT

Section 601

Fundamental provisions

(1) By a dispatch contract, a dispatcher undertakes to its principal that it will, in its own name and for its account, procure the carriage of material objects from a certain place to another specified place and the principal undertakes to pay a consideration to the dispatcher.

(2) If the contract is not executed in writing, the dispatcher is entitled to require it to be given an order in writing to procure the carriage (dispatch order).

Section 602

(1) Within the contract, the dispatcher has a duty to comply with the instructions of the principal. The dispatcher has a duty to notify the principal of apparent errors in its instructions. If the dispatcher does not receive the necessary instructions from the principal, it must request that the principal supplements them. If, however, there is a risk of delay, it has a duty to proceed even without these instructions such that the interests of the principal, of which the dispatcher is aware, are protected as much as possible.

(2) If the contract provides that, before surrender of the shipment or the document enabling the disposition of the shipment, the dispatcher must collect a certain amount of money from the recipient or make another act of collection, the provisions relating to bank documentary collection (section 697 onwards) apply, as appropriate.

§ 603

(1) Při plnění závazku je zasílatel povinen s vynaložením odborné péče sjednat způsob a podmínky přepravy odpovídající co nejlépe zájmům příkazce, jež vyplývají ze smlouvy a jeho příkazů nebo jež jsou zasílateli jinak známé.

(2) Zasílatel odpovídá za škodu na převzaté zásilce vzniklou při obstarávání přepravy, ledaže ji nemohl odvrátit při vynaložení odborné péče.

(3) Zasílatel je povinen zásilku pojistit, jen když to stanoví smlouva.

§ 604

Příkazce je povinen poskytnout zasílateli správné údaje o obsahu zásilky a jeho povaze, jakož i o jiných skutečnostech potřebných k uzavření smlouvy o přepravě a odpovídá za škodu, která zasílateli vznikne porušením této povinnosti.

§ 605

(1) Neodporuje-li to smlouvě nebo nezakáže-li to příkazce nejpozději do začátku uskutečňování přepravy, může zasílatel přepravu, kterou má obstarat, uskutečnit sám.

(2) Použije-li zasílatel k obstarání přepravy dalšího zasílatele (mezizasílatele), odpovídá přitom, jako by přepravu obstaral sám.

§ 606

(1) Zasílatel je povinen podat příkazci zprávu o škodě, která zásilce hrozí nebo která na ní vznikla, jakmile se o tom dozví,

Section 603

(1) In performing an obligation, the dispatcher has a duty, acting with professional care, to agree the manner and conditions of carriage corresponding to the best interests of the principal as follow from the contract and its instructions, or which are otherwise known to the dispatcher.

(2) The dispatcher is liable for the damage to a shipment taken over, which has occurred in procuring the carriage, unless it could not have averted it even by exercising professional care.

(3) The dispatcher only has a duty to insure the shipment if the contract so provides.

Section 604

The principal has a duty to provide to the dispatcher accurate information on the content of the shipment and its nature, as well as on other matters necessary to conclude a contract of carriage and is liable for the damage that the dispatcher incurs due to breach of this duty.

Section 605

(1) Unless it is contrary to the contract or unless the principal prohibits it by not later than the commencement of the carriage, the dispatcher may itself perform the carriage that it is to procure.

(2) If the dispatcher uses another dispatcher to procure the carriage (an intermediate forwarding agent), it is liable as if it procured the carriage itself.

Section 606

(1) The dispatcher has a duty to report to the principal, as soon as it becomes aware of it, any damage that is impending for the

jinak odpovídá za škodu vzniklou příkazci tím, že tuto povinnost nesplnil.

shipment or that has occurred to the shipment, or otherwise the principal is liable to the principal for the damage that it incurs because the dispatcher fails to perform this duty.

(2) Hrozí-li bezprostředně podstatná škoda na zásilce a není-li čas vyžádat si pokyny příkazce nebo prodlévá-li příkazce s takovými pokyny, může zasílatel zásilku prodat vhodným způsobem na účet příkazce.

(2) If substantial damage to the shipment is imminent and there is no time to request the instructions of the principal or if the principal is in default with such instructions, the dispatcher may sell the shipment in an appropriate manner for the account of the principal.

§ 607

Section 607

(1) Zasílateli přísluší smluvní úplata, nebo nebyla-li smluvena, úplata obvyklá v době sjednání smlouvy při obstarání obdobné přepravy. Kromě toho má zasílatel nárok na úhradu nutných a užitečných nákladů, které zasílatel vynaložil za účelem splnění svých závazků. Kromě toho má zasílatel nárok na úhradu nákladů, které účelně vynaložil při plnění svého závazku.

(1) The dispatcher is entitled to contractual consideration or, if contractual consideration has not been agreed, the consideration usual at the time of agreement on the contract for procurement of equivalent carriage. In addition to that, the dispatcher is entitled to the settlement of necessary and efficient costs incurred by the dispatcher for the purposes of performing its obligations. Apart from that, the dispatcher is entitled to the settlement of costs that it incurred purposefully in the performance of its obligation.

(2) Příkazce je povinen poskytnout zasílateli přiměřenou zálohu na náklady spojené s plněním závazku zasílatele, a to dříve, než zasílatel začne s jeho plněním.

(2) The principal has a duty to provide to the dispatcher, before the dispatcher commences its performance, a reasonable advance payment for the costs associated with the performance of the dispatcher's obligation.

(3) Příkazce je povinen zaplatit zasílateli úplatu a vzniklé náklady bez zbytečného odkladu poté, kdy zasílatel zajistil obstarání přepravy uzavřením potřebných smluv s dopravci, popřípadě mezi zasílateli a podal o tom zprávu příkazci.

(3) The principal has a duty to pay to the dispatcher the consideration and the costs incurred without undue delay after the dispatcher procures the carriage by concluding the necessary contracts with the carriers or, if applicable, between dispatchers and after it has reported this to the principal.

§ 608

K zajištění svých nároků vůči příkazci má zasílatel zástavní právo k zásilce, dokud je zásilka u zasílatele nebo u někoho, kdo ji má u sebe jeho jménem, anebo dokud má zasílatel listiny, které jej opravňují, aby se zásilkou nakládal.

Section 608

To secure its claims against the principal, the dispatcher has a pledge on the shipment as long as the shipment is with the dispatcher or another person that has it in the name of the dispatcher or the dispatcher has documents that entitle it to dispose of the shipment.

§ 609

Na zasílatelskou smlouvu se použijí podpůrně ustanovení o smlouvě komisionářské.

Section 609

The provisions relating to a consignment contract apply on a subsidiary basis to the dispatch contract.

DÍL XIV

SMLOUVA O PŘEPRAVĚ VĚCI

§ 610

Základní ustanovení

Smlouvou o přepravě věci se dopravce zavazuje odesílateli, že přepraví věc (zásilku) z určitého místa (místo odeslání) do určitého jiného místa (místo určení), a odesílatel se zavazuje zaplatit mu úplatu (přepravné).

§ 611

(1) Dopravce je oprávněn požadovat, aby mu odesílatel potvrdil požadovanou přepravu v přepravním dokladu, a odesílatel je oprávněn požadovat, aby mu dopravce písemně potvrdil převzetí zásilky.

(2) Je-li k provedení přepravy potřeba zvláštních listin, je odesílatel povinen předat je dopravci nejpozději při předání zásilky k přepravě. Odesílatel odpovídá za škodu způsobenou dopravci nepředáním těchto listin nebo jejich nesprávností.

(3) Nevyplývá-li ze smlouvy něco jiného, smlouva zaniká, jestliže odesílatel nepožádal dopravce o převzetí zásilky v době stanovené ve smlouvě, jinak do šesti měsíců od uzavření smlouvy.

§ 612

(1) Podle smlouvy může být dopravce povinen vydat odesílateli při převzetí zásilky k přepravě nákladní list

CHAPTER XIV

THE CONTRACT OF CARRIAGE

Section 610

Fundamental provisions

In a contract of carriage, a carrier undertakes to a shipper to carry a material object (a shipment) from a certain place (the place of dispatch) to a certain other place (the place of destination) and the shipper undertakes to pay it a consideration (the carriage charges).

Section 611

(1) The carrier has the right to require that the shipper confirms the carriage requested in a carriage document and the shipper has the right to require that the carrier confirms to it in writing the taking over of the shipment.

(2) If special documents are necessary for effecting the carriage, the shipper has a duty to hand them over to the carrier not later than at the handing over of the shipment for carriage. The shipper is liable for the damage caused to the carrier by failing to hand over such documents or by errors contained in them.

(3) Unless the contract requires otherwise, the contract is discharged if the shipper fails to invite the carrier to take over the shipment within the period specified in the contract, and otherwise within six months from the conclusion of the contract.

Section 612

(1) The contract may provide that the carrier has a duty to issue to the shipper a bill of lading on taking over the shipment for carriage.

(2) Náložný list je listina, s níž je spojeno právo požadovat na dopravci vydání zásilky v souladu s obsahem této listiny. Dopravce je povinen zásilku vydat osobě oprávněné podle náložného listu, jestliže mu tato osoba náložný list předloží a potvrdí na něm převzetí zásilky.

(2) A bill of lading is a document to which a right is attached to request from the carrier to hand over the shipment in accordance with the content of that document. The carrier has a duty to hand the shipment over to the person entitled under the bill of lading if that person submits the bill of lading to it and confirms the taking over of the shipment in it.

§ 613

Section 613

(1) Náložný list může znít na doručitele, na jméno určité osoby nebo na její řad.

(1) The bill of lading may be issued as a bearer document, in favour of a named person, or to a person's order.

(2) Práva z náložného listu na doručitele se převádějí předáním náložného listu osobě, která má tato práva nabýt. Práva z náložného listu na jméno lze převést na jinou osobu podle ustanovení o postoupení pohledávky. Práva z náložného listu vystaveného na řad oprávněné osoby lze převést vyplněným nebo nevyplněným rubopisem. Není-li v náložném listu uvedeno, na čí řad je vydán, platí, že je vydán na řad odesílatele.

(2) The rights from a bill of lading are transferred by handing over the bill of lading to the person that is to acquire such rights. The rights from a bill of lading in favour of a named person may be transferred to another person under the provisions relating to the assignment of claims. The rights from a bill of lading issued to the order of the entitled person may be transferred by a completed or blank endorsement. If it is not specified in the bill of lading to whose order it is issued, it is considered that it is issued to the order of the shipper.

§ 614

Section 614

(1) Dopravce je povinen v náložném listu uvést:

a) firmu nebo název a sídlo právnické osoby nebo jméno a místo podnikání, popřípadě bydliště fyzické osoby dopravce,

b) firmu nebo název a sídlo právnické osoby nebo jméno a místo podnikání, popřípadě bydliště fyzické osoby odesílatele,

(1) The carrier has a duty to state the following in the bill of lading:

(a) the business name or corporate name and the registered office of a legal person or the name and place of business or, if applicable, the residential address of a carrier that is a natural person;

(b) the business name or corporate name and the registered office of a legal person or the name and place of business or. if applicable, the residential address of a shipper that is a natural person;

c) označení přepravované věci,

(c) a designation of the material object carried;

d) údaj, zda byl náložný list vydán na doručitele nebo jméno příjemce, popřípadě údaj, že byl vydán na jeho řad,

(d) information whether the bill of lading is issued as a bearer document, in favour of a recipient, or the information that it is issued to its order;

e) místo určení,

(e) the place of destination;

f) místo a den vydání náložného listu a podpis dopravce.

(f) the place and date of issue of the bill of lading and a signature of the carrier.

(2) Byl-li náložný list vydán ve více stejnopisech, vyznačí se jejich počet na každém z nich. Po vydání zásilky oprávněné osobě na jeden stejnopis pozbývají ostatní stejnopisy platnosti.

(2) If the bill of lading is issued in more counterparts, the number of them must be indicated on each of them. After the shipment is handed over to the entitled person on the basis of one counterpart, the other counterparts are void.

§ 615

Section 615

Za zničený nebo ztracený náložný list je povinen dopravce vydat odesílateli nový náložný list s vyznačením, že jde o náložný list náhradní. V případě zneužití původního náložného listu je odesílatel povinen uhradit škodu, která tím dopravci byla způsobena.

For a bill of lading that is destroyed or lost, the carrier has a duty to issue to the shipper a new bill of lading having a designation that it is a substitute bill of lading. If the original bill of lading is abused, the shipper has a duty to compensate the carrier for the resulting damage.

§ 616

Section 616

Obsah náložného listu je rozhodný pro nároky osoby oprávněné podle náložného listu. Dopravce se může vůči ní dovolávat ustanovení smlouvy uzavřené s odesílatelem, jen pokud jsou obsažena v náložném listu nebo pokud se na tato ustanovení v něm výslovně odkazuje. Vůči osobě oprávněné podle náložného listu může dopravce uplatnit jen námitky, které vyplývají z obsahu náložného listu nebo ze vztahu dopravce k oprávněné osobě. Ustanovení § 627 tím není dotčeno.

The content of the bill of lading is decisive for the claims of the person entitled under the bill of lading. The carrier may only rely on the provisions of the contract concluded with the shipper against the entitled person if the same are included in the bill of lading or if it expressly refers to such provisions. Against the person entitled under the bill of lading the carrier may only raise such defences that follow from the content of the bill of lading or from the relationship of the carrier to the entitled person. This has no effect of the provisions of section 627.

§ 617

Section 617

(1) Dopravce je povinen přepravu provést do místa určení s odbornou péčí ve smluvené lhůtě, jinak bez zbytečného odkladu. V pochybnostech počíná lhůta běžet dnem následujícím po převzetí zásilky dopravcem.

(2) Je-li dopravci znám příjemce zásilky, je povinen mu zásilku doručit, nebo má-li podle smlouvy příjemce zásilku v místě určení vyzvednout, oznámit mu ukončení přepravy.

(1) The carrier has a duty to effect the carriage to the place of destination with professional care and within the agreed period, and otherwise without undue delay. In cases of doubt, the period starts running on the date following the date on which the shipment is taken over by the carrier.

(2) If the carrier is aware of the recipient of the shipment, it has a duty to deliver the shipment to it, or, if the recipient is under the contract to pick up the shipment at the place of destination, the carrier must notify the recipient of the completion of carriage.

§ 618

(1) Dokud dopravce zásilku nevydal příjemci, je odesílatel oprávněn požadovat, aby přeprava byla přerušena a zásilka mu byla vrácena, anebo aby s ní bylo jinak naloženo, a uhradí účelně vynaložené náklady s tím spojené. Jestliže však byl vydán náložný list, může to odesílatel požadovat jen na základě náložného listu. Byl-li náložný list již předán osobě oprávněné požadovat vydání zásilky, může takové příkazy udělit jen tato osoba. Bylo-li vydáno více stejnopisů náložného listu, vyžaduje se předložení všech stejnopisů.

(2) Stanoví-li smlouva, že před vydáním zásilky dopravce vybere od příjemce určitou peněžní částku nebo uskuteční jiný inkasní úkon, platí přiměřeně ustanovení o bankovním dokumentárním inkasu (§ 697 a násl.).

Section 618

(1) Until the carrier hands over the shipment to the recipient, the shipper is entitled to require the carriage to be interrupted and to return the shipment to it, or to dispose with in another manner, and it must pay the related costs reasonably incurred. If, however, a bill of lading has been issued, the shipper may only so require on the basis of the bill of lading. If the bill of lading has already been handed over to a person entitled to require the handing over of the shipment, only that person may give the relevant orders. If several counterparts of the bill of lading have been issued, all of the counterparts are required to be submitted.

(2) If the contract provides that, before the shipment is handed over, the carrier must collect a certain amount of money from the recipient or carry on another act of collection, the provisions relating to bank documentary collection (section 697 onwards) apply, as appropriate.

§ 619

Je-li ve smlouvě určen příjemce zásilky, nabývá práva ze smlouvy, když požádá o vydání zásilky po jejím dojití do místa určení nebo po uplynutí lhůty, kdy tam měla dojít. Tímto okamžikem přecházejí na příjemce i nároky týkající se škody na zásilce. Dopravce však zásilku příjemci nevydá, jestliže by to bylo v rozporu s pokyny danými mu odesílatelem podle § 618. V tomto případě má nadále právo nakládat se zásilkou odesílatel. Určí-li odesílatel dopravci jinou osobu jako příjemce, nabývá tato osoba práva ze smlouvy týmž způsobem jako původní příjemce.

Section 619

If the recipient of the shipment is identified in the contract, it acquires the rights under the contract by requesting that the shipment is handed over to it after it arrives to the place of destination or after the expiry of the period within which it should have arrived there. The claims relating to damage to the shipment also pass to the recipient at this moment. The carrier must not, however, hand over the shipment to the recipient if this is to the contrary of the instructions given to it by the shipper under section 618. In such a case, the shipper continues to have the right to the disposition of the shipment. If the shipper designates to the carrier another person as the recipient, that person acquires the rights under the contract in the same manner as the original recipient.

§ 620

(1) Byl-li vydán náložný list, má právo domáhat se vydání zásilky při jeho předložení osoba oprávněná k tomu podle náložného listu. Touto osobou je:

a) podle náložného listu na jméno osoba v něm určená,

b) podle náložného listu na řad osoba, na čí řad byl náložný list vystaven, nebyl-li převeden rubopisem nebo byl-li náložný list převeden, osoba, která je uvedena jako poslední v nepřerušené řadě rubopisů, nebo doručitel náložného listu s posledním rubopisem nevyplněným,

c) podle náložného listu na doručitele osoba, která náložný list předloží dopravci.

Section 620

(1) If a bill of lading has been issued, the right to require the shipment to be handed over to it on submission of the bill of lading, belongs to the person entitled under the bill of lading. The following may comprise such a person:

(a) under a bill of lading in favour of a named person, the person specified in it;

(b) under a bill of lading to order, the person to the order of which the bill of lading has been issued, provided that it has not been transferred by endorsement or, if the bill of lading has been transferred, the person that is stated as the last of an uninterrupted sequence of endorsements, or the bearer of a bill of lading with the last endorsement blank;

(c) under a bearer bill of lading, the person that submits the bill of lading to the carrier.

(2) Byl-li náložný list převeden rubopisem, zprošťuje se dopravce závazku, jestliže v dobré víře vydá zásilku osobě, která nabyla náložný list na základě rubopisu bez ohledu na to, zda na ni byly převedeny nároky ze smlouvy. O rubopisu platí obdobně ustanovení o směnkách.

(2) If a bill of lading has been transferred by endorsement, the carrier is released from its obligation if it hands over the shipment in good faith to a person that has acquired the bill of lading on the basis of the endorsement, regardless of whether the claims under the contract have been transferred to it. The provisions relating to bills of exchange apply with appropriate changes to the endorsement.

§ 621

Dopravce může svůj závazek plnit pomocí dalšího dopravce a odpovídá při tom, jako by přepravu uskutečňoval sám.

Section 621

The carrier may perform its obligation through another carrier and in doing so it is liable as if it effected the carriage itself.

§ 622

(1) Dopravce odpovídá za škodu na zásilce, jež vznikla po jejím převzetí dopravcem až do jejího vydání příjemci, ledaže ji dopravce nemohl odvrátit při vynaložení odborné péče.

(2) Za škodu na zásilce však dopravce neodpovídá, jestliže prokáže, že byla způsobena:

a) odesílatelem, příjemcem nebo vlastníkem zásilky,

b) vadou nebo přirozenou povahou obsahu zásilky včetně obvyklého úbytku, nebo

c) vadným obalem, na který dopravce upozornil odesílatele při převzetí zásilky k přepravě, a byl-li vydán nákladní nebo náložný list, byla v něm vadnost obalu poznamenána; neupozornil-li dopravce na vadnost obalu, neodpovídá dopravce za škodu na zásilce vzniklou v důsledku této vadnosti jen tehdy, jestliže vadnost nebyla při převzetí zásilky poznatelná.

Section 622

(1) The carrier is liable for damage to the shipment that occurs after it is taken over by the carrier and before it is handed over to the recipient, unless the carrier could not have averted such damage even by the exercise of professional care.

(2) The carrier is not, however, liable for damage to the shipment if it establishes that it is caused by the following:

(a) the shipper, recipient, or owner of the shipment;

(b) a defect or the nature of the content of the shipment including natural wastage; or

(c) defective packaging of which the carrier notified the shipper on taking over the shipment for carriage and, if a bill of carriage or bill of lading has been issued, the defect in the packaging is noted in it. If the carrier fails to notify a defect in the packaging, the carrier is only not liable for damage that occurs as a result of the relevant defect if the defect was not ascertainable on taking over the shipment.

(3) Při škodě na zásilce vzniklé podle odstavce 2 je dopravce povinen vynaložit odbornou péči, aby škoda byla co nejmenší.

(3) If damage to the shipment occurs under subsection (2), the carrier has a duty to exercise professional care so that the damage is minimized.

(4) Smlouvou je možno odpovědnost podle předchozích odstavců rozšířit. Ustanovení smlouvy, kterou se omezuje odpovědnost dopravce stanovená podle odstavců 1 až 3, jsou neplatná.

(4) Liability in accordance with the previous subsections can be extended by contract. Provisions of the contract limiting the liability of the carrier provided under subsections (1) to (3) are void.

§ 623

Section 623

(1) Dopravce je povinen urychleně podat odesílateli zprávu o škodě na zásilce vzniklé do jejího předání příjemci. Jestliže však příjemce nabyl práva na vydání zásilky, je povinen tuto zprávu podat příjemci. Dopravce odpovídá za škodu způsobenou odesílateli nebo příjemci porušením této povinnosti.

(1) The carrier has a duty to notify the shipper promptly of any damage that occurs to the shipment before it is handed over to the recipient. If, however, the recipient has acquired the rights to be handed over the shipment, the relevant notification must be given to the recipient. The carrier is liable for the damage caused to the shipper or the recipient by a breach of this duty.

(2) Hrozí-li bezprostředně podstatná škoda na zásilce a není-li čas si vyžádat pokyny odesílatele nebo prodlévá-li odesílatel s takovými pokyny, může dopravce zásilku vhodným způsobem prodat na účet odesílatele.

(2) If substantial damage to the shipment is imminent and there is no time to request the instructions of the shipper or if the shipper is in default with such instructions, the carrier may sell the shipment in an appropriate manner for the account of the shipper.

§ 624

Section 624

(1) Při ztrátě nebo zničení zásilky je dopravce povinen nahradit cenu, kterou zásilka měla v době, kdy byla předána dopravci.

(1) In the case of loss or destruction of the shipment, the carrier has a duty to compensate the price that the shipment had at the time when it was handed over to the carrier.

(2) Při poškození nebo znehodnocení zásilky je dopravce povinen nahradit rozdíl mezi cenou, kterou měla zásilka v době jejího převzetí dopravcem, a cenou, kterou by v této době měla zásilka poškozená nebo znehodnocená.

(2) In the case of damage or devaluation of the shipment, the carrier has a duty to compensate the difference between the price that the shipment had at the time of its being taken over by the carrier and the price that the damaged or devalued shipment would have had at that time.

§ 625

(1) Dopravci přísluší smluvená úplata nebo, nebyla-li smluvena, úplata obvyklá v době uzavření smlouvy s přihlédnutím k obsahu závazku dopravce.

(2) Dopravci vzniká nárok na přepravné po provedení přepravy do místa určení, nestanoví-li smlouva za rozhodnou jinou dobu.

(3) Nemůže-li dopravce dokončit přepravu pro skutečnosti, za něž neodpovídá, má nárok na poměrnou část přepravného s přihlédnutím k přepravě již uskutečněné.

§ 626

Odesílatel je povinen poskytnout dopravci správné údaje o obsahu zásilky a jeho povaze a odpovídá za škodu způsobenou dopravci porušením této povinnosti.

§ 627

Přijetím zásilky přejímá příjemce ručení za úhradu pohledávek dopravce vůči odesílateli ze smlouvy týkající se přepravy převzaté zásilky, jestliže o těchto pohledávkách příjemce věděl nebo musel vědět.

§ 628

(1) Dopravce má k zajištění svých nároků vyplývajících ze smlouvy zástavní právo k zásilce, dokud s ní může nakládat.

Section 625

(1) The carrier is entitled to the agreed consideration or, if this has not been agreed, the consideration usual at the time of the conclusion of the contract with respect to the content of the obligation of the carrier.

(2) The carrier is entitled to carriage charges after the carriage to the place of destination is effected, if the contract does not provide a different time as the relevant time.

(3) If the carrier is unable to complete the carriage for matters for which it is not liable, it is entitled to a proportionate part of the carriage charges with respect to the carriage already effected.

Section 626

The shipper has a duty to provide to the carrier accurate information on the content of the shipment and its nature and it is liable for the damage caused to the carrier by the breach of this obligation.

Section 627

By accepting the shipment, the recipient assumes a guarantee for the payment of the carrier's claims against the shipper under the contract relating to the carriage of the shipment accepted, provided that the recipient was or must have been aware of such claims.

Section 628

(1) To secure its claims deriving from the contract, the carrier has a pledge on the shipment as long as it has the disposition of it.

(2) Vázne-li na zásilce několik zástavních práv, má zástavní právo dopravce přednost před zástavními právy dříve vzniklými a zástavní právo dopravce má přednost před zástavním právem zasílatele.

(2) If several pledges encumber the shipment, the pledge of the carrier has priority over the pledges created earlier and the pledge of the carrier has priority over the pledge of the dispatcher.

§ 629

Prováděcí předpisy mohou upravit odchylně přepravu železniční, leteckou, silniční, vnitrozemskou vodní a námořní, pokud jde o vznik smlouvy, přepravní doklady, vyloučení věci z přepravy, přebírání zásilky dopravcem a její vydávání příjemci, rozsah nároků vůči dopravci a jejich uplatnění; tato úprava však nesmí omezit odpovědnost dopravce při škodě na zásilce stanovenou v § 622 a 624.

Section 629

Secondary regulations may regulate in a different manner the railway, air, road, inland waterway and sea carriage as regards the creation of a contract, carriage documents, exclusion of a material object from carriage, taking over of the shipment by the carrier and its handing over to the recipient, the scope of claims against the carrier and their assertion. The relevant regulation must not, however, limit the liability of the carrier in relation to damage to the shipment set out in sections 622 and 624.

DÍL XV

SMLOUVA O NÁJMU DOPRAVNÍHO PROSTŘEDKU

§ 630

Základní ustanovení

(1) Smlouvou o nájmu dopravního prostředku se pronajímatel zavazuje přenechat nájemci dopravní prostředek k dočasnému užívání a nájemce se zavazuje zaplatit úplatu (nájemné).

(2) Smlouva vyžaduje písemnou formu.

§ 631

(1) Pronajímatel je povinen předat nájemci dopravní prostředek spolu s potřebnými doklady v době určené ve smlouvě, jinak bez zbytečného odkladu po uzavření smlouvy. Dopravní prostředek musí být způsobilý k provozu a k užívání určenému ve smlouvě, jinak k užívání, k němuž dopravní prostředek obvykle slouží.

(2) Pronajímatel odpovídá za škody způsobené nájemci tím, že dopravní prostředek není způsobilý podle odstavce 1. Této odpovědnosti se pronajímatel zprostí, jestliže prokáže, že nemohl zjistit ani předvídat nezpůsobilost dopravního prostředku při zachování odborné péče do jeho převzetí nájemcem.

§ 632

(1) Nájemce je oprávněn užívat dopravní prostředek k účelům uvedeným v § 631 odst. 1.

CHAPTER XV

THE LEASE OF A TRANSPORT VEHICLE

Section 630

Fundamental provisions

(1) In a lease of a transport vehicle, a lessor undertakes to permit a lessee temporarily to use a transport vehicle and the lessee undertakes to pay it a consideration (rent).

(2) The contract is required to be be concluded in writing.

Section 631

(1) The lessor has a duty to hand over to the lessee the transport vehicle together with the necessary documents at the time specified in the contract, and otherwise without undue delay after the lease is concluded. The transport vehicle must be fit for the operation and use specified in the lease, and otherwise for the use for which the transport vehicle usually serves.

(2) The lessor is liable for the damage caused to the lessee by a lack of fitness of the transport vehicle for the operation and use under subsection (1). The lessor can excuse itself from this liability if it establishes that it could not have ascertained or foreseen the lack of fitness of the transport vehicle for operation and use before it was taken over by the lessee even by the exercise of professional care.

Section 632

(1) The lessee has the right to use the transport vehicle for the purposes stated in section 631 (1).

(2) Nestanoví-li smlouva něco jiného, nesmí nájemce přenechat užívání dopravního prostředku jiné osobě.

(2) If the contract does not provide otherwise, the lessee must not permit another person to use the transport vehicle.

(3) Nájemce je povinen pečovat o to, aby na dopravním prostředku nevznikla škoda. Škodu na dopravním prostředku nese pronajímatel, ledaže škoda byla způsobena nájemcem nebo osobami, jimž nájemce umožnil přístup k dopravnímu prostředku. Nájemce je povinen dát dopravní prostředek pojistit, jen když to stanoví smlouva.

(3) The lessee has a duty to take care of the transport vehicle such that damage does not occur to it. The damage to a transport vehicle is borne by the lessor, unless the damage is caused by the lessee or persons to which the lessee has enabled access to the transport vehicle. The lessee only has a duty to have the transport vehicle insured if the contract so provides.

(4) Právo pronajímatele na náhradu škody na dopravním prostředku zanikne, jestliže pronajímatel nepožaduje tuto náhradu na nájemci do šesti měsíců po vrácení dopravního prostředku.

(4) The right of the lessor to compensation for damage to the transport vehicle is discharged if the lessor fails to demand this compensation from the lessee within six months after the transport vehicle is returned.

§ 633

Section 633

(1) Nájemce je povinen udržovat dopravní prostředek na účet pronajímatele ve stavu, v jakém dopravní prostředek převzal s přihlédnutím k obvyklému opotřebení.

(1) The lessee has a duty to maintain the transport vehicle for the account of the lessor in the condition in which it took over the transport vehicle except for usual wear.

(2) Nájemce je povinen potřebu oprav, k jejichž provedení je povinen podle odstavce 1, oznámit bez zbytečného odkladu pronajímateli. Nesplní-li tuto povinnost, ztrácí právo na úhradu nákladů, může však požadovat, o co se pronajímatel opravou obohatil.

(2) The lessee has a duty to notify to the lessor the need for repairs, which it has a duty to effect under subsection (1) without undue delay. If it fails to perform this duty, it loses the right to settlement of the costs, but it may require the amount by which the lessor enriched itself by the repair.

(3) Právo na náklady podle odstavce 1 musí nájemce uplatnit u pronajímatele do tří měsíců po jejich vynaložení, neučiní-li tak, nemůže být právo přiznáno v soudním řízení, jestliže pronajímatel oprávněně namítne, že právo nebylo uplatněno včas.

(3) The lessee must claim the costs from the lessor under subsection (1) within three months after these are expended and, if it fails to do so, the right cannot be upheld in judicial proceedings if the lessor rightfully raises the argument that the right was not asserted in time.

§ 634

(1) Nájemce je povinen platit nájemné ve smluvené výši, jinak nájemné obvyklé v době uzavření smlouvy s přihlédnutím k povaze pronajatého dopravního prostředku a stanovenému způsobu jeho užívání.

(2) Nestanoví-li smlouva jinak, je nájemce povinen platit nájemné po ukončení užívání dopravního prostředku, je-li však nájemní smlouva uzavřena na dobu delší než tři měsíce, koncem každého kalendářního měsíce, v němž byl dopravní prostředek užíván.

Section 634

(1) The lessee has a duty to pay rent in the agreed amount, and otherwise the rent usual at the time of conclusion of the contract with respect to the nature of the leased transport vehicle and the specified manner of its use.

(2) If the contract does not provide otherwise, the lessee has a duty to pay the rent after it ceases to use the transport vehicle, but if the lease is concluded for a period longer than three months, as at the end of each calendar month in which the transport vehicle was used.

§ 635

(1) Nájemce není povinen platit nájemné za dobu, po kterou nemohl dopravní prostředek užívat pro nezpůsobilost dopravního prostředku nebo potřebu jeho opravy, ledaže nemožnost užívat dopravní prostředek způsobil nájemce nebo osoby, kterým nájemce umožnil k dopravnímu prostředku přístup.

(2) Neoznámi-li nájemce nemožnost užívání dopravního prostředku bez zbytečného odkladu pronajímateli, jeho povinnost platit nájemné trvá.

Section 635

(1) The lessee does not have to pay rent for the period for which it could not use the transport vehicle due to the transport vehicle not being fit for use or needing repairs, unless the impossibility to use the transport vehicle has been caused by the lessee or the persons to which the lessee gave access to the transport vehicle.

(2) If the lessee fails to notify the lessor without undue delay that it is impossible to use the transport vehicle, its duty to pay the rent continues.

§ 636

(1) Právo užívat dopravní prostředek zaniká uplynutím doby, na kterou byla smlouva sjednána, nebo zničením dopravního prostředku.

(2) Smlouvu o nájmu dopravního prostředku sjednanou na dobu neurčitou lze ukončit výpovědí.

(3) Výpověď nabývá účinnosti uplynutím 30 dnů, nestanoví-li smlouva o nájmu dopravního prostředku jinou výpovědní

Section 636

(1) The right to use a transport vehicle is discharged on the expiry of the period for which the lease is agreed or by the destruction of the transport vehicle.

(2) A lease of a transport vehicle agreed for an indefinite period of time can be terminated by a notice of termination.

(3) The notice is effective on the expiry of thirty days unless the lease of a transport vehicle specifies a different notice period or

lhůtu nebo z výpovědi nevyplývá doba pozdější. Smlouva může stanovit, že ji lze ukončit již doručením výpovědi.

the notice of termination requires a later time. The contract may provide that it can be terminated already by the delivery of the notice of termination.

§ 637

Po zániku práva užívat dopravní prostředek je nájemce povinen vrátit dopravní prostředek do místa, kde jej převzal, pokud ze smlouvy nevyplývá něco jiného.

Section 637

After the discharge of the right to use the transport vehicle, the lessee has a duty to return the transport vehicle to a place where it took it over, unless it otherwise follows from the contract.

DÍL XVI

SMLOUVA O PROVOZU DOPRAVNÍHO PROSTŘEDKU

§ 638

Základní ustanovení

(1) Smlouvou o provozu dopravního prostředku se zavazuje poskytovatel provozu dopravního prostředku (provozce) přepravit náklad určený objednatelem provozu dopravního prostředku a k tomu účelu s dopravním prostředkem buď vykonat jednu nebo více předem určených cest nebo během smluvené doby vykonat cesty podle určení objednatele a objednatel se zavazuje zaplatit úplatu.

(2) Smlouva vyžaduje písemnou formu.

§ 639

(1) Provozce je povinen zabezpečit, aby dopravní prostředek byl způsobilý k cestám, které jsou předmětem smlouvy, a použitelný pro přepravu stanovenou ve smlouvě. Pro odpovědnost provozce platí obdobně § 631.

(2) Provozce je povinen opatřit dopravní prostředek způsobilou posádkou a pohonnými hmotami a dalšími věcmi potřebnými pro smluvené cesty.

§ 640

Oprávnění požadovat smluvený provoz dopravního prostředku může objednatel postoupit jiné osobě.

CHAPTER XVI

THE CONTRACT FOR THE OPERATION OF A TRANSPORT VEHICLE

Section 638

Fundamental provisions

(1) By a contract for the operation of a transport vehicle, a provider of the operation of a transport vehicle (the operator) undertakes to transport cargo identified by a client ordering the operation of the transport vehicle and for the purpose either of carrying out one or more journeys with the transport vehicle specified in advance, or during the agreed period of carrying out journeys according to the specification of the client and the client undertakes to pay a consideration.

(2) The contract is required to be concluded in writing.

Section 639

(1) The operator has a duty to ensure that the transport vehicle is fit for the journeys that are the subject-matter of the contract and fit for the carriage specified in the contract. Section 635 applies to the liability of the operator with appropriate changes.

(2) The operator has a duty to provide the transport vehicle with a qualified crew and fuel and other material objects necessary for the agreed journeys.

Section 640

The client may assign the right to require the agreed operation of a transport vehicle to another person.

§ 641

Jestliže podle smlouvy přejímá náklad k přepravě provozce lodi, použije se pro určení práv a povinností stran přiměřeně ustanovení upravující smlouvu o přepravě, pokud to povaha smlouvy o provozu dopravního prostředku připouští.

Section 641

If, under the contract, a ship operator takes over the cargo for carriage, the provisions regulating the contract of carriage apply as appropriate for determining of the rights and duties of the parties, provided that the nature of the contract for the operation of a transport vehicle allows for this.

DÍL XVII

SMLOUVA O ZPROSTŘEDKOVÁNÍ

§ 642

Základní ustanovení

Smlouvou o zprostředkování se zprostředkovatel zavazuje, že bude vyvíjet činnost směřující k tomu, aby zájemce měl příležitost uzavřít určitou smlouvu s třetí osobou, a zájemce se zavazuje zaplatit zprostředkovateli úplatu (provizi).

§ 643

Zprostředkovatel je povinen bez zbytečného odkladu sdělovat zájemci okolnosti důležité pro jeho rozhodování o uzavření zprostředkovávané smlouvy a zájemce je povinen sdělovat zprostředkovateli skutečnosti, jež pro něho mají rozhodný význam pro uzavření této smlouvy.

§ 644

Zprostředkovateli vzniká nárok na provizi, je-li uzavřena smlouva, jež je předmětem zprostředkování.

§ 645

Vyplývá-li ze smlouvy, že zprostředkovatel je povinen pouze obstarat pro zájemce příležitost uzavřít s třetí osobou smlouvu s určitým obsahem, vzniká zprostředkovateli nárok na provizi již obstaráním této příležitosti.

§ 646

Jestliže podle smlouvy vzniká zprostředkovateli nárok na provizi teprve splněním závazku třetí osoby ze zprostředkovávané smlouvy, vzniká zprostředkovateli tento nárok rovněž v

CHAPTER XVII

THE CONTRACT OF AGENCY

Section 642

Fundamental provisions

In an agency contract, an agent undertakes to conduct activities leading to procuring an opportunity for its principal to conclude a certain contract with a third party and the principal undertakes to pay the agent a consideration (commission).

Section 643

The agent has a duty without undue delay to notify the principal of the circumstances important for the passing of its decisions relating to the conclusion of the contract procured and the principal has a duty to notify the agent of any matters that are of decisive importance for it for the conclusion of such contract.

Section 644

The agent is entitled to commission if a contract, which is the subject-matter of the agency, is concluded.

Section 645

If it follows from the contract that the agent has a duty only to procure for the principal an opportunity to conclude a contract with a certain content with a third party, the agent is already entitled to commission when it procures that opportunity.

Section 646

If, under the contract, the agent is only entitled to commission when the obligation of a third party from the contract procured is performed, the agent is also entitled to commission if the obligation of the third případě, kdy závazek třetí osoby vůči zájemci zanikl nebo splnění závazku třetí osoby se oddálilo z důvodů, za něž odpovídá zájemce. Je-li základem pro určení výše provize rozsah splněného závazku třetí osoby, započítává se do tohoto základu i plnění neuskutečněné z důvodů, za něž odpovídá zájemce.

party towards the principal is discharged or the performance of the third party's obligation is delayed for reasons for which the principal is liable. If the basis for the determination of the amount of commission is the scope of the obligation performed by a third person, a performance not rendered due to reasons for which the principal is liable must also be included in this basis.

§ 647

(1) Zprostředkovatel má nárok na provizi sjednanou, jinak obvyklou za zprostředkování obdobných smluv v době uzavření smlouvy o zprostředkování. Zprostředkovateli však nevzniká nárok na provizi, jestliže smlouva s třetí osobou byla uzavřena bez jeho součinnosti, nebo jestliže v rozporu se smlouvou byl činný jako zprostředkovatel též pro osobu, s níž byla uzavřena zprostředkovávaná smlouva.

(2) Nárok na úhradu nákladů spojených se zprostředkováním má zprostředkovatel vedle provize, jen když to bylo výslovně sjednáno, a v pochybnostech jen při vzniku nároku na provizi.

Section 647

(1) The agent is entitled to an agreed commission, and otherwise the commission usual for brokerage of equivalent contracts at the time of the conclusion of the contract of agency. The agent is not, however, entitled to commission if the contract with the third party is concluded without its cooperation or if the agent, contrary to the contract, was also acting as an agent for the person with which the contract procured was concluded.

(2) The agent is only entitled to settlement of the costs associated with the brokerage, in addition to the commission, if this has been expressly agreed, and in cases of doubt only when it is entitled to commission.

§ 648

Zprostředkovatel je povinen pro potřebu zájemce uschovat doklady, jež nabyl v souvislosti se zprostředkovatelskou činností, a to po dobu, po kterou mohou být tyto doklady významné pro ochranu zájmů zájemce.

Section 648

The agent has a duty to keep the documents that it acquires in connection with the agency activities for the needs of the principal for as long as these documents can be significant for the protection of the interests of the principal.

§ 649

(1) Zprostředkovatel neručí za splnění závazku třetích osob, s kterými zprostředkoval uzavření smlouvy; nesmí však navrhovat zájemci uzavření smlouvy s osobou, ohledně které ví nebo musí vědět, že je důvodná pochybnost, že splní řádně a

Section 649

(1) The agent is not liable for the performance of the obligations of third parties with which the agent procured the conclusion of the contract. It must not, however, propose to the principal that it concludes a contract with a person about

včas své závazky ze zprostředkované smlouvy.

which it knows or must know that there is a justified doubt whether it will perform in full and in time its obligations from the contract procured.

(2) Jestliže o to zájemce požádá, je zprostředkovatel povinen mu sdělit údaje potřebné k posouzení důvěryhodnosti osoby, s kterou zprostředkovatel navrhuje uzavření smlouvy.

(2) If the principal so requests, the agent has a duty to disclose to it the information necessary for the assessment of the trustworthiness of the person with which the agent is proposing the conclusion of the contract.

§ 650

Smlouva o zprostředkování zaniká, jestliže smlouva, jež je předmětem zprostředkování, není uzavřena v době určené ve smlouvě o zprostředkování. Není-li tato doba takto určena, může kterákoli strana smlouvu ukončit tím, že to oznámí druhé straně.

Section 650

A contract of agency is discharged if the contract that is the subject-matter of the agency is not concluded within the time specified in the contract of agency. If the relevant time is not specified in such a manner, any of the parties may terminate the contract by notifying it to the other party.

§ 651

Vzniku práva zprostředkovatele na provizi nebrání skutečnost, že teprve po zániku smlouvy o zprostředkování je s třetí osobou uzavřena smlouva (§ 644), popřípadě splněna smlouva (§ 646), na kterou se vztahovala jeho zprostředkovatelská činnost.

Section 651

The fact that the contract with a third party is only concluded (section 644) or performed (section 646) after the contract of agency is discharged does not affect the right of the agent to a commission for the activities to which the agency related.

DÍL XVIII

SMLOUVA O OBCHODNÍM ZASTOUPENÍ

§ 652

nadpis vypuštěn

(1) Smlouvou o obchodním zastoupení se obchodní zástupce jako nezávislý podnikatel zavazuje dlouhodobě pro zastoupeného vyvíjet činnost směřující k uzavírání určitého druhu smluv (dále jen "obchody") nebo sjednávat a uzavírat obchody jménem zastoupeného a na jeho účet.

(2) Obchodním zástupcem nemůže být

a) osoba, která může jako orgán zavazovat právnickou osobu,

b) společník či člen podle zákona zmocněný zavazovat ostatní společníky nebo členy, nebo

c) likvidátor nebo insolvenční správce.

(3) Ustanovení o obchodním zastoupení se nepoužijí na

a) obchodní zástupce, jejichž činnost není placena, nebo

b) osoby působící na evropském regulovaném trhu nebo zahraničním trhu obdobném regulovanému trhu či v evropském mnohostranném obchodním systému nebo na komoditní burze.

(4) Smlouva o obchodním zastoupení musí mít písemnou formu.

CHAPTER XVIII

THE CONTRACT OF COMMERCIAL AGENCY

Section 652

Heading repealed

(1) By a contact of commercial agency, a commercial agent as an independent entrepreneur undertakes over the long-term to conduct activities leading to the conclusion of a certain type of contracts ("transactions") or to agree and conclude transactions in the name of the principal and for its account.

(2) A commercial agent cannot be any of the following persons:

(a) a person with a capacity to bind a legal person as its body;

(b) a member that has a power under the law to bind the other members; or

(c) a liquidator or an insolvency practitioner.

(3) The provisions relating to commercial agency do not apply to the following persons:

(a) commercial agents whose activities are unpaid; or

(b) persons operating in a European regulated market or a foreign market equivalent to a regulated market or in the European multilateral trading facility or at the commodity exchange.

(4) A contract of commercial agency must be concluded in writing.

§ 653

Obchodní zástupce je povinen ve stanovené územní oblasti vyvíjet s odbornou péčí činnost, jež je předmětem jeho závazku. Není-li ve smlouvě tato územní oblast určena, má se za to, že obchodní zástupce má vyvíjet činnost na území České republiky.

Section 653

The commercial agent has a duty to conduct with professional care the activities that are the subject-matter of its obligation in the specified geographic area. If the relevant geographic area is not specified in the contract, it is presumed that the commercial agent is to conduct activities in the territory of the Czech Republic.

§ 654

(1) Předmětem závazku obchodního zástupce je vyhledávání zájemců o uzavření obchodů, jež jsou vymezeny ve smlouvě.

(2) Stanoví-li smlouva, že obchodní zástupce činí právní úkony jménem zastoupeného, řídí se práva a povinnosti s tím související ustanoveními o smlouvě mandátní.

(3) Bez udělené plné moci není obchodní zástupce oprávněn jménem zastoupeného uzavírat obchody, cokoli pro něho přijímat nebo činit jiné právní úkony.

Section 654

(1) The subject-matter of the obligation of a commercial agent is to seek parties interested in concluding the transactions that are specified in the contract.

(2) If the contract provides that the commercial agent concludes legal acts in the name of the principal, the related rights and duties are governed by the relevant provisions for a contract of mandate.

(3) Without a power of attorney that is properly given, a commercial agent is not entitled to conclude transactions, accept anything or to conclude any other legal acts in the name of the principal.

§ 655

(1) Obchodní zástupce je povinen uskutečňovat činnost, k níž je zavázán, poctivě, s vynaložením odborné péče, v dobré víře, je povinen dbát zájmů zastoupeného, jednat v souladu s pověřením a rozumnými pokyny zastoupeného a sdělovat zastoupenému nutné informace, které má k dispozici.

(2) Obchodní zástupce podává zastoupenému zprávu o vývoji trhu a všech okolnostech důležitých pro zájmy zastoupeného, zejména pro jeho rozhodování související s uzavíráním obchodů.

Section 655

(1) The commercial agent has a duty to conduct activities to which it is obliged honestly, with professional care, in good faith, it has a duty to observe the interests of the principal, act in accordance with the appointment and the reasonable instructions of the principal and disclose to the principal the necessary information that it has at its disposal.

(2) The commercial agent must submit to the principal a report on the market development and all circumstances important for the interests of the principal, in particular for the taking of decisions relating to concluding transactions.

(3) Zahrnuje-li smlouva i uzavírání obchodů obchodním zástupcem jménem zastoupeného, je obchodní zástupce povinen uzavírat tyto obchody jen za obchodních podmínek stanovených zastoupeným, neprojevil-li zastoupený souhlas s jiným postupem.

(3) If the contract also includes concluding transactions by the commercial agent in the name of the principal, the commercial agent has a duty to conclude such transactions only under the terms and conditions specified by the principal, unless the principal has expressed consent to another procedure.

(4) Nemůže-li zástupce vykonávat svou činnost, musí o tom bez zbytečného odkladu podat zprávu zastoupenému.

(4) If the agent is unable to conduct its activities, it must notify this to the principal without undue delay.

§ 655a

Section 655a

(1) Ve vztazích s obchodním zástupcem je zastoupený povinen jednat poctivě a v dobré víře. Zvláště je zastoupený povinen

a) poskytnout zástupci nezbytnou dokumentaci, která se vztahuje k předmětu obchodů, a

b) obstarat zástupci informace nezbytné k plnění závazků ze smlouvy o obchodním zastoupení, zejména v rozumné lhůtě sdělit obchodnímu zástupci, že předpokládá významné snížení rozsahu činnosti oproti tomu, co by mohl zástupce normálně očekávat.

(1) In relationships with the commercial agent, the principal has a duty to act honestly and in good faith. The principal has a duty in particular to do the following:

(a) provide the agent with the necessary documents relating to the subject-matter of transactions; and

(b) procure for the agent the information necessary for performance of the obligations under the contract of commercial agency, in particular to disclose to the commercial agent within a reasonable period that it expects significant decrease in the scope of activities compared to what the agent could normally have anticipated.

(2) Zastoupený je povinen informovat obchodního zástupce v přiměřené lhůtě o tom, že přijal, odmítl nebo nesplnil úkon obstaraný zástupcem.

(2) The principal has a duty to inform the commercial agent within a reasonable period that it has accepted, rejected, or has not performed the act procured by the agent.

§ 656

Section 656

Obchodní zástupce je povinen spolupůsobit v rámci svého závazku při uskutečňování uzavřených obchodů podle pokynů zastoupeného a v zájmu zastoupeného, které jsou nebo musí být obchodnímu zástupci známé, zejména při řešení nesrovnalostí, jež vzniknou z uzavřených obchodů.

A commercial agent has a duty within the scope of its obligation to provide cooperation in realizing the concluded transactions in accordance with the instructions of the principal and in the interest of the principal that are or must be known to the commercial agent, in particular in solving discrepancies that arise from the concluded transactions.

§ 657

Obchodní zástupce nesmí sdělit údaje získané od zastoupeného při své činnosti bez souhlasu zastoupeného jiným osobám nebo je využít pro sebe nebo pro jiné osoby, pokud by to bylo v rozporu se zájmy zastoupeného. Tato povinnost trvá i po ukončení smlouvy o obchodním zastoupení.

Section 657

The commercial agent must not disclose the information acquired from the principal in its activities without the consent by the principal to other persons, or use it for itself or for other persons if this would be contrary to the interests of the principal. This duty continues even after the termination of the commercial agency contract.

§ 658

(1) Není-li v tomto dílu stanoveno jinak, použijí se na smlouvu o obchodním zastoupení ustanovení o smlouvě o zprostředkování.

(2) Zástupce ručí za splnění povinností třetí osobou, s níž navrhl zastoupenému uzavření obchodu nebo se kterou jménem zastoupeného uzavřel obchod, jen když se k tomu písemně zavázal a obdrží-li za převzetí ručení zvláštní odměnu. V takovém případě řídí se jeho práva a povinnosti podle ustanovení o ručení.

Section 658

(1) Unless otherwise provided in this Chapter, the provisions relating to the contract of agency apply to the contract of commercial agency.

(2) The agent is only liable for the performance of duties by a third party, the conclusion of transaction with which it proposed to the principal, or with which it has concluded a transaction in the name of the principal, if it undertook to do so in writing and if it will receive a special remuneration for the assumption of this guarantee. In such cases, its rights and duties are governed by the provisions relating to a guarantee.

§ 659

(1) Obchodní zástupce má nárok na provizi sjednanou, jinak odpovídající zvyklostem podle místa jeho činnosti a s ohledem na druh zboží, jehož se týká smlouva o obchodním zastoupení. Nejsou-li takové zvyklosti, má obchodní zástupce právo na rozumnou odměnu, která přihlíží ke všem okolnostem uskutečněného úkonu. Každá část odměny, která se mění podle počtu a hodnoty obchodních případů, je považována za složku provize.

Section 659

(1) The commercial agent is entitled to the agreed commission, and otherwise to commission corresponding to the practices according to the place of its activities and with respect to the type of goods to which the contract of commercial agency relates. If there are no such practices, the commercial agent is entitled to a reasonable remuneration that takes into consideration all the circumstances of the performed act. Each part of the remuneration that is variable according to the number and value of commercial cases is considered a part of the commission.

(2) Nárok na úhradu nákladů spojených se svou činností má obchodní zástupce vedle provize, jen když to bylo sjednáno a nevyplývá-li ze smlouvy něco jiného, jen když mu vznikl nárok na provizi z obchodu, kterého se náklady týkají.

(2) The commercial agent is only entitled to the payment of the costs associated with its activities in addition to the commission if this has been agreed and only, unless it otherwise follows from the contract, if it has become entitled to a commission from the transaction to which the costs relate.

(3) Nárok na provizi a na smluvenou úhradu nákladů nevzniká v případech, kdy obchodní zástupce byl při uzavírání obchodu činný jako obchodní zástupce nebo zprostředkovatel pro osobu, s níž zastoupený uzavřel obchod.

(3) The claim to a commission and to the agreed settlement of costs does not arise in the cases when the commercial agent was acting in the conclusion of the transaction as the commercial agent or agent for the person with which the principal concluded the transaction.

§ 659a

(1) Za úkony uskutečněné po dobu trvání smluvního závazku má zástupce právo na provizi,

a) jestliže byl obchod uzavřen v důsledku jeho činnosti, nebo

b) jestliže obchod byl uzavřen s třetí osobou, kterou před účinností smlouvy o obchodním zastoupení získal jako zákazníka za účelem uskutečňování obchodů tohoto druhu.

(2) Za úkony uskutečněné během trvání smluvního závazku má obchodní zástupce právo na provizi také v případě, že bylo smluveno výhradní obchodní zastoupení pro určité území nebo okruh osob a jestliže obchod anebo činnost k němu směřující byl uskutečněn se zákazníkem příslušejícím k tomuto území nebo k této skupině osob, nejedná-li se o případ uvedený v § 659 odst. 3.

Section 659a

(1) The agent is entitled to a commission for the acts effected during the existence of the contractual obligation in the following cases:

(a) if the transaction is concluded as a consequence of its activities; or

(b) if the transaction is concluded with a third party that it acquires as a customer for the purposes of making transactions of such type before the contract of commercial agency was effective.

(2) The commercial agent is also entitled to a commission for the acts carried on during the existence of the contractual obligation if an exclusive commercial agency for a certain territory or a group of persons was agreed and the transaction or the activities leading to it were carried on with a customer belonging to that territory or that group of persons, unless this is a case stated in section 659 (3).

§ 659b

Jde-li o úkony uskutečněné po ukončení smlouvy, má zástupce právo na provizi,

a) jestliže byl úkon uskutečněn především v důsledku činnosti obchodního zástupce, je-li smlouva uzavřena v rozumné lhůtě po ukončení smlouvy, nebo

b) jestliže v souladu s podmínkami uvedenými v § 659a byla objednávka třetí osoby obdržena zastoupeným nebo obchodním zástupcem před ukončením smlouvy.

Section 659b

As regards the acts carried on after the contract is discharged, the agent is entitled to a commission in the following cases:

(a) if the act is carried on predominantly as a result of the activities of the commercial agent if a contract is concluded within a reasonable period after the contract is discharged; or

(b) if, in compliance with the conditions referred to in section 659a, the principal or the commercial agent received the order from a third person before the contract was discharged.

§ 659c

Obchodní zástupce nemá právo na provizi podle § 659a, jestliže na ni má podle § 659b právo předcházející obchodní zástupce, není-li vzhledem k okolnostem spravedlivé provizi rozdělit mezi oba obchodní zástupce.

Section 659c

The commercial agent is not entitled to a commission under section 659a if the previous commercial representative is entitled to it under section 659b and if it is not fair, considering the circumstances, to divide the commission between both commercial agents.

§ 660

(1) Právo na provizi, nebyla-li uzavřena dohoda podle § 661, vzniká v okamžiku, kdy

a) zastoupený splnil závazek ze smlouvy,

b) zastoupený byl povinen splnit závazek na základě smlouvy uzavřené s třetí osobou, nebo

c) třetí osoba splnila závazek ze smlouvy.

Section 660

(1) The right to a commission, if an agreement in accordance with section 661 has not been concluded, arises in the following cases:

(a) if the principal has performed the obligation under the contract;

(b) if the principal had to perform an obligation on the basis of a contract concluded with a third party; or

(c) if the third party has performed an obligation under the contract.

(2) Právo na provizi vzniká nejpozději v okamžiku, kdy třetí osoba splnila svou část závazku nebo byla povinna ji splnit, splnil-li zastoupený svoji část. Jestliže však má třetí osoba splnit svůj závazek až po uplynutí více než šesti měsíců po uzavření obchodu, vzniká obchodnímu zástupci nárok na provizi po uzavření obchodu.

(2) The right to a commission arises not later that at the moment when the third party performed its part of the obligation or had to perform it if the principal had performed its part. If, however, the third party is only to perform its obligation after the expiry of more than six months from the conclusion of the transaction, the commercial agent is entitled to a commission after the conclusion of the transaction.

(3) Provize je splatná nejpozději v poslední den měsíce, který následuje po skončení čtvrtletí, ve kterém na ni vzniklo právo.

(3) The commission is due not later than on the last day of the month following the end of the quarter, in which the right to it arose.

(4) Od ustanovení odstavců 2 a 3 se lze dohodou odchýlit jen ve prospěch obchodního zástupce.

(4) It is only possible to deviate by agreement from the provisions of subsections (2) and (3) in favour of the commercial representative.

(5) Je-li základem pro určení provize rozsah splněného závazku třetí osoby, započítává se do tohoto základu i plnění neuskutečněné z důvodů, za něž odpovídá zastoupený.

(5) If the basis for the determining the commission is the scope of the performed obligation of a third party, the performance not rendered due to reasons for which the principal is liable must also be included in this basis.

§ 661

Vyplývá-li ze smlouvy, že obchodní zástupce je povinen pouze obstarat pro zastoupeného příležitost, aby zastoupený mohl s třetí osobou uzavřít obchod s určitým obsahem, vzniká obchodnímu zástupci nárok na provizi již obstaráním této příležitosti.

Section 661

If it follows from the contract that the commercial agent only has a duty to procure for the principal an opportunity to be able to conclude a transaction with certain content with a third party, the commercial agent is already entitled to commission when it procures that opportunity.

§ 662

(1) Právo na provizi zanikne, je-li zřejmé, že smlouva mezi zastoupeným a třetí osobou nebude splněna, a jestliže nesplnění není důsledkem okolností přičitatelných zastoupenému, nestanoví-li smlouva něco jiného.

Section 662

(1) The right to a commission is discharged if it is apparent that the contract between the principal and the third party will not be performed and the non-performance is not a result of circumstances for which the principal is liable, unless the contract provides otherwise.

(2) Provize, která byla již uhrazena, musí být vrácena, jestliže právo na ni zaniklo podle předchozího odstavce.

(2) The commission that has already been paid must be refunded if the right to it is discharged in accordance with the previous subsection.

(3) Od ustanovení odstavce 1 se lze dohodou odchýlit jen ve prospěch obchodního zástupce.

(3) It is only possible to deviate by agreement from the provisions of subsection (1) in favour of the commercial agent.

§ 662a

Section 662a

(1) Zastoupený předá obchodnímu zástupci výkaz o dlužné provizi nejpozději poslední den měsíce následujícího po čtvrtletí, ve kterém se stala splatnou. Tento výkaz obsahuje hlavní složky, na základě kterých byla provize vypočítána.

(1) The principal must submit to the commercial agent a statement of the outstanding commission not later than on the last day of the month following the quarter in which it becomes due. The relevant statement must contain the main components of the basis of which the commission has been calculated.

(2) Obchodní zástupce je oprávněn požadovat, aby mu byly poskytnuty veškeré údaje, zejména výpis z účetních knih, které má zastoupený k dispozici a které obchodní zástupce potřebuje k ověření výše provizí, které mu náleží.

(2) The commercial agent is entitled to require the provision to it of all the information, in particular an extract from the books of account that the principal has at its disposal and which the commercial agent needs to verify the amount of commission which belongs to it.

(3) Od ustanovení odstavců 1 a 2 se lze dohodou odchýlit jen ve prospěch obchodního zástupce.

(3) It is only possible to deviate by agreement from the provisions of subsections (1) and (2) in favour of the commercial representative.

§ 663

Section 663

(1) Zastoupený je povinen předat obchodnímu zástupci všechny podklady a pomůcky potřebné k plnění závazku obchodního zástupce.

(1) The principal has a duty to hand over to the commercial agent all the documents and tools necessary for performance of the obligation of the commercial agent.

(2) Podklady a pomůcky nezbytné podle odstavce 1 zůstávají majetkem zastoupeného a obchodní zástupce je povinen je vrátit po ukončení smlouvy, pokud je obchodní zástupce, vzhledem k jejich povaze, nespotřeboval při plnění svého závazku.

(2) The documents and tools necessary under subsection (1) remain the property of the principal and the commercial agent has a duty to return them after the contract is discharged, provided that the commercial agent has not used them up in performing its obligation.

3) Obchodní zástupce je povinen pro potřebu zastoupeného uschovat doklady, jež nabyl v souvislosti se svou činností, a to po dobu, po kterou tyto doklady mohou být významné pro ochranu zájmů zastoupeného.

(3) The commercial agent has a duty to keep the documents it acquires in connection with the its activities for the purposes of the principal for so long as these documents can be significant for the protection of the interests of the principal.

§ 664

Section 664

Nevýhradní obchodní zastoupení

Non-exclusive commercial agency

Nevyplývá-li ze smlouvy něco jiného, může zastoupený pověřit i jiné osoby obchodním zastoupením, jež sjednal s obchodním zástupcem, a obchodní zástupce může vykonávat činnost, ke které se zavázal vůči zastoupenému, i pro jiné osoby nebo uzavírat obchody, jež jsou předmětem obchodního zastoupení, na vlastní účet nebo účet jiné osoby.

Unless it otherwise follows from the contract, the principal may also appoint other persons by way of commercial agency, to conduct those activities that it agreed with the commercial agent, and the commercial agent may also conduct activities, which it undertakes for the principal, for other persons or it may also conclude transactions, which are the subject-matter of the commercial agency, for its own account or for the account of another person.

Výhradní obchodní zastoupení

Exclusive commercial agency

§ 665

Section 665

Bylo-li sjednáno výhradní zastoupení, je zastoupený povinen ve stanovené územní oblasti a pro určený okruh obchodů nepoužívat jiného obchodního zástupce a obchodní zástupce není oprávněn v tomto rozsahu vykonávat obchodní zastoupení pro jiné osoby nebo uzavírat obchody na vlastní účet nebo účet jiné osoby.

If exclusive commercial agency has been agreed, the principal has a duty to refrain from using another commercial agent in the specified geographic area and for the specified type of transactions and the commercial agent is not entitled to carry on the commercial agency for other persons or to conclude transactions for its own account or for another person's account.

§ 666

Section 666

Zastoupený je oprávněn uzavírat obchody, na které se vztahuje výhradní obchodní zastoupení i bez součinnosti obchodního zástupce, je však povinen, pokud smlouva nestanoví něco jiného, platit z těchto obchodů obchodnímu zástupci provizi tak, jako kdyby tyto obchody byly uzavřeny s jeho součinností (§ 659a odst. 2).

The principal is entitled to conclude transactions to which the exclusive commercial agency relates even without the cooperation of the commercial agent, but it has a duty, unless the contract provides otherwise, to pay a commission for such transactions to the commercial agent as if such transactions had been concluded with its cooperation (section 659a (2)).

Zánik obchodního zastoupení

§ 667

Závazek obchodního zástupce zaniká uplynutím doby, na kterou byla uzavřena smlouva. Jestliže po uplynutí této doby se strany smlouvou dále řídí, mění se na smlouvu uzavřenou na dobu neurčitou.

§ 668

(1) Smlouva je sjednána na dobu neurčitou, stanoví-li to smlouva nebo neobsahuje-li smlouva ustanovení o době, na kterou byla uzavřena, nebo nevyplývá-li omezení z účelu smlouvy.

(2) Smlouva sjednaná na dobu neurčitou může být ukončena kteroukoliv ze stran výpovědí.

(3) Délka výpovědní lhůty je jeden měsíc pro první rok, dva měsíce pro druhý rok, tři měsíce pro třetí a další roky trvání smluvního závazku. Strany nemohou dohodnout kratší výpovědní lhůtu.

(4) Jestliže smluvní strany dohodnou delší výpovědní lhůty, než jaké stanoví odstavec 3, nesmí být lhůta, kterou je vázán zastoupený, kratší než lhůta, kterou musí dodržet obchodní zástupce.

(5) Nedohodly-li strany něco jiného, musí výpovědní lhůta skončit ke konci kalendářního měsíce.

The discharge of commercial agency

Section 667

The obligation of the commercial agent is discharged by the expiry of the period for which the contract is concluded. If the parties continue to be governed by this contract after the expiry of that period, the contract transforms into a contract concluded for an indefinite period of time.

Section 668

(1) The contract is agreed for an indefinite period of time if the contract so provides or the contract does not contain provisions relating to the period for which it is concluded, and a limitation does not follow from the purpose of the contract.

(2) A contract agreed for an indefinite period may be terminated by any of the parties by a notice of termination.

(3) The notice period is one month in the first year, two months in the second year, three months in the third year and the following years of existence of the contractual obligation. The parties cannot agree a shorter notice period.

(4) If the parties agree on a longer notice period than that provided by subsection (3), the period for which the principal is bound must not be shorter than the period that the agent must comply with.

(5) Unless the parties have agreed otherwise, the notice period must end as at the end of a calendar month.

(6) Předchozí odstavce se použijí i na smlouvy uzavřené na dobu určitou, které se změnily ve smlouvy na dobu neurčitou podle § 667, s tím, že výpovědní lhůta bude počítána s přihlédnutím k uplynulé určité době trvání smluvního závazku, která předcházela přeměně na smlouvu na dobu neurčitou.

(6) The previous subsections also apply to contracts concluded for a definite period of time that have been transformed into contracts for an indefinite period of time in accordance with section 667 and the notice period must be calculated with respect to the expired definite period of existence of the contractual obligation that preceded the transformation into a contract for an indefinite period of time.

§ 669

Právo na odškodnění

(1) Obchodní zástupce má v případě ukončení smlouvy právo na odškodnění, jestliže

a) zastoupenému získal nové zákazníky nebo rozvinul významně obchod s dosavadními zákazníky a zastoupený má dosud podstatné výhody vyplývající z obchodů s nimi, a

b) placení tohoto odškodnění je spravedlivé, jsou-li vzaty v úvahu všechny okolnosti, zejména provize, kterou obchodní zástupce ztrácí a která vyplývá z obchodů uskutečněných s těmito zákazníky; tyto okolnosti zahrnují také použití nebo nepoužití konkurenční doložky ve smyslu § 672a.

(2) Výše odškodnění nesmí překročit roční provizi vypočítanou z ročního průměru odměn získaných zástupcem během posledních pěti let, a trvala-li smlouva dobu kratší než pět let, musí být vypočítáno z průměru za celé smluvní období.

Section 669

The right to compensation

(1) In the case of a termination of the contract, the commercial agent is entitled to compensation in the following cases:

(a) if it has acquired new customers for the principal or has significantly developed the transactions with the existing customers and the principal still has significant advantages deriving from trade with them; and

(b) the payment of the compensation is fair with respect to all the circumstances, in particular the commission that the commercial agent is losing and which follows from the transactions effected with such customers. Such circumstances include also whether or not a non-competition clause within the meaning of section 672a is used.

(2) The amount of compensation cannot exceed the annual commission calculated from the annual average of remunerations received by the agent during the last five years, and if the contract existed for a period shorter than five years, it must be calculated from the average for the entire contractual period.

(3) Přiznání odškodnění nezbavuje obchodního zástupce práva na náhradu škody.

(3) The granting of the compensation does not deprive the commercial agent of the right to compensation for damage.

(4) Právo na odškodnění vznikne rovněž, jestliže ukončení smlouvy nastane na základě úmrtí obchodního zástupce.

(4) The right to compensation also arises if the termination of the contract arises on the basis of death of the commercial agent.

(5) Obchodní zástupce ztrácí právo na odškodnění podle odstavce 1, jestliže neoznámí zastoupenému do jednoho roku od ukončení smlouvy, že uplatňuje svá práva.

(5) The commercial representative loses the right to compensation in accordance with subsection (1) if it fails to notify the principal within one year after the termination of the contract that it asserts its rights.

(6) Strany se nemohou před uplynutím smluvené doby platnosti smlouvy dohodnout odchylně od předchozích odstavců v neprospěch obchodního zástupce.

(6) The parties cannot agree before the expiry of the agreed period of validity of the contract to deviate from the previous subsections to the detriment of the commercial agent.

§ 669a

(1) Právo na odškodnění podle § 669 nevznikne,

a) jestliže zastoupený ukončil smlouvu pro takové porušení smluvního závazku obchodním zástupcem, které by opravňovalo k odstoupení od smlouvy,

b) jestliže obchodní zástupce ukončil smlouvu, není-li toto ukončení odůvodněno okolnostmi na straně zastoupeného nebo není-li odůvodněno věkem, invaliditou nebo nemocí obchodního zástupce, jestliže od něj pokračování v činnosti nelze rozumně požadovat, nebo

c) jestliže podle dohody se zastoupeným obchodní zástupce převede práva a povinnosti ze smlouvy o obchodním zastoupení na třetí osobu.

Section 669a

The right to compensation in accordance with section 669 does not arise in the following cases:

(a) if the principal has terminated the contract for such a breach of the contractual obligation by the commercial agent as would justify withdrawal from the contract;

(b) if the commercial agent has terminated the contract, unless the relevant termination is justified by the circumstances on the principal's part, or by the age, disability or illness of the commercial agent and the continuation of activities cannot reasonably be required of it; or

(c) if, in accordance with the agreement with the principal, the commercial agent transfers the rights and duties under the contract of commercial agency to a third person.

(2) Strany se nemohou před uplynutím smluvené doby platnosti smlouvy dohodnout v neprospěch obchodního zástupce odchylně od předchozího odstavce.

(2) The parties cannot agree before the expiry of the agreed period of validity of the contract to deviate from the previous subsection to the detriment of the commercial agent.

§ 670

Section 670

Bylo-li výhradní zastoupení sjednáno na dobu určitou, může kterákoliv strana vypovědět smlouvu způsobem stanoveným v § 668 odst. 3, jestliže objem obchodu nedosáhl během posledních 12 měsíců objemu obchodů stanoveného ve smlouvě, jinak přiměřeného odbytovým možnostem.

If an exclusive agency has been agreed for a definite period, any party may give notice of termination of the contract in a manner provided in section 668 (3) if the volume of transactions for the past 12 months has failed to reach the volume of transactions specified in the contract, and an otherwise reasonable level given the sales possibilities.

§ 671

Section 671

zrušen

Repealed

§ 672

Section 672

(1) Jestliže při sjednání výhradního obchodního zastoupení používá zastoupený jiného obchodního zástupce, je oprávněn obchodní zástupce odstoupit od smlouvy.

(1) If an exclusive commercial agency has been agreed and the principal uses another commercial agent, the commercial agent is entitled to withdraw from the contract.

(2) Jestliže při sjednání výhradního obchodního zastoupení vykonává obchodní zástupce činnost, jež je předmětem jeho závazku vůči zastoupenému, i pro jiné osoby, může zastoupený odstoupit od smlouvy.

(2) If an exclusive commercial agency has been agreed and the commercial agent also carries on activities that are the subject-matter of its obligation to the principal for other persons, the principal may withdraw from the contract.

§ 672a

Section 672a

Konkurenční doložky

Non-competition clauses

(1) Ve smlouvě o obchodním zastoupení je možno písemně dohodnout, že obchodní zástupce nesmí po stanovenou dobu, nejdéle však 2 roky po ukončení smlouvy, na stanoveném území nebo vůči stanovenému okruhu osob na tomto území vykonávat na vlastní nebo na cizí účet činnost, která byla předmětem

(1) It is possible to agree in writing in the contract of commercial agency that the commercial agent must not, for a specified period, and not in any event for more than 2 years after the discharge of the contract, in a specified territory or with relation to a specified group of persons within that territory, carry on for its own or another

BELISARIUS

obchodního zastoupení, nebo jinou činnost, která by měla soutěžní povahu vůči podnikání zastoupeného.

person's account the activities that were the subject-matter of the commercial agency or other activities that would be of a competitive nature in relation to the principal's business.

(2) Konkurenční doložka odporující podmínkám uvedeným v odstavci 1 je neplatná.

(2) A non-competition clause that infringes the conditions stated in subsection (1) is void.

(3) V případě pochybností může soud konkurenční doložku, která by omezovala zástupce více, než kolik vyžaduje potřebná míra ochrany zastoupeného, omezit nebo prohlásit za neplatnou.

(3) In cases of doubt, the court may limit or declare void a non-competition clause that would limit the agent more than is required by a necessary level of protection for the principal.

DÍL XIX

SMLOUVA O TICHÉM SPOLEČENSTVÍ

§ 673

Základní ustanovení

(1) Smlouvou o tichém společenství se zavazuje tichý společník poskytnout podnikateli určitý vklad a podílet se jím na jeho podnikání a podnikatel se zavazuje k placení části čistého zisku po odečtení povinného přídělu do rezervního fondu, je-li podnikatel povinen tento fond vytvářet, vyplývající z podílu tichého společníka na výsledku podnikání. Ve smlouvě o tichém společenství musí být dohodnutý rozsah účasti tichého společníka na zisku a ztrátě stejný.

(2) Smlouva vyžaduje písemnou formu.

§ 674

(1) Předmětem vkladu může být určitá peněžní částka, určitá věc, právo nebo jiná majetková hodnota využitelná při podnikání.

(2) Tichý společník je povinen předmět vkladu předat podnikateli nebo umožnit mu jeho využití při podnikání v době smluvené, jinak bez zbytečného odkladu po uzavření smlouvy.

(3) Nestanoví-li se smlouvou jinak, stává se podnikatel převzetím věci, s výjimkou nemovitých věcí, jejím vlastníkem. Je-li předmětem vkladu nemovitá věc, je podnikatel oprávněn k jejímu užívání po dobu trvání smlouvy. Je-li předmětem vkladu právo a smlouva nestanoví něco

CHAPTER XIX

THE CONTRACT OF SILENT PARTNERSHIP

Section 673

Fundamental provisions

(1) In a contract of silent partnership, a silent partner undertakes to provide to an entrepreneur a specific contribution and participate with it in its business and the entrepreneur undertakes to pay a part of the profit after the subtraction of the mandatory allocation to the reserves, provided that the entrepreneur is under a duty to create the relevant reserves, deriving from the share of the silent partner in the profit or loss of the business. In a contract of silent partnership, the agreed scope of participation of the silent partner in the profit and in the loss must be the same.

(2) The contract is required to be concluded in writing.

Section 674

(1) The subject-matter of a contribution may be a certain amount of money, a certain material object, a right, or another asset value that can be used in carrying on its business.

(2) A silent partner has a duty to hand over the subject-matter of the contribution to the entrepreneur or enable it to use it in carrying on its business in the agreed period, otherwise without undue delay after the conclusion of the contract.

(3) Unless the contract provides otherwise and with the exception of real estate properties, the entrepreneur becomes the owner of the material objects by taking them over. If the subject-matter of the contribution is real estate, the entrepreneur is entitled to use it during the existence of

jiného, je podnikatel oprávněn po dobu trvání smlouvy k jeho výkonu.

the contract. If the subject-matter of the contribution is a right and the contract does not provide otherwise, the entrepreneur is entitled to exercise it during the existence of the contract.

§ 675

Tichý společník je oprávněn nahlížet do obchodních dokladů a účetních záznamů týkajících se podnikání, na němž se účastní, a je oprávněn požadovat stejnopis účetní závěrky.

Section 675

A silent partner is entitled to inspect commercial documents and accounting records relating to the business in which it participates and it is entitled to require a counterpart of the financial statement.

§ 676

(1) Pro určení podílu tichého společníka na výsledku podnikání je rozhodná účetní závěrka.

(2) Tichému společníku vzniká nárok na podíl ze zisku do 30 dnů po vyhotovení účetní závěrky. Je-li podnikatelem právnická osoba, běží tato lhůta od schválení této závěrky v souladu s jejími stanovami, společenskou smlouvou nebo zákonem.

(3) Při pozdější ztrátě není společník povinen přijatý podíl na zisku vracet.

Section 676

(1) The financial statement is decisive for the determination of the share of the silent partner in the business profit or loss.

(2) A silent partner becomes entitled to a share in the profit within 30 days after the financial statement is prepared. If the entrepreneur is a legal person, the relevant period runs from the approval of such financial statement in accordance with its articles of association, memorandum of association, or the law.

(3) In case of a later loss, the partner does not have to refund an accepted share in profit.

§ 677

(1) O podíl na ztrátě se zkracuje vklad tichého společníka. O podíl na zisku v dalších letech se snížený vklad zvyšuje a nárok na podíl na zisku vzniká společníku po dosažení původní výše vkladu.

(2) Tichý společník není povinen při podílu na ztrátě z podnikání svůj vklad doplňovat a na ztrátě se účastní jen do výše svého vkladu.

Section 677

(1) The contribution of the silent partner is reduced by its share in the loss. A reduced contribution increases in the following years by the share in profit and the claim to a share in profit arises to the partner when the original amount of contribution is reached.

(2) A silent partner does not have to replenish its contribution in the case of a share in the loss from the business and it participates in the loss only up to the amount of its contribution.

§ 678

(1) Práva a povinnosti vůči třetím osobám z podnikání vznikají pouze podnikateli.

(2) Tichý společník však ručí za závazky podnikatele, jestliže

a) jeho jméno je obsaženo ve firmě podnikatele, nebo

b) prohlásí osobě, s níž jedná podnikatel o uzavření smlouvy, že oba podnikají společně.

§ 679

(1) Účast tichého společníka na podnikání zaniká:

a) uplynutím doby, na kterou byla uzavřena,

b) výpovědí, nebyla-li smlouva uzavřena na dobu určitou,

c) dosáhne-li podíl tichého společníka na ztrátě výše jeho vkladu,

d) ukončením podnikání, na něž se smlouva vztahuje,

e) prohlášením konkursu na majetek podnikatele nebo zamítnutím insolvenčního návrhu na majetek podnikatele pro nedostatek majetku,

Section 678

(1) Only the entrepreneur acquires the rights and duties from carrying on a business as against third parties.

(2) The silent partner, however, is liable for the obligations of the entrepreneur in the following cases:

(a) if its name is contained in the business name of the entrepreneur; or

(b) if it declares to the person with which the entrepreneur is negotiating the conclusion of a contract that both of them carry on the business together.

Section 679

(1) The participation of the silent partner in the business is discharged in the following cases:

(a) with the expiry of the time for which it was concluded;

(b) by notice of termination, unless the contract was concluded for a definite period;

(c) when the share of the silent partner in a loss reaches the amount of its contribution;

(d) on the termination of the business to which the contract relates;

(e) by a declaration of bankruptcy over the assets of the entrepreneur or dismissal of an insolvency petition against the assets of the entrepreneur on the grounds that the assets were insufficient;

f) prohlášením konkursu na majetek tichého společníka; ustanovení § 148 odst. 4 se použije přiměřeně.

(f) by a declaration of bankruptcy over the assets of the silent partner. The provisions of section 148 (4) apply as appropriate.

(2) Nestanoví-li smlouva jinou výpovědní lhůtu, lze smlouvu vypovědět nejpozději šest měsíců před koncem kalendářního roku.

(2) If the contract does not provide a different notice period, the contract can be terminated by giving a notice of termination not later than six months before the end of a calendar year.

§ 679a

Section 679a

Před uplynutím doby stanovené pro trvání tichého společenství je možno domáhat se u soudu zrušení závazků z této smlouvy, jsou-li pro to důležité důvody. To platí i pro smlouvu uzavřenou na dobu neurčitou.

Before the expiry of the period specified for the existence of the silent partnership, it is possible to require the court that the obligations under such contract be discharged, provided that there are important reasons to do so. This applies also to a contract concluded for an indefinite period of time.

§ 680

Section 680

Podnikatel je povinen vrátit tichému společníkovi vklad zvýšený nebo snížený o jeho podíl na výsledku podnikání.

The entrepreneur has a duty to return to the silent partner its contribution increased or decreased by its share in the business profit or loss.

§ 681

Section 681

Pokud z ustanovení § 673 až 680 nevyplývá něco jiného, má tichý společník ohledně svého vkladu právní postavení, jaké má věřitel ohledně své pohledávky, není však oprávněn požadovat vrácení svého vkladu před zánikem smlouvy.

Unless the provisions of sections 673 to 680 require otherwise, with respect to its contribution, the silent partner has the same legal status as a creditor with respect to its claim, but it is not entitled to require that its contribution be refunded before the contract is discharged.

DÍL XX

SMLOUVA O OTEVŘENÍ AKREDITIVU

§ 682

Základní ustanovení

(1) Smlouvou o otevření akreditivu se zavazuje banka příkazci, že na základě jeho žádosti poskytne určité osobě (oprávněnému) na účet příkazce určité plnění, jestliže oprávněný splní do určité doby stanovené podmínky, a příkazce se zavazuje zaplatit bance úplatu.

(2) Smlouva vyžaduje písemnou formu.

§ 683

(1) Banka v souladu se smlouvou písemně sdělí oprávněnému, že v jeho prospěch otvírá akreditiv, a oznámí mu jeho obsah. V akreditivní listině musí být určeno plnění, ke kterému se banka zavazuje, doba platnosti akreditivu a akreditivní podmínky, jež má oprávněný v této době splnit k tomu, aby se mohl domáhat plnění vůči bance.

(2) Sdělení podle odstavce 1 banka učiní bez zbytečného odkladu po uzavření smlouvy, ledaže ze smlouvy vyplývá, že tak má učinit teprve v době, kdy jí k tomu dá příkazce pokyn.

(3) Závazek banky vůči oprávněnému vzniká oznámením uvedeným v odstavci 1.

CHAPTER XX

THE LETTER OF CREDIT CONTRACT

Section 682

Fundamental provisions

(1) In a letter of credit contract, a bank undertakes to the principal to, on the basis of its request, provide to a certain person (the entitled person) for the account of the principal a certain performance, provided that the entitled person satisfies the conditions specified within a certain time, and the principal undertakes to pay the bank a consideration.

(2) The contract is required to be concluded in writing.

Section 683

(1) The bank must, in accordance with the contract, notify the entitled person in writing that it is opening a letter of credit in its favour and notify it of its content. In the letter of credit certificate for which the bank undertakes to the performance, the period of validity of the letter of credit and the conditions of the letter of credit that the entitled person must fulfil within that time in order to be able to require performance against the bank must be specified.

(2) The bank must make the notification under subsection (1) without undue delay after the conclusion of the contract, unless it follows from the contract that it is only to do so once the principal instructs it to do so.

(3) The obligation of the bank towards the entitled person arises by the notification stated in subsection (1).

(4) Závazek příkazce vůči bance vzniká otevřením akreditivu.

(4) The obligation of the principal towards the bank arises by the opening of a letter of credit.

(5) Akreditivní listina může zejména obsahovat povinnost banky zaplatit určitou částku nebo přijmout směnku.

(5) The letter of credit certificate may in particular contain a duty for the bank to pay a certain amount or accept a bill of exchange.

§ 684

Section 684

Není-li úplata za otevření akreditivu smluvena, je příkazce povinen zaplatit bance úplatu obvyklou v době uzavření smlouvy.

If the consideration for the opening of a letter of credit is not agreed, the principal must pay to the bank the consideration that is usual at the time of conclusion of the contract.

Vztah banky k oprávněnému

The relationship of the bank to the entitled person

§ 685

Section 685

Závazek banky z akreditivu je nezávislý na právním vztahu mezi příkazcem a oprávněným.

The obligation of the bank under a letter of credit is independent of the legal relationship between the principal and the entitled person.

§ 686

Section 686

(1) Nestanoví-li akreditivní listina, že akreditiv je odvolatelný, může banka akreditiv změnit nebo zrušit pouze se souhlasem oprávněného a příkazce.

(1) Unless the letter of credit certificate provides that the letter of credit is revocable, the bank may only change or revoke the letter of credit with the consent of the entitled person and the principal.

(2) Stanoví-li akreditivní listina, že akreditiv je odvolatelný, může jej banka ve vztahu k oprávněnému změnit nebo zrušit do doby, než oprávněný splní podmínky stanovené v akreditivní listině.

(2) If the letter of credit certificate provides that the letter of credit is revocable, the bank may modify or revoke it in relation to the entitled person until the entitled person fulfils the conditions provided in the letter of credit certificate.

(3) Změnit nebo zrušit akreditiv lze pouze písemně.

(3) A letter of credit can only be modified or revoked in writing.

§ 687

(1) Jestliže neodvolatelný akreditiv je z podnětu banky, jež je jím vázána, potvrzen další bankou, vzniká oprávněnému nárok na plnění vůči této bance od doby, kdy oprávněnému potvrzení akreditivu oznámí. Banka, která požádala o potvrzení akreditivu, a banka, která akreditiv potvrdila, jsou zavázány vůči oprávněnému společně a nerozdílně.

(2) Ke změně nebo zrušení akreditivu potvrzeného další bankou se vyžaduje i souhlas potvrzující banky.

(3) Jestliže banka, která akreditiv potvrdila, poskytla plnění oprávněnému v souladu s obsahem akreditivu, má nárok na toto plnění vůči bance, která o potvrzení akreditivu požádala.

Section 687

(1) If an irrevocable letter of credit is on request by the bank that is bound by it confirmed by another bank, the entitled person also becomes entitled to performance by that bank from the time when it notifies the confirmation of the letter of credit to the entitled person. The bank that has requested confirmation of a letter of credit and the bank that has confirmed the letter of credit are liable to the entitled person jointly and severally.

(2) Consent by the confirming bank is required for the modification or revocation of a letter of credit confirmed by another bank.

(3) If the bank that confirmed the letter of credit has provided consideration to the entitled person in accordance with the content of the letter of credit, it is entitled to such performance against the bank that requested the confirmation of the letter of credit.

§ 688

Banka, která pouze oznamuje oprávněnému, že jiná banka pro něho otevřela akreditiv, odpovídá za škodu způsobenou za nesprávnost tohoto oznámení, nevzniká jí však závazek z akreditivu.

Section 688

A bank that only notifies the entitled person that another bank opened a letter of credit for it is liable for the damage that occurred as a result of an inaccuracy in that notification, but an obligation under the letter of credit does not arise to that bank.

Dokumentární akreditiv

§ 689

Při dokumentárním akreditivu je banka povinna poskytnout oprávněnému plnění, jestliže bance jsou řádně předloženy během platnosti akreditivu dokumenty určené v akreditivní listině.

The documentary letter of credit

Section 689

With a documentary letter of credit the bank has a duty to provide performance to the entitled person if during the validity of the letter of credit documents specified in the letter of credit certificate are duly submitted to the bank.

§ 690

(1) Banka je povinna přezkoumat s odbornou péčí vzájemnou souvislost předložených dokumentů a zda jejich obsah zjevně odpovídá podmínkám stanoveným v akreditivní listině.

(2) Banka odpovídá za škodu způsobenou příkazci ztrátou, zničením nebo poškozením dokumentů převzatých od oprávněného, ledaže tuto škodu nemohla odvrátit ani při vynaložení odborné péče.

Section 690

(1) The bank has a duty to review with professional care the mutual relationship of the submitted documents and whether their content apparently matches the conditions specified in the letter of credit certificate.

(2) The bank is liable for the damage caused to the principal by the loss, destruction, or damage to the documents taken over from the entitled person, unless it could not even have averted the relevant damage by exercising professional care.

§ 691

Jiné akreditivy

Ustanovení § 689 a 690 platí přiměřeně i na akreditivy, podle nichž se lze domáhat plnění při splnění jiných podmínek, než je předložení dokumentů.

Section 691

Other letters of credit

The provisions of sections 689 and 690 apply as appropriate also to letters of credit under which performance can be required on fulfilment of other conditions than the submission of documents.

DÍL XXI

SMLOUVA O INKASU

§ 692

Základní ustanovení

Smlouvou o inkasu se zavazuje banka obstarat pro příkazce přijetí plnění určité peněžní pohledávky od určitého dlužníka nebo obstarat jiný inkasní úkon.

§ 693

(1) Banka požádá dlužníka o zaplacení peněžní částky nebo provedení úkonu vyžadovaného podle smlouvy uzavřené s příkazcem. Odmítne-li dlužník požadovanou částku zaplatit nebo uskutečnit požadovaný právní úkon anebo jestliže tak neučiní bez zbytečného odkladu, podá o tom banka ihned zprávu příkazci.

(2) Při obstarávání inkasa je banka povinna postupovat s odbornou péčí podle pokynu příkazce, avšak neodpovídá za to, že inkaso se neuskuteční.

§ 694

Přijatou peněžní částku nebo cenné papíry, jež byly předmětem inkasního úkonu, je povinna banka předat bez zbytečného odkladu příkazci. Banka odpovídá za škodu způsobenou ztrátou, zničením nebo poškozením těchto dokumentů, ledaže jim nemohla zabránit při vynaložení odborné péče.

CHAPTER XXI

THE CONTRACT OF COLLECTION

Section 692

Fundamental provisions

In a contract of collection, a bank undertakes to procure for its principal an acceptance of performance of a certain monetary claim from a certain debtor or to procure another act of collection.

Section 693

(1) The bank requests the debtor to pay an amount of money or carry out an act required under the contract concluded with the principal. If the debtor refuses to pay the required amount or to carry out the required legal act or if it fails to do so without undue delay, the bank must immediately notify the principal.

(2) In procuring collection the bank has a duty to proceed with professional care in accordance with the instructions by the principal, but it is not liable for the collection not being effected.

Section 694

The bank has a duty without undue delay to hand over to the principal the amount of money received or the securities that were the subject-matter of the act of collection. The bank is liable for damage caused by the loss, destruction, or damage to such documents, unless it was unable to prevent it by the exercise of professional care.

§ 695

Má-li podle smlouvy banka obstarat inkaso prostřednictvím jiné banky určené příkazcem, uskutečňuje se inkaso touto bankou na účet a nebezpečí příkazce.

Section 695

If, under the contract, the bank is to procure collection through another bank specified by the principal, the collection is carried out by that bank for the account and risk of the principal.

§ 696

Není-li úplata za obstarání inkasa určena ve smlouvě, je příkazce povinen zaplatit bance úplatu obvyklou v době uzavření smlouvy.

Section 696

If the consideration for procuring collection is not specified in the contract, the principal has a duty to pay the bank the consideration that is usual at the time of conclusion of the contract.

Bankovní dokumentární inkaso

Bank documentary collection

§ 697

Smlouvou o bankovním dokumentárním inkasu se zavazuje banka vydat třetí osobě dokumenty opravňující nakládat se zbožím nebo jiné doklady, bude-li při jejich vydání zaplacena určitá peněžní částka nebo proveden jiný inkasní úkon.

Section 697

In a contract relating to bank documentary collection, the bank undertakes to hand over to a third party documents giving it the right to the disposition of goods, or other documents, if at their handing over a certain amount of money is paid or another act of collection is made.

§ 698

Dokumenty uvedené ve smlouvě je banka povinna převzít a opatrovat s odbornou péčí.

Section 698

The bank has a duty to accept and keep in custody the documents specified in the contract with professional care.

§ 699

Práva a povinnosti stran se řídí podpůrně ustanoveními o smlouvě mandátní.

Section 699

The rights and duties of the parties are governed on a subsidiary basis by the provisions relating to the contract of mandate.

DÍL XXII

SMLOUVA O BANKOVNÍM ULOŽENÍ VĚCI

§ 700

Základní ustanovení

Smlouvou o bankovním uložení věci se zavazuje banka převzít určité věci mimo cenných papírů (předmět uložení), aby je uložila a spravovala, a uložitel se zavazuje platit za to úplatu.

§ 701

(1) Banka je povinna předmět uložení převzít a s vynaložením odborné péče chránit jej před ztrátou, zničením, poškozením nebo znehodnocením.

(2) Není-li výše úplaty sjednána, je banka oprávněna požadovat úplatu obvyklou v době uzavření smlouvy.

§ 702

(1) S přihlédnutím k povaze předmětu uložení je banka povinna s odbornou péčí učinit veškeré úkony, které jsou nutné k výkonu a zachování práv, jež uložiteli vyplývají z předmětu uložení, a předat mu bez zbytečného odkladu, co přijala z uplatnění těchto práv.

(2) Uložitel je povinen bance vystavit plnou moc, jež je potřebná k právním úkonům uvedeným v odstavci 1, a uhradit výlohy, které bance vznikly při plnění její povinnosti.

CHAPTER XXII

THE CONTRACT OF BANK CUSTODY

Section 700

Fundamental provisions

In a contract of bank custody, a bank undertakes to take over certain material objects with the exception of securities (the subject of the custody) to keep them in custody and manage them and a depositor undertakes to pay a consideration for this.

Section 701

(1) The bank has a duty to take over the subject of the custody and exercise professional care in protecting it against loss, destruction, damage, or devaluation.

(2) If the amount of consideration is not agreed, the bank is entitled to require the consideration usual at the time of conclusion of the contract.

Section 702

(1) With respect to the nature of the subject of the custody, the bank has a duty, exercising professional care, to make all the acts that are necessary for the exercise and preservation of rights that ensue to the depositor from the subject-matter of custody and hand over to it without undue delay what has received from the exercise of such rights.

(2) The depositor has a duty to issue to the bank a power of attorney that is necessary for the legal acts stated in subsection (1) and pay the expenses that the bank incurs in the performance of its duty.

§ 703

Uložitel je oprávněn kdykoli požádat o vydání uloženého předmětu nebo jeho části a uložit jej zpět, jestliže smlouva mezitím nezanikla. Po vydání předmětu uložení až do jeho vrácení nemá banka povinnosti stanovené v § 701 a 702.

Section 703

The depositor has the right to at any time request that all or part of the object in custody is handed over to it and is put back into custody, provided that the contract is not discharged in the meantime. After the subject-matter of custody is surrendered until it is returned, the bank is not subject to the duties set out in sections 701 and 702.

§ 704

Banka odpovídá za škodu způsobenou uložiteli ztrátou, zničením nebo poškozením předmětu uložení, ledaže je nemohla odvrátit při vynaložení odborné péče.

Section 704

The bank is liable for the damage caused to the depositor by the loss, destruction, or damage to the subject matter of custody, unless is had been unable to avert it with the exercise of professional care.

§ 705

Obě strany mohou kdykoli s okamžitou účinností smlouvu vypovědět. Smlouva rovněž zaniká, jestliže uložitel si vyzvedl všechny věci, jež jsou předmětem uložení, a neprojevil vůli, aby smlouva dále trvala.

Section 705

Both parties may give notice of termination of the contract at any time. The contract is also discharged if the depositor has collected all the material objects that are the subject-matter of the custody and has not manifested its will for the existence of the contract to continue.

§ 706

Po zániku smlouvy je banka povinna vydat uložiteli předmět uložení a uložitel je povinen jej bez zbytečného odkladu převzít a vyrovnat dlužnou úplatu za dobu uložení.

Section 706

After the contract is discharged, the bank has a duty to hand over to the depositor the subject-matter of the custody and the depositor must take this over without undue delay and pay any owed consideration for the period of custody.

§ 707

Banka má k zajištění svých práv ze smlouvy o uložení cenných papírů nebo jiných hodnot zástavní právo k předmětu uložení, dokud se u ní nachází.

Section 707

To secure its rights under the contract of bank custody or on deposit of other property, the bank has a pledge over the subject of the custody for so long as it is with the bank.

DÍL XXIII

SMLOUVA O BĚŽNÉM ÚČTU

§ 708

Základní ustanovení

(1) Smlouvou o běžném účtu se zavazuje banka zřídit od určité doby v určité měně účet pro jeho majitele, přijímat na zřízený účet peněžní prostředky, vyplácet z něj peněžní prostředky nebo z něj či na něj provádět jiné platební transakce.

(2) Smlouva o běžném účtu vyžaduje písemnou formu.

(3) § 708 odst. 2, § 709 odst. 1 a 2, § 710 až 714 a § 715 odst. 1 až 3 se nepoužijí pro smlouvu o běžném účtu, která je smlouvou o platebních službách podle zákona upravujícího platební styk.

§ 709

(1) Ve smlouvě o běžném účtu banka označí majitele účtu uvedením obchodní firmy nebo názvu a sídla majitele a identifikačního čísla, pokud bylo přiděleno, jde-li o osobu právnickou, nebo uvedením jména, příjmení, bydliště a rodného čísla nebo data narození majitele, popřípadě obchodní firmy, místa podnikání a identifikačního čísla, jde-li o osobu fyzickou.

(2) Smlouva o běžném účtu může obsahovat dále

a) osoby oprávněné nakládat s peněžními prostředky na účtu a způsob nakládání s nimi,

CHAPTER XXIII

THE CURRENT ACCOUNT CONTRACT

Section 708

Fundamental provisions

(1) In a current account contract a bank undertakes to open an account from a certain time in a certain currency for its owner, accept monies to an open account, pay out monies from it or carry out other payment transactions to and from it.

(2) The current account contract is required to be executed in writing.

(3) Section 708 (2), section 709 (1) and (2), sections 710 to 714, and section 715 (1) to (3) do not apply to a current account contract that is a contract on payment services under the act that regulates payments.

Section 709

(1) In a current account contract, the bank must identify the account holder by stating the business name or corporate name of a legal person and the registered office of the owner and the identification number, if it has been assigned, for a legal person, or by stating the name, surname, residential address and birth registration number or the date of birth, or the business name, place of business, and identification number, if applicable, for a natural person.

(2) The current account contract may further contain the following information:

(a) the persons having the right to manage the monies in the account and the manner of management with these;

b) výši nebo způsob stanovení výše úrokové sazby, období splatnosti úroků, které banka platí ze zůstatku peněžních prostředků na účtu jeho majiteli, popřípadě ujednání, že úroky nebudou placeny,

(b) the amount or manner of determining the interest rate, the due date for payment of the interest that the bank pays from the balance of funds in the account to its owner, or a covenant that the interest will not be paid, if applicable;

c) lhůty, v nichž oznamuje banka majiteli účtu přijaté vklady a platby a provedené výplaty a platby a výši zůstatku peněžních prostředků na účtu a dále formu tohoto oznámení,

(c) the periods within which the bank notifies the account holder of accepted deposits and payments and the payments made at counter and by transfer and the balance of funds in the account and further the form of such notification;

d) výši nebo způsob stanovení výše úplaty a způsob, jakým tuto úplatu majitel účtu bance zaplatí, popřípadě ujednání, že úplata nebude bankou požadována. Výši úplaty lze sjednat i odkazem na ceník banky.

(d) the amount or manner of determining the amount of consideration and the manner in which the account holder pays this to the bank, or a covenant that the consideration will not be required by the bank, if applicable. The amount of consideration can be agreed also by reference to the price list of the bank.

(3) Uzavřít nebo změnit smlouvu o běžném účtu anebo ukončit vztah založený smlouvou o běžném účtu (dále jen "nakládání s účtem") je oprávněn majitel účtu. Jiná osoba než majitel účtu může nakládat s účtem jen na základě zvláštní plné moci udělené majitelem účtu, na níž je jeho podpis úředně ověřen. Úřední ověření podpisu se nevyžaduje, je-li plná moc udělena před bankou.

(3) The account holder has the right to conclude or modify a current account contract or to terminate the relationship formed by the current account contract (the "disposition of the account"). Another person than the account holder may have the disposition of the account only on the basis of a special power of attorney granted by the account holder with the affixed signature officially verified. Official verification of the signature is not required if the power of attorney is granted before the bank.

(4) Je-li zřízen účet pro více osob, má každá z nich postavení majitele účtu. Spolumajitelé nakládají s účtem společně, pokud se ve smlouvě o běžném účtu s bankou nedohodnou, že s účtem nakládá jeden z nich. Nestanoví-li smlouva o běžném účtu nebo rozhodnutí soudu něco jiného, jsou podíly všech spolumajitelů na zůstatku peněžních prostředků na účtu stejné.

(4) If an account is established for several persons, each of them has the status of the account holder. Co-owners have the joint disposition of the account unless they agree with the bank in the current account contract that one of them has the disposition of the account. Unless the current account contract or a court decision provide otherwise, the shares of all co-owners in the balance of funds in the account are equal.

§ 710

(1) Banka je povinna přijímat na účet v měně, na kterou zní, vklady nebo platby uskutečněné ve prospěch majitele účtu a z peněžních prostředků na účtu uskutečnit podle příkazu majitele účtu nebo osob oprávněných podle odstavce 2 výplaty nebo platby majiteli účtu nebo jím určeným osobám.

(2) S peněžními prostředky na účtu jsou oprávněny nakládat jen osoby uvedené v podpisových vzorech předaných majitelem účtu bance, jiné osoby pouze za podmínek stanovených ve smlouvě o běžném účtu. Podpisové vzory musí mít náležitosti plné moci. Banka je oprávněna nakládat s peněžními prostředky na účtu, stanoví-li tak zákon nebo smlouva o běžném účtu.

(3) Banka je povinna provést platby řádně a včas, pokud majitel účtu splnil požadavky stanovené zákonem a smlouvou o běžném účtu.

(4) Nejsou-li výše úplaty ani způsob jejího stanovení sjednány ve smlouvě o běžném účtu, je majitel účtu povinen platit úplatu obvyklou v době provedení služby.

Section 710

(1) The bank has a duty to accept deposits and payments made for the benefit of the account holder in the currency in which it is kept and make payments at a counter or by transfer to the account holder or the persons designated by it from the funds in the account in accordance with orders by the account holder or the persons entitled to do so under subsection (2).

(2) Only the persons stated in the signature cards handed over to the bank by the account holder is entitled to manage the monies in the account, and other persons are only so entitled under the conditions specified in the current account contract. Signature cards must have the same particulars as a power of attorney. The bank is entitled to the disposition of monies in the account only if the law or the current account contract so provide.

(3) The bank has a duty to carry out the payments duly and in time if the account holder has fulfilled the legally prescribed requirements and those of the current account contract.

(4) If the amount of consideration or the manner of determining it, are not agreed in the current account agreement, the account holder has a duty to pay the consideration that is usual at the time of the provision of service.

§ 711

Smlouva o běžném účtu může stanovit, že banka provede do určité částky příkazy k platbám, i když k tomu není dostatek peněžních prostředků na účtu. Nejsou-li práva a povinnosti stran při poskytnutí těchto peněžních prostředků sjednány ve smlouvě o běžném účtu, řídí se úpravou smlouvy o úvěru (§ 497 a násl.).

Section 711

The current account contract may provide that the bank carries out the payment orders up to a certain amount even if there are not sufficient funds in the account to do so. If the rights and duties of the parties in the provision of such funds are not agreed in the current account contract, these are governed by the provisions relating to the contract of credit (section 497 onwards).

§ 712

(1) Nestanoví-li smlouva o běžném účtu něco jiného, je banka povinna oznámit majiteli účtu po skončení kalendářního měsíce každý přijatý vklad a platbu a každou provedenou výplatu a platbu v tomto kalendářním měsíci a po skončení kalendářního roku je povinna informovat majitele účtu o zůstatku peněžních prostředků na účtu, a to výpisem z účtu.

(2) Banka prokáže majiteli účtu na jeho žádost provedení plateb.

Section 712

(1) Unless the current account contract provides otherwise, the bank has a duty to notify the account holder after the end of each calendar month each accepted deposit and payment and each payment carried out over the counter and by transfer in such calendar month and after the end of a calendar year it has a duty to notify the account holder of the balance of funds in the account by an account statement.

(2) The bank must on request of the account holder establish that the payments were made.

§ 713

(1) Banka je povinna odepsat peněžní prostředky z účtu v den určený osobou oprávněnou nakládat s peněžními prostředky na účtu, předá-li tato osoba proveditelný příkaz v době dohodnuté s bankou; není-li tento den určen, ve lhůtě stanovené smlouvou o běžném účtu, a není-li lhůta stanovena, pak nejpozději následující pracovní den po předání příkazu.

(2) Banka je povinna připsat peněžní prostředky ve prospěch účtu nejpozději ve lhůtách stanovených zvláštním právním předpisem.

(3) Nestanoví-li lhůtu zvláštní právní předpis nebo smlouva o běžném účtu, připíše banka peněžní prostředky ve prospěch účtu nejpozději následující pracovní den poté, kdy získala právo s nimi nakládat.

Section 713

(1) The bank has a duty to charge the monies from the account as at the date specified by the person entitled to the disposition of the monies in the account if that person hands to the bank a feasible order at a time agreed with the bank. If that date is not specified, within the period specified in the current account contract, and if the relevant period is not specified, then not later than as at the working day following the day of submission of the order.

(2) The bank has a duty to credit the monies to the account not later than in the period set out in a special legal regulation.

(3) If the period is not set out by a special legal regulation or the current account contract, the bank must credit the monies to the account not later than the following working day after it has acquired the right to the disposition of them.

§ 714

(1) Nestanoví-li smlouva o běžném účtu něco jiného, platí banka majiteli účtu ze zůstatku peněžních prostředků na účtu úroky.

(2) Úroky z peněžních prostředků na účtu náležejí majiteli účtu ode dne, k němuž byly peněžní prostředky ve prospěch jeho účtu v souladu s § 713 odst. 2 nebo 3 připsány, do dne, který předchází dni, k němuž byly peněžní prostředky z účtu majitele odepsány nebo k němuž byly vyplaceny.

(3) Úroková sazba se stanoví jako roční. Úroky jsou splatné, nestanoví-li smlouva o běžném účtu jinak, koncem každého kalendářního měsíce a banka je povinna připsat je k zůstatku peněžních prostředků na účtu nejpozději do pěti pracovních dnů po skončení kalendářního měsíce, za který se k zůstatku peněžních prostředků na účtu připisují.

(4) Nejsou-li výše úrokové sazby nebo způsob jejího stanovení sjednány ve smlouvě o běžném účtu, činí úroková sazba polovinu diskontní sazby stanovené Českou národní bankou ke dni, k němuž se úroky připisují k zůstatku peněžních prostředků na účtu.

Section 714

(1) Unless the current account contact provides otherwise, the bank must pay interest on the balance of funds in the account to the account holder.

(2) The account holder is entitled to interest on the funds in the account from the date on which the funds were credited to its account in accordance with section 713 (2) or (3) to the date preceding the date on which the funds were charged off the account or paid at a counter.

(3) The interest rate must be set out as an annual rate. Interest is due, unless the current account contact provides otherwise, as at the end of each calendar month and the bank has a duty to credit this to the balance of funds in the account not later than five working days after the end of the calendar month for which this is credited to the balance of funds in the account.

(4) If neither the interest rate nor the manner for determining it is agreed in the current account contract, the interest rate amounts to one half of the discount rate set by the Czech National Bank as at the date on which the interest is credited to the balance of funds in the account.

§ 715

(1) Smlouva o běžném účtu může být majitelem účtu kdykoli písemně vypovězena, i když byla uzavřena na dobu určitou. Dnem doručení výpovědi bance smlouva o běžném účtu zaniká.

Section 715

(1) The account holder may give a notice of termination of the current account contract in writing at any time, even if it has been concluded for a definite period. The current account contract is discharged as at the date on which the notice of termination is delivered to the bank.

(2) Banka může smlouvu o běžném účtu kdykoli písemně vypovědět. Smlouva o běžném účtu zaniká s účinností ke konci kalendářního měsíce, který následuje po měsíci, v němž byla výpověď doručena majiteli účtu.

(2) The bank may give a notice of termination of the current account contract in writing at any time. The current account contract is discharged with effectiveness as at the end of the calendar month following the month in which the notice of termination has been delivered to the account holder.

(3) Jestliže banka vypoví smlouvu o běžném účtu proto, že majitel účtu porušil podstatným způsobem povinnosti ze smlouvy o běžném účtu, zaniká smlouva o běžném účtu dnem doručení výpovědi majiteli účtu. Výpověď musí být v tomto případě podána jako doporučená zásilka na adresu uvedenou ve smlouvě o běžném účtu. Odmítne-li adresát výpověď převzít nebo výpověď nebylo možné doručit, účinky doručení nastávají v den, v němž držitel poštovní licence vrátil výpověď bance.

(3) If the bank gives notice of termination of a current account contract on the grounds that the account holder has materially breached its duties under the current account contract, the current account contract is discharged as at the date on which the notice of termination is delivered to the account holder. In such a case, the notice of termination must be sent by registered mail to the address stated in the current account contract. If the addressee refuses to take delivery of the notice or it is impossible to deliver the notice, the delivery is effective as at the date on which the owner of a postal licence returns the notice to the bank.

(4) Zanikne-li smlouva o běžném účtu, banka bez zbytečného odkladu v souladu se zákonem o platebním styku vypořádá pohledávky a závazky týkající se účtu, zejména provede platby uskutečněné prostřednictvím platebních karet a šeků, pokud byly použity do dne zániku smlouvy o běžném účtu, a dále je banka oprávněna si započítat své pohledávky, které má vůči majiteli účtu ze smlouvy o běžném účtu. Majitel účtu je povinen vrátit bance platební karty a tiskopisy šeků, které mu k účtu vydala.

(4) If the current account contract is discharged, the bank must without undue delay in accordance with the Payments Act settle the claims and obligations relating to the account, in particular carry out the payments made through payment cards and cheques, if the same were used before the date of discharge of the current account contract and, further, the bank is entitled to set off its own claims that it has against the account holder under the current account contract. The account holder has a duty to return to the bank the payment cards and the cheque forms that it issued to it in connection with the account.

(5) Po vypořádání pohledávek a závazků týkajících se účtu banka účet zruší. Zůstatek peněžních prostředků zrušeného účtu banka vyplatí majiteli účtu, pokud nedal příkaz, aby jej banka převedla na jiný účet nebo vyplatila jím určeným osobám. Banka je oprávněna si započítat svou

(5) After the settlement of claims and obligations relating to the account, the bank must close the account. The bank must pay out to the account holder the balance of the funds in the closed account, provided that it has not issued an order for the bank to transfer them to another account or pay

pohledávku na úplatu za převod zůstatku peněžních prostředků zrušeného účtu na jiný účet, popřípadě svou pohledávku na úhradu nákladů spojených s úschovou zůstatku peněžních prostředků, jestliže nemohl být vyplacen ani převeden na jiný účet. Banka je povinna majiteli po zrušení účtu písemně oznámit, ke kterému dni byl účet zrušen.

them over the counter to the persons specified by it. The bank is entitled to set off its claim for the consideration for the transfer of the balance of the funds from a closed account to another account, and its claim for the settlement of costs associated with keeping the balance of the funds in custody if it could not be paid out over the counter or transferred to another account. After the closing of the account the bank has a duty to notify to the account holder in writing as at which date the account was closed.

§ 715a

(1) Smrtí majitele účtu smlouva o běžném účtu nezaniká. Banka pokračuje v provádění platebních transakcí na základě příkazů, které jí dal majitel účtu a osoby jím zmocněné.

(2) Jestliže se banka hodnověrně dozví, že majitel účtu zemřel, zastaví následujícím dnem ty platební transakce z účtu, u kterých majitel účtu stanovil, že po jeho smrti v nich nemá banka pokračovat.

(3) Plná moc udělená majitelem účtu k nakládání s peněžními prostředky na účtu jeho smrtí nezaniká, pokud z jejího obsahu nevyplývá, že má trvat pouze za života majitele účtu.

(4) Je-li bance hodnověrně doloženo, že byl ustanoven správce dědictví, který je oprávněn spravovat běžný účet zemřelého majitele účtu, má práva a povinnosti majitele účtu a banka se řídí jeho příkazy.

Section 715a

(1) The current account contract is not discharged with the death of the account holder. The bank must continue to carry out the payment transactions on the basis of the orders given to it by the account holder and the persons given the power to do so by it.

(2) If the bank reliably becomes aware of the death of the account holder, it must as at the following day stop those payment transactions from the account for which the account holder has specified that the bank is not to continue carrying these out after its death.

(3) A power of attorney granted by the account holder for the disposition of the funds in the account is not discharged on its death, provided that it does not follow from its content that it is to exist only for the lifetime of the account holder.

(4) If it is reliably evidenced to the bank that an administrator of the property of the deceased that is entitled to administer the current account of the deceased account holder has been appointed, it has the rights and duties of the account holder and the bank must comply with its orders.

DÍL XXIV

SMLOUVA O VKLADOVÉM ÚČTU

§ 716

Základní ustanovení

(1) Smlouvou o vkladovém účtu se zavazuje banka zřídit od určité doby v určité měně účet pro jeho majitele a platit z peněžních prostředků na účtu úroky a majitel účtu se zavazuje vložit na účet peněžní prostředky, přenechat jejich využití bance na dobu určitou nebo na dobu neurčitou s předem stanovenou výpovědní lhůtou.

(2) Smlouva o vkladovém účtu vyžaduje písemnou formu.

(3) § 716 odst. 2, § 716a, § 717 odst. 1 a § 718 se nepoužijí pro smlouvu o vkladovém účtu, která je smlouvou o platebních službách podle zákona upravujícího platební styk.

§ 716a

Smlouva o vkladovém účtu může obsahovat dále

a) osoby oprávněné nakládat s peněžními prostředky na účtu,

b) výši nebo způsob stanovení výše úrokové sazby a období splatnosti úroků, které banka platí ze zůstatku účtu jeho majiteli,

c) lhůty, v nichž oznamuje banka majiteli účtu přijaté vklady a platby a provedené výplaty a platby a výši zůstatku peněžních prostředků na účtu a dále formu tohoto oznámení,

CHAPTER XXIV

THE DEPOSIT ACCOUNT CONTRACT

Section 716

Fundamental provisions

(1) In a deposit account contract, a bank undertakes to open from a certain time in a certain currency an account for its holder and to pay interest on the funds in the account and the account holder undertakes to deposit funds in the account, and to permit the bank to use them for a definite period of time or for an indefinite period of time with a notice period specified in advance.

(2) A deposit account contract is required to be concluded in writing.

(3) Section 716 (2), section 716a, section 717 (1) and section 718 do not apply to a deposit account contract that is a contract on payment services under the act that regulates payments.

Section 716a

(2) The deposit account contract may further contain the following information:

(a) persons entitled to manage the monies in the account;

(b) the rate or manner for determining the rate of interest and the due date for paying the interest that the bank pays on the account balance to its holder;

(c) the periods within which the bank notifies the account holder of deposits and payments received and the payments made over the counter and by the transfer and the balance of funds in the account and further the form of such notification;

d) ujednání, zda a za jakých podmínek může majitel účtu nakládat s peněžními prostředky na účtu před uplynutím doby určené ve smlouvě o vkladovém účtu nebo před uplynutím výpovědní lhůty (§ 717 odst. 1).

(d) covenants as to whether and on what conditions the account holder may dispose of the monies in the account before the expiry of the time specified in the deposit account contract or before the expiry of the notice period (section 717 (1)).

§ 717

Section 717

(1) Jestliže majitel účtu nakládá s peněžními prostředky na účtu před dobou určenou ve smlouvě o vkladovém účtu, nebo není-li v ní tato doba určena, před uplynutím výpovědní lhůty, nárok na úroky zaniká nebo se sníží způsobem stanoveným ve smlouvě o vkladovém účtu. Účinky zániku nebo snížení nároku na úroky se týkají pouze úroků z částky, u níž nebyla dodržena výpovědní lhůta.

(1) If the account holder disposes of the monies in the account before the time specified in the deposit account contract, or if such time is not specified in it, before the expiry of the notice period, the claim to interest is discharged or reduced in a manner specified in the deposit account contract. The effects of the discharge or reduction in interest relate only to the interest on the amount in relation to which the notice period is not observed.

(2) Stanoví-li to smlouva o vkladovém účtu, není majitel účtu oprávněn nakládat s peněžními prostředky na účtu před uplynutím doby stanovené v odstavci 1.

(2) If the deposit account contract so provides, the account holder does not have the right to manage the monies in the account before the period set out in subsection (1) expires.

(3) Majitel účtu se může s bankou dohodnout, že doba určená ve smlouvě o vkladovém účtu se opakovaně prodlužuje.

(3) The account holder may agree with the bank that the period specified in the contract is extended on a rolling basis.

(4) Je-li smlouva o vkladovém účtu uzavřena na dobu neurčitou, lze vypovědět i část vkladu.

(4) If the deposit account contract is concluded for an indefinite period of time, notice of termination may be given also in relation to a part of the deposit.

§ 718

Section 718

(1) Banka je povinna platit majiteli účtu úroky sjednané ve smlouvě o vkladovém účtu. Nejsou-li výše úrokové sazby nebo způsob jejího stanovení ve smlouvě o vkladovém účtu sjednány, činí úroková sazba polovinu lombardní sazby stanovené Českou národní bankou ke dni, k němuž se úroky připisují k zůstatku peněžních prostředků na účtu.

(1) The bank has a duty to pay the account holder interest agreed in the deposit account contract. If the interest rate or a manner for determining it is not agreed in the deposit account contract, the interest rate amounts to one half of the Lombard rate set by the Czech National Bank as at the date on which the interest is credited to the balance of funds in the account.

(2) Jsou-li peněžní prostředky uloženy na dobu kratší než jeden rok, jsou úroky splatny po uplynutí lhůty, po kterou jsou peněžní prostředky na účtu vázány, nebo po účinnosti výpovědi podle § 717 odst. 1. Nebyla-li smlouva o vkladovém účtu sjednána na dobu určitou, jsou úroky splatny nejpozději koncem každého kalendářního roku.

(3) Jsou-li peněžní prostředky uloženy na dobu delší než jeden rok, je banka povinna na žádost majitele účtu úroky vyplatit po uplynutí kalendářního roku.

(4) Úroky z peněžních prostředků na účtu náležejí majiteli účtu ode dne, k němuž byly peněžní prostředky ve prospěch jeho účtu připsány, do dne, který předchází dni, k němuž byly peněžní prostředky z účtu majitele odepsány nebo k němuž byly vyplaceny.

§ 719

Banka je povinna uvolněné peněžní prostředky podle příkazu majitele účtu vyplatit nebo převést majiteli účtu nebo jím určeným osobám.

§ 719a

Ustanovení § 715a se na smlouvu o vkladovém účtu použije obdobně.

§ 719b

Není-li v ustanoveních § 716 až 719a stanoveno něco jiného, použijí se na smlouvu o vkladovém účtu přiměřeně ustanovení o smlouvě o běžném účtu.

(2) If the monies are deposited for a period shorter than one year, the interest is due after the expiry of the period for which the monies are blocked in the account, or after the notice of termination under section 717 (1) becomes effective. If the deposit account contract has not been agreed for a definite period, the interest is due not later than as at the end of each calendar year.

(3) If the monies are deposited for a period longer than one year, the bank has a duty on request by the account holder pay out the interest after the calendar year expires.

(4) The account holder is entitled to interest on the funds in the account from the date on which the funds were credited to its account up to the date preceding the date on which the funds are charged from the account of the account holder or on which they are paid out.

Section 719

The bank has a duty to pay out or transfer to the account holder or the persons specified by it the cleared funds in accordance with an order of the account holder.

Section 719a

The provisions of section 715a apply with appropriate changes to the deposit account contract.

Section 719b

Unless the provisions of sections 716 to 719a provide otherwise, the provisions relating to the current account agreement apply as appropriate to the deposit account contract.

DÍL XXV

CESTOVNÍ ŠEK

§ 720

Základní ustanovení

Cestovní šek je cenným papírem, který opravňuje osobu v něm uvedenou k přijetí částky v něm určené při jeho předložení k výplatě, a to podle podmínek stanovených výstavcem šeku.

§ 721

Osoba, která cestovní šek vydala, je povinna cestovní šek proplatit nebo obstarat jeho proplacení.

§ 722

(1) Cestovní šek musí obsahovat:

a) označení, že jde o cestovní šek,

b) příkaz nebo slib vyplatit určitou částku oprávněné osobě,

c) firmu, název nebo jméno výstavce, jeho podpis nebo dostatečnou náhradu podpisu.

(2) Obsahuje-li cestovní šek příkaz k placení, musí obsahovat i označení osoby, které je příkaz určen.

(3) Není-li v cestovním šeku uvedeno označení oprávněné osoby, může proplacení šeku požadovat, kdo šek předloží.

(4) Cestovní šek lze vystavit i na jinou než českou měnu.

CHAPTER XXV

THE TRAVELLERS' CHEQUE

Section 720

Fundamental provisions

A travellers' cheque is a security entitling the person stated in it to receive the amount specified in it on its submission for payments over the counter under the conditions specified by the drawer of the cheque.

Section 721

The person that has issued a travellers' cheque has a duty to cash it or procure its cashing.

Section 722

(1) A travellers' cheque must contain the following information:

(a) designation that it is a travellers' cheque;

(b) an order or promise to pay a certain amount to the entitled person;

(c) the business name, corporate name, or the name of the drawer, its signature or sufficient replacement for a signature.

(2) If the travellers' cheque contains an order to pay, it must also contain identification details for the person to which the order is designated.

(3) If the travellers' cheque does not contain the identification details for the entitled person, the person that submits the cheque may require it to be cashed.

(4) A travellers' cheque can also be drawn in a currency other than the Czech currency.

§ 723

(1) Při předložení cestovního šeku je proplácející osoba oprávněna požadovat průkaz totožnosti předkladatele a jeho kontrolní podpis na cestovním šeku.

(2) Proplacení šeku musí být na něm potvrzeno podpisem oprávněné osoby.

Section 723

(1) On presentation of a travellers' cheque for cashing, the cashing person is entitled to require the identity card of the person submitting it and the person's signature for verification.

(2) The cashing of a cheque must be confirmed on it by a signature of the entitled person.

§ 724

Na cestovní šek se nevztahují právní předpisy upravující směnky a šeky.

Section 724

The legal regulations governing bills of exchange and cheques do not apply to travellers' cheques.

DÍL XXVI

CHAPTER XXVI

SLIB ODŠKODNĚNÍ

THE PROMISE TO INDEMNIFY

§ 725

Section 725

Základní ustanovení

Fundamental provisions

(1) Slibem odškodnění se zavazuje slibující, že nahradí příjemci slibu škodu, jež mu vznikne z určitého jeho jednání, o něž ho slibující žádá a k němuž není příjemce slibu povinen.

(1) By a promise to indemnify, a promissor undertakes to the recipient of the promise to compensate it for the damage that occurs to it as a result of certain of its acts that the promissor is requesting from it and which is not a duty of the recipient of the promise.

(2) Slib odškodnění musí být učiněn písemně.

(2) A promise to indemnify must be concluded in writing.

§ 726

Section 726

(1) Závazek slibujícího vzniká doručením písemného prohlášení slibujícího jeho příjemci.

(1) The obligation of the promissor arises by the delivery of a written declaration by the promissor to its recipient.

(2) Příjemce slibu je povinen uskutečnit jednání, o nějž ho slibující žádá, jen když se k tomu zavázal.

(2) The recipient of the promise only has a duty to carry on the acts which the promissor requests from it if it has undertaken to do so.

§ 727

Section 727

Slibující je povinen nahradit náklady a veškerou škodu, které příjemci slibu vzniknou v souvislosti s jednáním, o něž slibující požádal.

The promissor has a duty to compensate for the costs and any damage that the recipient of the promise incurs in connection with the acts that the promissor requested.

§ 728

Section 728

Příjemce slibu je povinen na účet slibujícího učinit včas opatření potřebná k odvrácení škody nebo jejího omezení na nejnutnější míru.

The recipient of the promise has a duty to take the measures in time that are necessary for averting or limiting the damage to the minimum necessary extent for the account of the promissor.

HLAVA III

ZVLÁŠTNÍ USTANOVENÍ PRO ZÁVAZKOVÉ VZTAHY V MEZINÁRODNÍM OBCHODU

DÍL I

PŘEDMĚT ÚPRAVY

§ 729

Ustanovení této hlavy se použijí vedle ostatních ustanovení tohoto zákona na závazkové vztahy uvedené v § 261 a 262, na jejichž vzniku se podílí alespoň jeden účastník, který má sídlo nebo místo podnikání, popřípadě bydliště na území jiného státu než ostatní účastníci, jestliže tyto vztahy se řídí československým právním řádem.

DÍL II

OBECNÁ USTANOVENÍ

§ 730

Zvyklosti

Podle § 264 se přihlédne k obchodním zvyklostem obecně zachovávaným v mezinárodním obchodě v příslušném obchodním odvětví.

§ 731

Úřední povolení

(1) Dlužník je povinen řádně požádat o vývozní povolení, průvozní povolení nebo jiné úřední povolení, které se vyžaduje pro splnění jeho závazku v místě plnění.

TITLE III

SPECIAL PROVISIONS FOR RELATIONSHIPS OF OBLIGATION IN INTERNATIONAL TRADE

CHAPTER I

SCOPE OF REGULATION

Section 729

The provisions of this Title apply in addition to the other provisions of this Code to the relationships of obligation stated in sections 261 and 262 for which at least one party participates with its registered office, or place of business, or residential address in the territory of a state other than that of the other parties, provided that these relationships are governed by the Czechoslovak legal order.

CHAPTER II

GENERAL PROVISIONS

Section 730

Practices

Under section 264, the commercial practices generally maintained in international trade in the relevant branch of business must be taken into consideration.

Section 731

Formal permission

(1) The debtor has a duty to duly apply for an export licence, transit licence, or other formal permission that is required for performing its obligation at the place of performance.

(2) Věřitel je povinen řádně požádat o dovozní povolení nebo jiné úřední povolení, které se vyžaduje pro přijetí plnění ve stanoveném místě plnění.

(2) The creditor has a duty to duly apply for an import licence or other formal permission that is required for acceptance of performance at the specified place of performance.

(3) Povinnost podle odstavce 1 vzniká, jestliže v něm uvedená povolení jsou vyžadována v době plnění bez ohledu na to, zda byla vyžadována již v době uzavření smlouvy.

(3) The duty under subsection (1) arises if the permissions stated in that subsection are required at the time of performance, regardless of whether they were already required at the time of conclusion of the contract.

(4) Je-li žadateli pravomocně zamítnuta žádost o udělení povolení, nastávají účinky nemožnosti plnění. Strana, která o povolení neúspěšně požádala, je povinna druhé straně nahradit škodu způsobenou zánikem závazku, ledaže smlouva byla uzavřena s odkládací podmínkou udělení povolení.

(4) If the applicant's application is dismissed for the granting of the permission with final effect, this has the effects of impossibility of performance. A party that has unsuccessfully applied for a permission has a duty to compensate the other party for the damage caused by the discharge of the obligation, unless the contract was concluded subject to a condition subsequent that the permission is granted.

(5) Na závazkové vztahy upravené tímto dílem zákona se nepoužije § 47 občanského zákoníku.

(5) Section 47 of the Civil Code does not apply to the relationships of obligation governed by this Chapter of this Code.

§ 732

Měna peněžního závazku

Section 732

The currency of a monetary obligation

(1) Dlužník je povinen splnit svůj peněžitý závazek v měně, v níž byl peněžitý závazek sjednán. V pochybnostech je povinen v téže měně nahradit škodu, k níž je zavázán při porušení smlouvy nebo zániku závazku.

(1) The debtor has a duty to perform its monetary obligation in the currency in which the monetary obligation was agreed. In cases of doubt, it is considered that it has a duty to compensate the damage in the same currency in which it is liable in relation to a breach of the contract or the discharge of an obligation.

(2) Jestliže právní předpisy státu, na jehož území má dlužník sídlo nebo místo podnikání, popřípadě bydliště, nebo jiné rozhodné právní předpisy brání placení v měně uvedené v odstavci 1, je dlužník povinen nahradit škodu, která věřiteli vznikla placením v jiné měně.

(2) If the legal regulations of the state within the territory of which the debtor has its registered office, or the place of business, or residential address, or other relevant legal regulations exclude the payment in the currency stated in subsection (1), the debtor has a duty to compensate the damage incurred by the creditor by payment in

another currency.

§ 733

Přepočet měn

Je-li peněžité plnění sjednáno stranami v určité měně a dlužník podle smlouvy uzavřené s věřitelem nebo podle mezinárodní smlouvy či jiné právní úpravy má svůj závazek plnit v jiné měně, je pro měnový přepočet rozhodující střední kurs mezi oběma měnami platný v době, kdy se poskytuje peněžité plnění v místě stanoveném ve smlouvě, jinak v místě, kde má věřitel své sídlo nebo místo podnikání, popřípadě bydliště.

Section 733

Currency conversion

If monetary consideration is agreed by the parties in a certain currency and the debtor, under the contract concluded with the creditor or under an international treaty or other legal regulations, is to perform its obligation in another currency, the central exchange rate between both currencies valid at the time when it provides the monetary performance is relevant for the currency conversion, at the place as provided in the contract, and otherwise at the place where the creditor has its registered office, or place of business, or residential address.

§ 734

Obvyklá cena nebo úplata

Stanoví-li tento zákon, že pro výši peněžitého závazku je obvyklá cena nebo úplata, přihlíží se k cenám a úplatám obvyklým na mezinárodním trhu.

Section 734

The usual price or consideration

If this Code provides that the usual price or consideration is relevant for the amount of monetary obligation, the prices and considerations usual in the international market must be considered.

§ 735

Prodlení s plněním peněžitého závazku

Při prodlení s plněním peněžitého závazku platí se úroky z prodlení v téže měně, na kterou zní peněžitý závazek.

Section 735

Default in the performance of a monetary obligation

In default with performance of a monetary obligation, default interest must be paid in the same currency as that in which the monetary obligation is stated.

§ 736

Okolnosti vylučující odpovědnost

Za okolnosti vylučující odpovědnost se nepovažuje neudělení úředního povolení, o které se má požádat podle § 731.

Section 736

Circumstances excusing liability

The refusal to grant an official permission that must be applied for in accordance with section 731 is not considered to constitute circumstances excusing liability.

§ 737

(1) Při použití § 381 se přihlíží k výši zisku zpravidla dosahovaného ve státu, kde má sídlo nebo místo podnikání, popřípadě bydliště oprávněná osoba.

(2) Při použití § 470 je rozhodující běžná cena, která je sjednávána v místě, kde má být zboží dodáno, nebo není-li tam taková cena, běžná cena ve srovnatelném jiném místě, přičemž se vezme zřetel na rozdíl v dopravních nákladech.

Section 737

(1) In the application of section 381 the amount of profit generally achieved in the state in which the entitled person has its registered office, or place of business, or residential address must be taken into consideration.

(2) In the application of section 470 the usual price that is agreed at the place where the goods are to be supplied, or if there is no usual price there, the usual price at a comparable other place, is relevant and the difference in transportation costs must be taken into consideration.

§ 738

Má-li obchodní zástupce sídlo nebo místo podnikání, popřípadě bydliště mimo území České republiky, je při použití § 653 rozhodující území státu, na jehož území má obchodní zástupce v době uzavření smlouvy o obchodním zastoupení sídlo nebo místo podnikání, popřípadě bydliště.

Section 738

If a commercial agent has its registered office, or place of business, or residential address outside the territory of the Czech Republic, for the application of section 653 the territory of the state in the territory of which the commercial agent has its registered office, or place of business, or residential address at the time of conclusion of the commercial agency contract is relevant.

DÍL III

ZVLÁŠTNÍ UJEDNÁNÍ

ODDÍL 1

ZÁKAZ DALŠÍHO VÝVOZU

CHAPTER III

SPECIAL COVENANTS

SUB-CHAPTER 1

THE PROHIBITION ON RE-EXPORT

§ 739

Je-li v kupní smlouvě písemně stanoveno, že se kupujícímu zakazuje zpětný vývoz (reexport) koupeného zboží, odpovídá kupující prodávajícímu v případě, že by zboží bylo kýmkoli vyvezeno ze stanovené oblasti. Kupující je povinen nahradit prodávajícímu škodu způsobenou mu porušením tohoto závazku bez ohledu na to, zda zboží vyvezl kupující sám nebo

Section 739

If a purchase contract in writing prohibits the purchaser to re-export the purchased goods, it is liable to the seller in case the goods are exported out of the specified territory by anyone. The purchaser has a duty to compensate the seller for the damage caused by a breach of this obligation regardless of whether the goods are exported by the purchaser itself or by někdo jiný, a bez ohledu na to, zda kupující zavázal potřebným způsobem další nabyvatele zboží nevyvážet.

someone else and regardless of whether the purchaser created the necessary obligation for the further persons acquiring the goods not to export these.

§ 740

Kupující, který převzal povinnost zboží nevyvážet, je povinen na vyzvání prodávajícího prokázat, kde se zboží nachází nebo že bylo spotřebováno, aniž bylo vyvezeno.

Section 740

A purchaser that is bound by a duty not to export goods has a duty on invitation by the seller to establish where the goods are located, or that they were consumed without being exported.

§ 741

Je-li pochybné, z kterého území je zpětný vývoz zakázán, má se za to, že je to území státu, kam mělo být zboží prodávajícím podle kupní smlouvy odesláno, jinak území státu, v němž měl kupující v době dodání zboží sídlo nebo místo podnikání, popřípadě bydliště.

Section 741

If it is unclear from which territory re-export is prohibited, it is presumed that it is the territory of the state to which the goods are to be despatched by the seller under the purchase contract, and otherwise the territory of the state in which the purchaser has its registered office, or place of business, or residential address at the time of the supply of the goods.

ODDÍL 2

UJEDNÁNÍ O OMEZENÍ PRODEJE

§ 742

(1) Ujednáním o omezení prodeje se prodávající zavazuje, že nebude určité zboží prodávat určitému okruhu zákazníků nebo do určitého státu, nebo že toto zboží bude prodávat jen v omezené míře nebo za podmínek stanovených v ujednání.

(2) Toto ujednání vyžaduje písemnou formu a jeho platnost je závislá na platnosti kupní smlouvy, jejíž je součástí nebo v souvislosti s níž bylo smluveno.

SUB-CHAPTER 2

COVENANTS RESTRICTING SALES

Section 742

(1) By covenants restricting sales, a seller undertakes not to sell goods to a certain group of customers or to a certain state, or to sell goods only within a limited scope, or under the conditions specified in the covenant.

(2) Such a covenant is required to be concluded in writing and its validity depends on the validity of the purchase contract of which it forms a part, or in connection with which it is concluded.

§ 743

Není-li účelem ujednání podle § 742 plnění povinností stanovené mezinárodní smlouvou nebo předcházení tomu, aby došlo k porušení práv z průmyslového

Section 743

If the purpose of the covenant under section 742 is not the performance of the duties provided by an international treaty, or the prevention of a breach of the rights from nebo jiného duševního vlastnictví, zaniká závaznost tohoto ujednání porušením smlouvy kupujícím nebo nejpozději uplynutím dvou let od dodání zboží.

industrial or other intellectual property, the relevant covenant ceases to be binding on breach of the contract by the purchaser or not later than with the expiry of two years after the goods are supplied.

ODDÍL 3

MĚNOVÁ DOLOŽKA

§ 744

(1) Stanoví-li smlouva, že cena nebo jiný peněžitý závazek se rozumí při určitém kursu měny, v níž má být závazek plněn (zajišťovaná měna) ve vztahu k určité jiné měně (zajišťující měna), a dojde-li po uzavření smlouvy ke změně kursovního poměru obou měn, je dlužník povinen zaplatit částku sníženou nebo zvýšenou tak, aby částka v zajišťující měně zůstala nezměněná.

(2) Není-li ve smlouvě stanoveno, ke kterým měnovým kursům se přihlíží, má se za to, že jsou rozhodné střední devizové kursy platné ve státu, v němž má dlužník sídlo nebo místo podnikání, popřípadě bydliště, a to v době uzavření smlouvy a v době, kdy je peněžitý závazek plněn.

(3) Je-li v doložce použito k zajištění více měn, je rozhodující průměr kursů mezi zajišťovanou měnou a zajišťujícími měnami, pokud z doložky nevyplývá něco jiného.

SUB-CHAPTER 3

THE CURRENCY CLAUSE

Section 744

(1) If a contract provides that the price or other monetary obligation is meant at a certain exchange rate of the currency in which the obligation is to be performed (the secured currency) in relation to a certain other currency (the securing currency) and if the exchange rate between the two currencies changes after the conclusion of the contract, the debtor has a duty to pay an amount increased or reduced so that the amount in the securing currency remains the same.

(2) If the contract does not provide which currency exchange rates are to be considered, it is presumed that the central exchange rates valid in the state in which the debtor has its registered office, or place of business, or residential address at the time of conclusion of the contract and at the time when the monetary obligation is performed are relevant.

(3) If several currencies are secured, the average of the exchange rates between the secured currency and the securing currencies is relevant, unless it otherwise follows from the clause.

ODDÍL 4

SMLOUVA O VÝHRADNÍM PRODEJI

§ 745

Základní ustanovení

(1) Smlouvou o výhradním prodeji se

SUB-CHAPTER 4

THE EXCLUSIVE SALE CONTRACT

Section 745

Fundamental provisions

(1) In an exclusive sale contract, a supplier

zavazuje dodavatel, že zboží určené ve smlouvě nebude v určité oblasti dodávat jiné osobě než odběrateli.

undertakes not to supply the goods specified in the contract to any person other than a customer within a certain territory.

(2) Není-li smlouva sjednána písemně nebo není-li v ní určena oblast nebo druhy zboží, na něž se smlouva vztahuje, je neplatná.

(2) If the contract is not concluded in writing or the territory or types of goods to which the contract relates are not specified in it, the contract is void.

§ 746

Section 746

Dodavatel nesmí po dobu platnosti smlouvy dodávat stanovené zboží přímo ani nepřímo nikomu jinému ve vyhrazené oblasti než odběrateli, popřípadě osobám, kterým to smlouva dovoluje. Smlouva nezbavuje práva dodavatele provádět propagaci a průzkum trhu ve vyhrazené oblasti.

For the time of validity of the contract the supplier must not supply the specified goods directly or indirectly to anyone in the specifier territory except for the customer, or if applicable persons permitted by the contract. The contract does not deprive the supplier of the right to advertise and carry our market research in the specified territory.

§ 747

Section 747

Jednotlivé prodeje v rámci smlouvy o výhradním prodeji se uskutečňují na základě samostatných kupních smluv. Část obsahu těchto smluv může být dohodnuta již ve smlouvě o výhradním prodeji.

The individual sales within the framework of an exclusive sale contract must be made on the basis of separate separate sale contracts. A part of the contents of such contracts may be pre-agreed in the exclusive sale contract.

§ 748

Section 748

Není-li ve smlouvě stanoveno, na jakou dobu se uzavírá, zaniká smlouva po uplynutí jednoho roku po jejím uzavření. Vyplývá-li ze smlouvy, že ji strany zamýšlely uzavřít na dobu neurčitou a nesmluvily výpovědní lhůtu, může ji kterákoli ze stran ukončit výpovědí, jež nabývá účinnosti ke konci kalendářního měsíce následujícího po měsíci, v němž výpověď byla doručena druhé straně.

Unless the contract provides for what period it is concluded, the contract is discharged on the expiry of one year from its conclusion. If it follows from the contract that the parties intended to conclude it for an indefinite period of time and they did not include a notice period, any of the parties has the right to terminate it by giving a notice of termination that becomes effective as at the end of the calendar month following the month in which the notice is delivered to the other party.

§ 749

Section 749

(1) Nedodržel-li odběratel časové rozvržení odběru zboží předpokládané ve smlouvě nebo odebírá-li zboží, jež je předmětem

(1) If the customer fails to comply with the time schedule for purchasing goods anticipated in the contract or if it purchases

smlouvy o výhradním prodeji, od jiného dodavatele, ačkoliv mu toto právo nebylo ve smlouvě přiznáno, může dodavatel od smlouvy odstoupit, nemá však nárok na náhradu škody.

goods that are the subject-matter of an exclusive sale contract from another supplier despite not having been granted such right in the contract, the supplier has the right to withdraw from the contract, but it is not entitled to the compensation for damage.

(2) Dodává-li dodavatel v rozporu se smlouvou jiným odběratelům, může odběratel odstoupit od smlouvy.

(2) If the supplier supplies in contravention of the contract to other customers, the customer is entitled to withdraw from the contract.

ODDÍL 5

SMLOUVY O VÁZANÝCH OBCHODECH

SUB-CHAPTER 5

CONTRACTS ON INTER-LINKED TRANSACTIONS

§ 750

Smlouvy závislé

Vyplývá-li ze smlouvy nebo z okolností, za nichž byla smlouva uzavřena a jež jsou při uzavření smlouvy známé oběma stranám, že plnění z této smlouvy (hlavní smlouvy) je závislé na plnění jiné smlouvy (vedlejší smlouvy), má se za to, že plnění z vedlejší smlouvy tvoří odkládací podmínku účinnosti smlouvy hlavní. Má-li být nebo je-li z hlavní smlouvy plněno předem, má nesplnění vedlejší smlouvy povahu podmínky rozvazovací.

Section 750

Interdependent contracts

If it follows from the contract, or from the circumstances in which the contract is concluded and known to both parties at the time of conclusion of the contract, that the performance of that contract (the primary contract) depends on the performance of another contract (the accessory contract), it is presumed that performance under the accessory contract is a condition precedent for the effectiveness of the prior contract. If the primary contract is to be or is performed in advance, the performance of the accessory contract is a condition subsequent.

Vícestranné výměnné obchody

§ 751

Za vícestranné výměnné obchody pro účely tohoto zákona se považují obchody, při nichž uzavírá několik osob jednu smlouvu nebo několik spolu souvisejících smluv, podle nichž má dojít k vzájemnému dodání zboží mezi účastníky majícími sídlo nebo místo podnikání, popřípadě bydliště na území různých států, avšak kupní cena má být vyrovnána pouze mezi účastníky, kteří mají sídlo nebo místo podnikání,

Multi-lateral barter transactions

Section 751

For the purposes of this Code, multi-lateral barter transactions are considered to be those transactions in which several persons conclude a single contract or several related contracts under which there is to be a mutual supply of goods between parties having their registered office, or place of business, or residential address in the territory of various states, but the purchase price is to be settled only between the popřípadě bydliště na území téhož státu.

parties that have their registered office, or place of business, or residential address in the territory of the same state.

§ 752

Vztahy vznikající z vícestranných výměnných obchodů se řídí podle ustanovení o smlouvě kupní. Každý z účastníků má nárok na plnění smlouvou mu určené podle ustanovení o smlouvách ve prospěch třetího. Účastníci však nemohou smlouvu zrušit nebo změnit bez souhlasu účastníka, jemuž je plnění dotčené zrušením nebo změnou určeno.

Section 752

The relationships arising from multilateral barter transactions are governed by the provisions relating to the purchase contract. Each of the parties is entitled to the performance designated for it by the contract under the provisions relating to contracts for the benefit of a third party. The parties must not, however, terminate or modify the contract without the consent by the party for which the performance affected by the termination or modification is designated.

§ 753

Žádný z účastníků vícestranného výměnného obchodu nemůže odkládat dodání zboží vůči účastníku, který má sídlo nebo místo podnikání, popřípadě bydliště na území jiného státu, jen proto, že mu nesplnil jiný účastník, který má s ním sídlo nebo místo podnikání, popřípadě bydliště na území téhož státu.

Section 753

None of the parties to a multi-lateral barter transaction has the right to delay the supply of goods to a party that has its registered office, or place of business, or residential address in the territory of another state solely on the grounds that another party that has its registered office, or place of business, or residential address in the territory of the same state has not provided consideration to it.

§ 754

Účastníci vícestranného výměnného obchodu, kteří mají sídlo nebo místo podnikání, popřípadě bydliště na území téhož státu, ručí společně a nerozdílně za splnění závazku každého z nich vůči účastníkům, kteří mají sídlo nebo místo podnikání, popřípadě bydliště na území jiného státu.

Section 754

The parties to a multi-lateral barter transaction that have their registered office, or place of business, or residential address in the territory of the same state are jointly and severally liable for the performance of the obligation of each of them towards the parties that have their registered office, or place of business, or residential address in the territory of another state.

§ 755

Účastník vícestranného výměnného obchodu není oprávněn odstoupit od smlouvy při prodlení některého z ostatních účastníků, jestliže některý jiný účastník již splnil svůj závazek, ledaže účastník odstupující od smlouvy nahradí škodu způsobenou odstoupením od smlouvy účastníku, který již splnil svůj závazek.

Section 755

A party to a multi-lateral barter transaction does not have the right to withdraw from a contract in case one of the other participants is in default, provided that some other party has already performed its obligation, unless the party withdrawing from the contract compensates for the damage caused by the withdrawal from the contract to the party that has already performed its obligation.

ČÁST ČTVRTÁ

USTANOVENÍ SPOLEČNÁ, PŘECHODNÁ A ZÁVĚREČNÁ

§ 756

Ustanovení tohoto zákona se použije, jen pokud mezinárodní smlouva, která je pro Českou republiku závazná a byla uveřejněna ve Sbírce zákonů, neobsahuje odlišnou úpravu.

§ 757

Pro odpovědnost za škodu způsobenou porušením povinností stanovených tímto zákonem platí obdobně ustanovení § 373 a násl.

§ 758

(1) Při uzavírání smluv, jejichž stranami jsou pouze osoby mající sídlo nebo místo podnikání, popřípadě bydliště na území České republiky, uplatní se ustanovení tohoto zákona o určení ceny nebo úplaty poskytované za plnění, jen pokud toto určení není v rozporu s obecně závaznými právními předpisy o cenách. Jinak vzniká povinnost platit cenu nebo úplatu ve výši nejvýše přípustné podle těchto předpisů.

(2) Ceny, úplaty a jiná peněžitá plnění, jež jsou předmětem závazků podle smluv upravených tímto zákonem a jsou předmětem úpravy předpisů uvedených v odstavci 1, se považují za ceny podle těchto předpisů.

PART FOUR

COMMON, TRANSITIONAL, AND CONCLUDING PROVISIONS

Section 756

The provisions of this Code only apply if an international treaty that is binding for the Czech Republic and is published in the Collection of Acts does not provide otherwise.

Section 757

For a liability for damage caused bya breach of the duties set out in this Code, the provisions of section 373 onwards apply with appropriate changes.

Section 758

(1) When concluding contacts to which only persons having their registered office, or place of business, or residential address in the territory of the Czech Republic are parties, the provisions of this Code on determining the price or consideration provided for performance apply only if such a determination does not contravene the generally binding legal regulations on prices. Otherwise, a duty arises to pay the price or consideration in the highest amount permissible under such regulations.

(2) Prices, consideration and other monetary performances that are the subject matter of obligations under the contracts governed by this Code and are governed by the regulations stated in subsection (1) are considered to be prices under these regulations.

§ 759

Pokud ve smlouvě, jejímiž stranami jsou osoby mající sídlo nebo místo podnikání, popřípadě bydliště na území České republiky, nebo jež mají na tomto území podnik nebo jeho organizační složku, je stanovena jakost věci v rozporu s ustanoveními právních předpisů, platí pro určení jakosti ustanovení těchto předpisů o jakosti přípustné k užívání; to neplatí, pokud ze smlouvy nebo z prohlášení strany, jež má věc nabýt nebo z předmětu jejího podnikání vyplývá, že věc má být vyvezena.

Section 759

If, in a contract, the parties to which are persons with their registered office, or place of business, or residential address in the territory of the Czech Republic, or which have an undertaking or its branch in that territory, the quality of a material object is specified contrary to the provisions of legal regulations, the provisions of such regulations relating to the quality admissible for use apply for determining the quality. This does not apply if it follows from the contract or from a declaration by a party that is to acquire the material object, or from its scope of business, that the material object is to be exported.

§ 760

Ustanovení tohoto zákona o závazkových vztazích, jež se týkají uplatnění práva u soudu, soudního řízení nebo soudního rozhodnutí, použije se přiměřeně i pro uplatnění práva před rozhodcem, pro rozhodčí řízení nebo pro rozhodčí nález, jestliže se opírají o platnou rozhodčí smlouvu.

Section 760

The provisions of this Code on relationships of obligation, which relate to the assertion of a right in court, court proceedings, or court decisions also apply as appropriate for the assertion of rights before an arbitrator, for arbitration proceedings or for arbitration awards, provided that these are based on a valid arbitration agreement.

§ 761

(1) Právo hospodaření státních organizací s majetkem státu se řídí dosavadními předpisy, včetně ustanovení § 64, 65 a § 72 až 74b hospodářského zákoníku, do vydání nové úpravy zákony Federálního shromáždění a národních rad.

(2) Ustanovení § 70 až 75 se použijí obdobně i na likvidaci jiných právnických osob než obchodních společností, jestliže nemají právního nástupce a z právních předpisů, jež je upravují, nevyplývá něco jiného.

Section 761

(1) The right of state organizations to manage the property of the state is governed by the existing regulations, including the provisions of sections 64, 65, and sections 72 to 74b of the Economic Code, until new legal regulation is made in the acts of the Federal Assembly and national councils.

(2) The provisions of sections 70 to 75 also apply with appropriate changes to the liquidation of other legal persons than commercial companies if the same do not have a legal successor and nothing else follows from the legal regulations governing them.

§ 762

(1) Ustanovení upravující bankovní záruku, smlouvu o otevření akreditivu, smlouvu o inkasu, smlouvu o bankovním uložení věci, smlouvu o běžném účtu, smlouvu o vkladovém účtu platí i pro případy, kdy místo banky bankovní záruku poskytuje a uvedené smlouvy uzavírá jiná osoba, která je k tomu oprávněna.

(2) Ustanovení § 187 odst. 1 písm. c), § 191, § 211 odst. 1, § 211 odst. 3, § 215 a § 216 odst. 1 tohoto zákona se nepoužijí, rozhodne-li Česká národní banka o snížení základního kapitálu banky podle zvláštního právního předpisu.

§ 763

(1) Tímto zákonem se řídí právní vztahy, které vznikly ode dne jeho účinnosti. Právní vztahy vzniklé přede dnem účinnosti tohoto zákona a práva z nich vzniklá, jakož i práva z odpovědnosti za porušení závazků z hospodářských a jiných smluv uzavřených přede dnem účinnosti tohoto zákona se řídí dosavadními předpisy. Smlouvy o běžném účtu, smlouvy o vkladovém účtu, smlouvy o uložení cenných papírů a jiných hodnot se však řídí tímto zákonem ode dne jeho účinnosti, i když k jejich uzavření došlo před tímto dnem.

(2) Podle dosavadních předpisů se až do svého zakončení posuzují všechny lhůty, které začaly běžet přede dnem účinnosti tohoto zákona, jakož i lhůty pro uplatnění práv, která se podle předchozího odstavce řídí dosavadními předpisy, i když začnou běžet po účinnosti tohoto zákona.

§ 764

(1) Právní povaha veřejných obchodních společností, komanditních společností,

Section 762

(1) The provisions governing a bank guarantee, a letter of credit contract, a collection contract, a bank custody contract, a current account contract, a deposit account contract also apply to cases in which, instead of a bank, another person that is entitled to do so provides the bank guarantee and concludes the contracts stated.

(2) The provisions of section 187 (1) (c), section 191, section 211 (1), section 211 (3), section 215 and section 216 (1) of this Code do not apply if the Czech National Bank decides to reduce the share capital of a bank in accordance with special legal regulations.

Section 763

(1) This Code governs legal relationships that are created from the date on which it becomes effective. Legal relationships created before this Code becomes effective and the rights that arise from these, as well as rights from liability for the breach of obligations from economic and other contracts concluded before this Code becomes effective are governed by the existing regulations. The contract of current account, contract of deposit account, contract on safekeeping securities and other values, however, are governed by this Code from the date on which it becomes effective, even if these are concluded before that date.

(2) The existing regulations govern until their end all the periods that started running before this Code becomes effective, as well as periods for claiming rights that are under the previous subsection governed by the existing regulations, even if these start running after this Code becomes effective.

Section 764

(1) The legal nature of unlimited companies, limited liability partnerships, limited liability

společností s ručením omezeným a akciových společností, které vznikly podle dosavadních předpisů, se řídí ustanoveními tohoto zákona ode dne jeho účinnosti.

companies and joint stock companies that are incorporated under the existing regulations are governed by the provisions of this Code from the date on which it becomes effective.

(2) Ustanovení společenské smlouvy, popřípadě stanov obchodních společností uvedených v odstavci 1, která odporují donucujícím ustanovením tohoto zákona, pozbývají závaznosti dnem nabytí jeho účinnosti; společníci, popřípadě orgány obchodních společností přizpůsobí do jednoho roku od tohoto dne společenské smlouvy, popřípadě stanovy úpravě tohoto zákona a zašlou je rejstříkovému soudu. Jestliže tak neučiní, vyzve je k tomu rejstříkový soud, který ve výzvě zároveň stanoví dodatečnou přiměřenou lhůtu. Po marném uplynutí této dodatečné lhůty soud společnost zruší a nařídí její likvidaci.

(2) The provisions of memorandum of association, or articles of association of commercial companies stated in subsection (1) that contravene mandatory provisions of this Code cease to be binding as at the date on which it becomes effective. Members, or as applicable, bodies of commercial companies must adjust the memoranda of association, or as applicable, articles of association to the provisions of this Code within one year of this date and send them to the registration court. If they fail to do so, the registration court must invite them to do so and at the same time provide an additional reasonable period in the invitation. After that additional period expires without the required actions having been taken, the court must wind up the company and order its liquidation.

(3) Akcie vydané před účinností tohoto zákona, s nimiž jsou spojeny výhody, které tento zákon nepřipouští, pozbývají těchto výhod dnem účinnosti tohoto zákona.

(3) Shares issued before this Code becomes effective carrying benefits that this Code does not permit cease to carry such benefits as at the date on which this Code becomes effective.

§ 765

Section 765

(1) Družstva, která vznikla před účinností tohoto zákona, se přeměňují na společnosti nebo družstva podle tohoto zákona způsobem, který stanoví zvláštní zákon.

(1) Cooperative societies that are incorporated before this Code becomes effective must convert into a company or a cooperative society under this Code in a manner set out in a special act.

(2) Družstva přeměněná podle odstavce 1 přizpůsobí své stanovy tomuto zákonu ve lhůtě stanovené zvláštním zákonem uvedeným v odstavci 1. Do této doby předloží své stanovy přizpůsobené úpravě družstev podle tohoto zákona rejstříkovému soudu s žádostí o provedení potřebných změn v obchodním rejstříku. S

(2) The cooperative societies converted under subsection (1) must adjust their articles of association to this Code within the period provided by the special act stated in subsection (1). By that time, they must submit their articles of association as adjusted to the regulation of cooperative societies under this Code to the registration

přizpůsobenými stanovami předloží současně zápis o členské schůzi, na které byla schválena změna stanov. Zápis zahrne schválenou výši zapisovaného základního jmění a podíly členů na něm. Zapsáním změn se pokládají dosavadní družstva za družstva založená podle tohoto zákona.

court, together with an application for carrying out the necessary changes in the commercial register. Together with the adjusted articles of association it must at the same time submit record of the members' meeting in which the change of articles of association was approved. The record must contain the approved amount of the registered capital and the shares of the members in it. On entry of the changes the existing cooperative societies must be treated as cooperative societies formed under this Code.

(3) Právní povaha družstev uvedených v odstavci 1 se řídí do zápisu změn v obchodním rejstříku podle odstavce 2 dosavadními právními předpisy a stanovami.

(3) The legal nature of cooperative societies stated in subsection (1) is governed by the existing legal regulations and articles of association until the entry of the changes in the commercial register under subsection (2).

(4) Jestliže družstva uvedená v odstavci 1 nepožádají o provedení změn v obchodním rejstříku ve stanovené lhůtě a neučiní tak ani po výzvě soudu, nařídí soud likvidaci družstva.

(4) If the cooperative societies stated in subsection (1) fail to apply for carrying out changes in the commercial register within the provided period and also fail to do so after they are invited to do so by the court, the court must order liquidation of the cooperative society.

(5) Ustanovení zvláštního zákona uvedeného v odstavci 1, jež upravují majetkové podíly na čistém obchodním jmění družstva, se použijí i pro určení podílu na likvidačním zůstatku. Není-li rozdělení schváleno valnou hromadou oprávněných osob, rozhodne o rozdělení soud.

(5) The provisions of a special act stated in subsection (1) governing the shares in the net business assets and liabilities of a cooperative society apply for determining the share in the liquidation balance. If the distribution is not approved by the general meeting of the entitled persons, the court must decide on the distribution.

§ 766

Section 766

(1) Zakladatelé družstevních podniků podle zákona č. 162/1990 Sb., o zemědělském družstevnictví, zákona č. 176/1990 Sb., o bytovém, spotřebním, výrobním a jiném družstevnictví, zřizovatelé podniků (hospodářských zařízení) občanských sdružení a účastníci společných podniků podle hospodářského zákoníku převedou

(1) The founders of cooperative undertakings under Act no. 162/1990 Coll., on agricultural cooperative system, act no. 176/1990 Coll., on housing, consumer, production and other cooperatives, creators of undertakings (economic establishments) of associations of citizens and the parties to joint ventures under the Economic Code must transfer the

uvedené podniky na obchodní společnosti nebo družstva podle tohoto zákona, a to nejpozději do jednoho roku ode dne nabytí jeho účinnosti, anebo je do této doby zruší. Nestane-li se tak, soud i bez návrhu nařídí likvidaci uvedených podniků. Totéž platí pro komanditní společnosti na akcie. Ustanovení § 69 se použije přiměřeně.

stated undertakings to commercial companies or cooperative societies under this Code no later than within a year of the date on which it becomes effective, or put them in winding up within the same period. If this does not happen, the court must even without an application order the liquidation of the stated undertakings. The same applies to limited liability partnerships limited by shares. The provisions of section 69 apply as appropriate.

(2) Právní povaha a vnitřní poměry právnických osob uvedených v odstavci 1 až do přeměny na obchodní společnosti nebo družstva, popřípadě do zrušení se řídí dosavadními právními předpisy.

(2) The legal nature and internal relationships of legal persons stated in subsection (1) are governed by the existing legal regulations until the conversion to a commercial company or cooperative society, or its winding up.

(3) Je-li zakladatelem právnických osob uvedených v odstavci 1 družstvo, počíná lhůta jednoho roku stanovená v odstavci 1 běžet od nabytí účinnosti zvláštního zákona (§ 765 odst. 1).

(3) If a cooperative society is a founder of the legal persons stated in subsection (1), the one year period provided in subsection (1) starts running from the date the special act becomes effective (section 765 (1)).

§ 767

Section 767

(1) Likvidace právnických osob podle § 764 a 766 se provádí podle ustanovení tohoto zákona. Likvidační zůstatek se však rozděluje podle dosavadních předpisů, stanov, zakládací listiny, společenské či jiné smlouvy; není-li rozdělení takto upraveno, použijí se přiměřeně ustanovení tohoto zákona, která svým obsahem jsou nejbližší formě likvidované právnické osoby.

(1) The liquidation of legal persons under sections 764 and 766 must be carried out under the provisions of this Code. The liquidation balance must be distributed in accordance with the existing regulations, articles of association, certificate of incorporation, memorandum of association, or other contract. If the distribution is not regulated in such a manner, the provisions of this Code that best correspond to the form of the liquidated legal person apply as appropriate.

(2) Trvání jiných právnických osob vyvíjejících podnikatelskou činnost, než které jsou uvedeny v § 764 až 766 a které vznikly před nabytím účinnosti tohoto zákona podle dřívějších právních předpisů, zůstává tímto zákonem nedotčeno. Jejich právní povaha a vnitřní právní poměry se řídí právními předpisy, podle nichž byly

(2) The existence of legal persons carrying out business activities, other than those stated in sections 764 to 766 and which are incorporated before this Code becomes effective under the previous legal regulations, is not affected by this Code. Their legal nature and internal legal relations are governed by the legal regulations under

zřízeny.

which they are created.

§ 768

Section 768

(1) Zápisy v podnikovém rejstříku vedeném podle dosavadních předpisů se považují za zápisy v obchodním rejstříku podle tohoto zákona.

(1) The entries in the register of businesses maintained under the existing regulations are considered to be entries in the commercial register in accordance with this Code.

(2) Právnické osoby, které se podle dosavadních předpisů zapisují do podnikového rejstříku, se od účinnosti tohoto zákona zapisují do obchodního rejstříku.

(2) Legal persons that under the existing regulations must register in the register of businesses must from the date on which this Code becomes effective register in the commercial register.

(3) Zápisy v podnikovém rejstříku, které neodpovídají ustanovením tohoto zákona, musí být uvedeny do souladu s tímto zákonem do jednoho roku od jeho účinnosti. Pokud tak zapsaná osoba neučiní, soud ji vyzve k úpravě zápisu a stanoví přiměřenou lhůtu. To se netýká právnických osob uvedených v § 766.

(3) The entries in the register of businesses that do not comply with the provisions of this Code must be made compliant with this Code within one year after it becomes effective. If the registered person fails to do so, the court must invite it to correct the entry and provide a reasonable period. This does not apply to the legal persons stated in section 766.

(4) Právnické osoby nebo jejich organizační složky, které se podle tohoto zákona zapisují do obchodního rejstříku a nejsou zapsány ke dni nabytí účinnosti tohoto zákona do podnikového rejstříku, jsou povinny podat návrh na zápis do šesti měsíců od nabytí účinnosti tohoto zákona.

(4) Legal persons or the branches of them that must, under this Code, be entered in the commercial register and are not registered in the register of businesses as at the date on which this Code becomes effective have a duty to apply for registration within six months of this Code's becoming effective.

§ 769

Section 769

Povinnost zveřejnění údajů stanovená tímto zákonem je splněna jejich zveřejněním v Obchodním věstníku.

The duty to publish the information set out in this Code is performed by their publication in the Commercial Journal.

§ 770

Section 770

Vláda České republiky stanoví nařízením rozsah a způsob zveřejňování údajů vyžadovaných tímto zákonem a podrobnosti o způsobu dokládání skutečností zapisovaných do obchodního rejstříku.

The government of the Czech Republic will provide in a decree the scope and manner of publishing the information required by this Code and the details relating to the manner of establishing the facts entered in the commercial register.

§ 771

Vláda České republiky vydá nařízením prováděcí předpisy podle § 629.

Section 771

The Government of the Czech Republic will issue secondary regulations under section 629 by decree.

§ 772

Zrušují se:

1. § 352 občanského zákoníku č. 141/1950 Sb.,

2. zákon č. 101/1963 Sb., o právních vztazích v mezinárodním obchodním styku (zákoník mezinárodního obchodu),

3. hospodářský zákoník č. 109/1964 Sb., ve znění zákona č. 82/1966 Sb., zákonného opatření č. 13/1967 Sb., zákona č. 69/1967 Sb., zákona č. 72/1970 Sb., zákona č. 138/1970 Sb., zákona č. 144/1975 Sb., zákona č. 165/1982 Sb., zákona č. 98/1988 Sb. a zákona č. 103/1990 Sb.,

4. zákon č. 173/1988 Sb., o podniku se zahraniční majetkovou účastí, ve znění zákona č. 112/1990 Sb.,

5. zákon č. 67/1989 Sb., o národohospodářském plánování,

6. zákon č. 104/1990 Sb., o akciových společnostech,

7. zákon č. 162/1990 Sb., o zemědělském družstevnictví,

8. zákon č. 176/1990 Sb., o bytovém, spotřebním, výrobním a jiném družstevnictví,

9. § 1 odst. 2, § 3 odst. 2 a § 4 zákona č. 174/1950 Sb., o dražbách mimo exekuci,

Section 772

The following are repealed:

1. Section 352 of the Civil Code No. 141/1950 Coll.,

2. Act No. 101/1963 Coll., on legal relationships in international business transactions (the Code of International Trade),

3. Economic Code No. 109/1964 Coll., as amended by Act No. 82/1966 Coll., Statutory Measure No. 13/1967 Coll., Act No. 69/1967 Coll., Act No. 72/1970 Coll., Act No. 138/1970 Coll., Act No. 144/1975 Coll., Act No. 165/1982 Coll., Act No. 98/1988 Coll. a Act No. 103/1990 Coll.,

4. Act No. 173/1988 Coll., on undertakings with foreign equity participation, as amended by Act No. 112/1990 Coll.,

5. Act No. 67/1989 Coll., on economic planning,

6. Act No. 104/1990 Coll., on joint stock companies,

7. Act No. 162/1990 Coll., on agricultural cooperatives,

8. Act No. 176/1990 Coll., on housing, consumer, production and other cooperatives,

9. Section 1 (2), Section 3 (2) and Section 4 of Act No. 174/1950 Coll., on auctions outside the scope of executions,

10. zákon č. 42/1980 Sb., o hospodářských stycích se zahraničím, ve znění zákona č. 102/1988 Sb. a zákona č. 113/1990 Sb., s výjimkou ustanovení § 2, 3, 13 až 16, § 17 odst. 2 písm. c), § 18 odst. 1, § 19 odst. 1 písm. i), § 22 písm. j), § 43 až 56, 58 a 64,

10. Act No. 42/1980 Coll., on economic transactions with foreign parties as amended by Act No. 102/1988 Coll. and Act No. 113/1990 Coll., with the exception of provisions of Sections 2, 3, 13 to 16, Section 17 subsection (2) letter c), Section 18 subsection 1, Section 19 subsection (1) letter i), Section 22 letter j), Section 43 to 56, Section 58 and 64,

11. § 13 odst. 1 a § 16 odst. 3 zákona č. 83/1990 Sb., o sdružování občanů,

11. Section 13 (1) and section 16 (3) of Act No. 83/1990 Coll., on association of citizens,

12. nařízení vlády České a Slovenské Federativní Republiky č. 81/1989 Sb., o povinném projednávání dodavatelsko-odběratelských vztahů a konkretizaci závazných výstupů státního plánu u dodávek produkce,

12. decree of the government of the Czech and Slovak Federal Republic No. 81/1989 Coll., on mandatory hearing of supplier-customer relationships and specification of binding outputs of the state plan for the supply of the production,

13. nařízení vlády České a Slovenské Federativní Republiky č. 256/1990 Sb., kterým se stanoví vývozy a dovozy věcí a další činnosti, k jejichž provádění se vyžaduje povolení zahraničně obchodní činnosti,

13. decree of the government of the Czech and Slovak Federal Republic No. 256/1990 Coll., that defines the exports and imports of material objects and other activities, which require a permit for commercial transactions with foreign parties,

14. nařízení vlády České a Slovenské Federativní Republiky č. 132/1991 Sb., kterým se stanoví případy, kdy může podnik se zahraniční majetkovou účastí vzniknout bez povolení,

14. decree of the government of the Czech and Slovak Federal Republic No. 132/1991 Coll., that defines the cases in which an undertaking with foreign equity participation can be incorporated without a permit,

15. vyhláška ministerstva národní obrany č. 118/1964 Sb., kterou se vydávají základní podmínky dodávky výrobků a vývojových prací určených k zajištění obranyschopnosti státu, ve znění vyhlášky č. 144/1989 Sb.,

15. decree by the Ministry of National Defence No. 118/1964 Coll. laying down the basic requirements for supplying goods and development works designated to ensure defence capability of the state, as amended by decree No. 144/1989 Coll.,

16. vyhláška ministerstev všeobecného strojírenství a těžkého strojírenství č. 135/1964 Sb., kterou se vydávají

16. decree of the ministries of general engineering and heavy engineering No. 135/1964 Coll., laying down the basic

základní podmínky dodávky strojírenských výrobků, ve znění vyhlášky č. 57/1972 Sb., č. 107/1981 Sb. a č. 28/1990 Sb.,

requirements for the supply of engineering products, as amended by decrees No. 57/1972 Coll., No. 107/1981 Coll. and No. 28/1990 Coll.,

17. vyhláška ministerstva všeobecného strojírenství č. 136/1964 Sb., kterou se vydávají základní podmínky dodávky oprav strojírenských výrobků, ve znění vyhlášky č. 27/1990 Sb.,

17. decree by the Ministry of General Engineering No. 136/1964 Coll. laying down the basic requirements for supplying repairs of engineering products, as amended by decree No. 27/1990 Coll.,

18. vyhláška ministerstva všeobecného strojírenství č. 137/1964 Sb., kterou se vydávají základní podmínky dodávky oprav silničních vozidel pro motorovou dopravu, ve znění vládního nařízení č. 38/1966 Sb. a vyhlášky č. 26/1990 Sb.,

18. decree by the Ministry of General Engineering No. 137/1964 Coll. laying down the basic requirements for supplying repairs of road vehicles for motor transport, as amended by government decree No. 38/1966 Coll and decree No. 26/1990 Coll.,

19. vyhláška Správy státních hmotných rezerv č. 174/1964 Sb., kterou se vydávají základní podmínky dodávky státních rezerv, ve znění vyhlášky č. 181/1989 Sb.,

19. decree by the Administration of State Material Reserves No. 174/1964 Coll. laying down the basic requirements for supplying state reserves, as amended by decree No. 181/1989 Coll.,

20. vyhláška Státní komise pro techniku, ministerstva financí a hlavního arbitra Československé socialistické republiky č. 87/1966 Sb., o některých ekonomických opatřeních v investiční výstavbě, ve znění nařízení vlády Československé socialistické republiky č. 136/1973 Sb.,

20. decree by the State Commission for Technology, the Ministry of Finance, and the chief arbiter of the Czechoslovak Socialist Republic No. 87/1966 Coll., on certain economic measures in investment construction, as amended by the decree of the government of the Czechoslovak Socialist Republic No. 136/1973 Coll.,

21. vyhláška ministerstva zemědělství a výživy a ministerstva lesního a vodního hospodářství č. 73/1967 Sb., kterou se vydávají základní podmínky dodávky oprav zemědělských a lesních mechanizačních prostředků, polních a zemních prací, chemizace a jiných zemědělských prací, ve znění vyhlášky č. 147/1989 Sb.,

21. decree by the ministry of agriculture and nutrition and the Ministry of Forestry and Water Management No. 73/1967 Coll., laying down the basic requirements for the supply of repairs of agricultural and forestry means of mechanization, field and earthwork, chemicalization and other agricultural works, as amended by decree no. 147/1989 Coll.,

22. vyhláška ministerstev chemického průmyslu, stavebnictví, spotřebního průmyslu, těžkého průmyslu a zahraničního obchodu č. 187/1968 Sb., kterou se stanoví záruční doby u dodávek pro výstavbu budov pro bydlení,

22. decree by the Ministries of Chemical Industry, Construction, Consumer Industry, Heavy Industry, and Foreign Trade No. 187/1968 Coll. laying down the guarantee periods for the supplies for the construction of residential buildings;

23. vyhláška Federálního ministerstva dopravy č. 152/1971 Sb., o hospodářských závazcích v silniční nákladní dopravě,

23. decree by the Federal Ministry of Transport No. 152/1971 Coll., on economic obligations in road cargo transport;

24. vyhláška Federálního ministerstva dopravy č. 156/1971 Sb., o hospodářských závazcích ve vnitrostátní vodní nákladní dopravě,

24. decree by the Federal Ministry of Transport No. 156/1971 Coll., on economic obligations in domestic water cargo transport;

25. vyhláška předsedy Státní banky československé a Federálního ministerstva financí č. 118/1972 Sb., o pokladních operacích v socialistických organizacích,

25. decree by the Chairman of the State Bank of Czechoslovakia and the Federal Ministry of Finance No. 118/1972 Coll., on cash operations in socialist organizations;

26. vyhláška Federálního ministerstva pro technický a investiční rozvoj č. 101/1973 Sb., o projektových soutěžích, ve znění vyhlášky č. 124/1991 Sb.,

26. decree by the Federal Ministry for Technical and Investment Development No. 101/1973 Coll., on project competitions, as amended by decree No. 124/1991 Coll.,

27. vyhláška Státní arbitráže Československé socialistické republiky č. 104/1973 Sb., kterou se vydávají základní podmínky dodávky stavebních prací,

27. decree by the State Arbitration of the Czechoslovak Socialist Republic No. 104/1973, laying down the basic requirements for supplies of construction works;

28. vyhláška Federálního ministerstva pro technický a investiční rozvoj a Státní arbitráže Československé socialistické republiky č. 77/1977 Sb., o centrální regulaci výrobků a materiálů ve výstavbě,

28. decree by the Federal Ministry for Technical and Investment Development and the State Arbitration of the Czechoslovak Socialist Republic No. 77/1977 Coll., on central regulation of products and materials in construction;

29. vyhláška Federálního ministerstva hutnictví a těžkého strojírenství č. 82/1977 Sb., kterou se vydávají základní podmínky dodávky hutních výrobků, rud, magnezitových výrobků

29. decree by the Federal Ministry of Metallurgy and Heavy Engineering No. 82/1977 Coll. laying down the basic requirements for supplying metallurgy products, ores, magnesite products and

a kovového odpadu, ve znění vyhlášky č. 30/1990 Sb.,

metal scrap, as amended by decree No. 30/1990 Coll.,

30. vyhláška Federálního ministerstva paliv a energetiky č. 106/1977 Sb., kterou se vydávají základní podmínky dodávky tuhých paliv, ve znění vyhlášky č. 1/1987 Sb. a vyhlášky č. 3/1990 Sb.,

30. decree of Federal Ministry for Fuels and Energy No. 106/1977 Coll., laying down the basic requirements for the supply of solid fuels, as amended by decree No. 1/1987 Coll. and decree No. 3/1990 Coll.,

31. vyhláška Státní arbitráže Československé socialistické republiky č. 44/1978 Sb., kterou se vydávají základní podmínky dodávky výrobků chemického průmyslu, ve znění vyhlášek č. 26/1982 Sb. a č. 12/1988 Sb.,

31. decree of State Arbitration of the Czechoslovak Socialist Republic No. 44/1978 Coll., laying down the basic requirements for the supply of products of the chemical industry, as amended by decree No. 26/1982 Coll. and decree No. 12/1988 Coll.,

32. vyhláška Federálního ministerstva zemědělství a výživy č. 84/1978 Sb., kterou se vydávají základní podmínky dodávky oprav zemědělské techniky, ve znění vyhlášky č. 148/1989 Sb.,

32. decree by the Federal Ministry of Agriculture and Nutrition No. 84/1978 Coll. laying down the basic requirements for supplying repairs of agricultural machinery, as amended by decree No. 148/1989 Coll.,

33. vyhláška Federálního ministerstva dopravy č. 1/1980 Sb., kterou se vydávají základní podmínky dodávky leteckých prací v zemědělství, lesním a vodním hospodářství, ve znění vyhlášky č. 37/1990 Sb.,

33. decree by the Federal Ministry of Transport No. 1/1980 Coll. laying down the basic requirements for supplying aerial works in agriculture, forestry, and water management as amended by decree No. 37/1990 Coll.,

34. vyhláška Státní arbitráže Československé socialistické republiky č. 28/1980 Sb., kterou se vydávají základní podmínky dodávky polygrafických výrobků, ve znění vyhlášky č. 199/1989 Sb.,

34. decree by the State Arbitration of the Czechoslovak Socialist Republic No. 28/1980 Coll. laying down the basic requirements for supplying print products, as amended by decree No. 199/1989 Coll.,

35. vyhláška Státní arbitráže Československé socialistické republiky č. 38/1980 Sb., kterou se vydávají základní podmínky dodávky výrobků dodávaných organizacemi vnitřního obchodu, ve znění vyhlášky č. 200/1989 Sb.,

35. decree by the State Arbitration of the Czechoslovak Socialist Republic No. 38/1980 Coll. laying down the basic requirements for supplying products supplied by the organizations of domestic trade, as amended by decree No. 200/1989 Coll.,

36. vyhláška Federálního ministerstva zahraničního obchodu č. 61/1980 Sb., o zřizování a činnosti organizačních složek československých právnických osob v zahraničí,

37. vyhláška Federálního ministerstva zahraničního obchodu č. 62/1980 Sb., o kontrole zahraničně obchodní činnosti,

38. vyhláška Federálního ministerstva zahraničního obchodu a Federálního ministerstva pro technický a investiční rozvoj č. 64/1980 Sb., o postupu při nakládání průmyslovými právy a výrobně technickými poznatky ve vztahu k zahraničí,

39. vyhláška Federálního ministerstva zahraničního obchodu č. 140/1980 Sb., o preventivní kontrole vyváženého a dováženého zboží a o průkazu o použití a využití dovezeného zboží,

40. vyhláška Státní arbitráže Československé socialistické republiky č. 27/1981 Sb., kterou se vydávají základní podmínky dodávky zdravotnických a veterinárních výrobků, ve znění vyhlášky č. 142/1989 Sb.,

41. vyhláška Federálního ministerstva zahraničního obchodu č. 53/1981 Sb., o podmínkách poskytování zahraničně hospodářských služeb v oblasti dopravy,

42. vyhláška Ministerstva kultury České socialistické republiky č. 57/1981 Sb., o udělování, změně a odnímání povolení k poskytování zahraničně hospodářských služeb v oblasti kultury a o kontrole těchto služeb,

36. decree by the Federal Ministry of Foreign Trade No. 61/1980 Coll., on creation and activities of branches of Czechoslovak legal persons abroad,

37. decree by the Federal Ministry of Foreign Trade No. 62/1980 Coll., on supervision of foreign trade activities;

38. decree by the Federal Ministry of Foreign Trade and the Federal Ministry for Technical and Investment Development No. 64/1980 Coll., on the procedure for managing industrial rights and technical know-how relating to production in relationship to abroad,

39. decree by the Federal Ministry of Foreign Trade No. 140/1980 Coll., on preventive checks of exported and imported goods and on certificate of use and exploitation of the imported goods;

40. decree by the State Arbitration of the Czechoslovak Socialist Republic No. 27/1981 Coll. laying down the basic requirements for supplying healthcare and veterinary products, as amended by decree No. 142/1989 Coll.,

41. decree by the Federal Ministry of Foreign Trade No. 53/1981 Coll., on the conditions for providing economic services to foreign parties in the field of transport;

42. decree by the Ministry of Culture of the Czech Socialist Republic No. 57/1981 Coll., on granting, changing, and revoking permits for providing economic services to foreign parties in the field of culture and on supervision over such services;

43. vyhláška Ministerstva kultury Slovenské socialistické republiky č. 61/1981 Sb., o udělování, změně a odnímání povolení k poskytování zahraničně hospodářských služeb v oblasti kultury a o kontrole těchto služeb,

43. decree by the Ministry of Culture of the Slovak Socialist Republic No. 61/1981 Coll., on granting, changing, and revoking permits for providing economic services to foreign parties in the field of culture and on supervision of such services;

44. vyhláška Státní arbitráže Československé socialistické republiky č. 91/1981 Sb., kterou se vydávají základní podmínky dodávky zeleniny a ovoce mezi organizacemi vnitřního obchodu a pro průmyslové zpracování, ve znění vyhlášky č. 180/1989 Sb.,

44. decree by the State Arbitration of the Czechoslovak Socialist Republic No. 91/1981 Coll. laying down the basic requirements for supplying vegetables and fruits between the organizations of domestic trade and for industrial processing, as amended by decree No. 180/1989 Coll.;

45. vyhláška Federálního ministerstva financí č. 179/1982 Sb., o rozsahu a podmínkách smluvního pojištění socialistických organizací,

45. decree by the Federal Ministry of Finance No. 179/1982 Coll., on the scope and conditions of contractual insurance of socialist organizations;

46. vyhláška Federálního ministerstva pro technický a investiční rozvoj č. 181/1982 Sb., o základních podmínkách dodávky k zabezpečení vědeckotechnického rozvoje, ve znění vyhlášky č. 154/1989 Sb.,

46. decree by the Federal Ministry for Technical and Investment Development No. 181/1982 Coll., on basic requirements for supplies for securing scientific and technical development, as amended by decree No. 154/1989 Coll.;

47. vyhláška Ministerstva zdravotnictví České socialistické republiky č. 23/1983 Sb., o udělování, změně a odnímání povolení k poskytování zahraničně hospodářských služeb v oblasti lázeňské léčby a o kontrole těchto služeb,

47. decree by the Ministry of Healthcare of the Czech Socialist Republic No. 23/1983 Coll., on granting, changing, and revoking permits for providing economic services to foreign parties in the field of spa treatment and on supervision over such services;

48. vyhláška Státní arbitráže Československé socialistické republiky č. 24/1983 Sb., o základních podmínkách dodávky sběrných surovin, ve znění vyhlášky č. 140/1989 Sb.,

48. decree by the State Arbitration of the Czechoslovak Socialist Republic No. 24/1983 Coll. laying down the basic requirements for supplying scrap, as amended by decree No. 140/1989 Coll.,

49. vyhláška Federálního ministerstva zahraničního obchodu č. 104/1983 Sb., o dovozu investičních celků,

49. decree by the Federal Ministry of Foreign Trade No. 104/1983 Coll., on the import of investment units;

50. vyhláška Federálního ministerstva dopravy č. 8/1984 Sb., o základních podmínkách některých činností prováděných Československými státními dráhami v souvislosti s přepravou,

50. decree by the Federal Ministry of Transport No. 8/1984 Coll., on the basic requirements for certain activities carried out by the Czechoslovak State Railways in connection with transport;

51. vyhláška Státní arbitráže Československé socialistické republiky č. 11/1984 Sb., o základních podmínkách dodávky stavebních hmot a dílců,

51. decree by the State Arbitration of the Czechoslovak Socialist Republic No. 11/1984, on the basic requirements for supplies of construction materials and construction elements;

52. vyhláška Ministerstva zdravotnictví Slovenské socialistické republiky č. 61/1984 Sb., o udělování, změně a odnímání povolení k poskytování zahraničně hospodářských služeb v oblasti lázeňské léčby a o kontrole těchto služeb,

52. decree by the Ministry of Healthcare of the Slovak Socialist Republic No. 61/1984 Coll., on granting, changing, and revoking permits for providing economic services with a foreign element in the field of spa treatment and on supervision over such services;

53. vyhláška Federálního ministerstva hutnictví a těžkého strojírenství, Federálního ministerstva všeobecného strojírenství a Federálního ministerstva elektrotechnického průmyslu č. 13/1985 Sb., o základních podmínkách strojírenských a elektrotechnických dodávek uskutečňovaných vyššími dodavatelskými formami a některých dalších dodávek určených pro tuzemsko, ve znění vyhlášky č. 29/1990 Sb.,

53. decree by the Federal Ministry of Metallurgy and Heavy Engineering, Federal Ministry of General Engineering, and the Federal Ministry of Electrical Industry No. 13/1985 Coll., on the basic requirements for engineering and electrical supplies carried out in the higher forms of supply and certain other supplies designated for domestic market, as amended by decree No. 29/1990 Coll.,

54. vyhláška Federálního statistického úřadu č. 49/1985 Sb., o základních podmínkách dodávky prací a služeb v oblasti automatizovaného zpracování dat, ve znění vyhlášky č. 170/1989 Sb.,

54. decree by the Federal Statistical Office No. 49/1985 Coll., on the basic requirements for the supply of works and services in the field of automated data processing, as amended by decree No. 170/1989 Coll.,

55. vyhláška Federálního ministerstva zahraničního obchodu, Federálního ministerstva hutnictví a těžkého strojírenství, Federálního ministerstva všeobecného strojírenství a Federálního ministerstva elektrotechnického průmyslu č.

55. decree by the Federal Ministry of Foreign Trade, Federal Ministry of Metallurgy and Heavy Engineering, Federal Ministry of general Engineering, and Federal Ministry of Electrical Industry No. 31/1986 Coll., on the basic requirements for the supply of export

31/1986 Sb., o základních podmínkách dodávky vývozních investičních celků,

investment units;

56. vyhláška Federálního ministerstva zemědělství a výživy č. 130/1988 Sb., o zásadách prodeje zemědělských výrobků členům a pracovníkům socialistických organizací se zemědělskou výrobou,

56. decree by the Federal Ministry of Agriculture and Nutrition No. 130/1988 Coll., on the principles of sale of agricultural products to the members and workers of socialist organizations with agricultural production;

57. vyhláška Federálního ministerstva zemědělství a výživy č. 155/1988 Sb., o základních podmínkách dodávky zemědělských výrobků,

57. decree by the Federal Ministry of Agriculture and Nutrition No. 155/1988., on the basic requirements for the supply of agricultural products;

58. vyhláška Federálního ministerstva zemědělství a výživy č. 156/1988 Sb., o základních podmínkách dodávky potravinářských a některých jiných výrobků,

58. decree by the Federal Ministry of Agriculture and Nutrition No. 156/1988., on the basic requirements for the supply of nutritional and certain other products;

59. vyhláška Federálního ministerstva dopravy a spojů č. 143/1989 Sb., o smlouvě o přípravě přeprav železničních vozových zásilek,

59. decree by the Federal Ministry of Transport and Communications No. 143/1989 Coll., on the contract of preparation of carriage of railway car shipments;

60. vyhláška Státní arbitráže Československé socialistické republiky č. 57/1990 Sb., o přechodné odchylné úpravě hospodářských závazků od ustanovení § 295 odst. 2 hospodářského zákoníku pro odvětví Federálního ministerstva hutnictví, strojírenství a elektrotechniky, Ministerstva výstavby a stavebnictví České socialistické republiky a Ministerstva výstavby a stavebnictví Slovenské socialistické republiky,

60. decree by the State Arbitration of the Czechoslovak Socialist Republic No. 57/1990 Coll., on regulation of economic obligations temporarily deviating from the provisions of Section 295 subsection (2) of the Economic Code for the fields within the competence of the Federal Ministry of Metallurgy, Engineering, and Electrics, the Ministry of Construction and Construction Industry of the Czech Socialist Republic and the Ministry of Construction and Construction Industry of the Slovak Socialist Republic;

61. vyhláška Federálního ministerstva zahraničního obchodu č. 265/1990 Sb., o zřizování a provozování obchodních zastupitelství zahraničních osob,

61. decree by the Federal Ministry of Foreign Trade No. 265/1990 Coll., on creation and operation of commercial agencies of foreign persons;

62. vyhláška Federálního ministerstva zahraničního obchodu č. 533/1990 Sb., o udělování povolení k zahraničně obchodní činnosti, o provádění zahraničně obchodní činnosti bez registrace nebo povolení a o provádění zahraničně obchodní činnosti zahraničními osobami,

62. decree by the Federal Ministry of Foreign Trade no. 533/1990 Coll., on granting permits to carry out trade activities with a foreign element and carrying out trade activities with a foreign element without registration or permit and on carrying out trade activities with a foreign element by foreign persons;

63. vyhláška Státní banky československé č. 386/1991 Sb., o platebním styku a zúčtování,

63. decree by the State Bank of Czechoslovakia No. 386/1991 Coll. on payments and clearing;

64. vyhláška Státní banky československé č. 414/1991 Sb., o mezibankovním platebním styku a zúčtování,

64. decree by the State Bank of Czechoslovakia No. 414/1991 Coll. on interbank payments and clearing;

65. výnos Federálního ministerstva dopravy č. 17.525/1981, o postupu československých organizací při poskytování zahraničně hospodářských služeb při přepravě věci (registrován v částce 33/1981 Sb.),

65. ordinance by the Federal Ministry of Transport No. 17.525/1981 on the procedure of Czechoslovak organizations in providing economic services with a foreign element and transport of material objects (registered in issue 33/1981 Coll.);

66. výnos Státní arbitráže Československé socialistické republiky č. 2/1984 ze dne 15. listopadu 1984, kterým se stanoví odchylná úprava hospodářských závazků pro stavby jaderně energetických částí elektrárny Temelín (registrován v částce 1/1985 Sb.),

66. ordinance by the State Arbitration of the Czechoslovak Socialist Republic No. 2/1984 of 15 November 1984 providing special regulation of economic obligations for the construction of nuclear energy parts of the power plant Temelín (registered in issue 1/1985 Coll.);

67. vyhláška ministerstva vnitřního obchodu č. 4/1952 Ú. l., kterou se vydávají podrobnější předpisy o dražbách mimo exekuci,

67 decree by the Ministry of Domestic Trade No. 4/1952 Ú. l., by means of which more detailed regulations on auctions outside the scope of execution are issued;

68. základní podmínky dodávky výrobků vyvážených organizacemi zahraničního obchodu Chemapol Praha a Chemapol Bratislava, vydané ministrem zahraničního obchodu dne 25. července 1964, ve znění změn a

68. the basic requirements for the supply of products exported by the organizations of foreign trade Chemapol Praha and Chemapol Bratislava, issued by the Ministry of Foreign Trade on 25 July 1964, as amended and supplemented by

doplňků provedených výnosem Federálního ministerstva zahraničního obchodu č. 12/1977 Věstníku Federálního ministerstva zahraničního obchodu,

the ordinance of the Federal Ministry of Foreign Trade No. 12/1977 of the Journal of the Federal Ministry of Foreign Trade;

69. základní podmínky dodávky výrobků dovážených organizacemi zahraničního obchodu Chemapol Praha a Chemapol Bratislava, vydané ministrem zahraničního obchodu dne 25. července 1964, ve znění doplňku ze dne 30. března 1965 a výnosem Federálního ministerstva zahraničního obchodu č. 10/1977 Věstníku Federálního ministerstva zahraničního obchodu,

69. the basic requirements for the supply of products imported by the organizations of foreign trade Chemapol Praha and Chemapol Bratislava, issued by the Ministry of Foreign Trade on 25 July 1964, as amended by supplement of 30 March 1965 and by the ordinance of the Federal Ministry of Foreign Trade No. 10/1977 of the Journal of the Federal Ministry of Foreign Trade;

70. základní podmínky dodávky výrobků vyvážených organizacemi zahraničního obchodu Metalimex a Kerametal, vydané ministrem zahraničního obchodu dne 25. července 1964, ve znění změn a doplňků provedených výnosem Federálního ministerstva zahraničního obchodu č. 27/1977 Věstníku Federálního ministerstva zahraničního obchodu,

70. the basic requirements for the supply of products exported by the organizations of foreign trade Metalimex and Kerametal, issued by the Ministry of Foreign Trade on 25 July 1964, as amended and supplemented by the ordinance of the Federal Ministry of Foreign Trade No. 27/1977 of the Journal of the Federal Ministry of Foreign Trade;

71. základní podmínky dodávky výrobků dovážených organizacemi zahraničního obchodu Metalimex a Kerametal, vydané ministrem zahraničního obchodu dne 25. července 1964, ve znění změn a doplňků provedených doplňkem ze dne 30. března 1965 a výnosem Federálního ministerstva zahraničního obchodu č. 26/1977 Věstníku Federálního ministerstva zahraničního obchodu,

71. the basic requirements for the supply of products imported by the organizations of foreign trade Metalimex and Kerametal, issued by the Ministry of Foreign Trade on 25 July 1964, as amended and supplemented by the supplement of 30 March 1965 and the ordinance of the Federal Ministry of Foreign Trade No. 26/1977 of the Journal of the Federal Ministry of Foreign Trade;

72. základní podmínky dodávky výrobků vyvážených podnikem zahraničního obchodu Pragoexport, vydané ministrem zahraničního obchodu dne 25. července 1964, ve

72. the basic requirements for the supply of products exported by the undertaking of foreign trade Pragoexport, issued by the Ministry of Foreign Trade on 25 July 1964, as amended and supplemented by

znění změn a doplňků provedených výnosem Federálního ministerstva zahraničního obchodu č. 11/1977 Věstníku Federálního ministerstva zahraničního obchodu,

the ordinance of the Federal Ministry of Foreign Trade No. 11/1977 of the Journal of the Federal Ministry of Foreign Trade;

73. základní podmínky dodávky výrobků vyvážených organizacemi zahraničního obchodu Ligna Praha a Drevounia Bratislava, vydané ministrem zahraničního obchodu dne 25. července 1964, ve znění změn a doplňků provedených výnosem Federálního ministerstva zahraničního obchodu č. 13/1977 Věstníku Federálního ministerstva zahraničního obchodu,

73. the basic requirement for the supply of products exported by the organizations of foreign trade Ligna Praha and Drevounia Bratislava, issued by the Ministry of Foreign Trade on 25 July 1964, as amended and supplemented by the ordinance of the Federal Ministry of Foreign Trade No. 13/1977 of the Journal of the Federal Ministry of Foreign Trade.

74. základní podmínky dodávky výrobků dovážených organizacemi zahraničního obchodu Ligna Praha a Drevounia Bratislava, vydané ministrem zahraničního obchodu dne 25. července 1964, ve znění změn a doplňků provedených doplňkem ze dne 30. března 1965 a výnosem Federálního ministerstva zahraničního obchodu č. 9/1977 Věstníku Federálního ministerstva zahraničního obchodu,

74. the basic requirement for the supply of products imported by the organizations of foreign trade Ligna Praha and Drevounia Bratislava, issued by the Ministry of Foreign Trade on 25 July 1964, as amended and supplemented by the supplement of 30 March 1965 and the ordinance of the Federal Ministry of Foreign Trade No. 9/1977 of the Journal of the Federal Ministry of Foreign Trade.

75. základní podmínky dodávky výrobků vyvážených podnikem zahraničního obchodu Československá keramika, vydané ministrem zahraničního obchodu dne 25. července 1964, ve znění změn a doplňků provedených výnosem Federálního ministerstva zahraničního obchodu č. 25/1977 Věstníku Federálního ministerstva zahraničního obchodu,

75. the basic requirements for the supply of products exported by the undertaking of foreign trade Československá keramika, issued by the Ministry of Foreign Trade on 25 July 1964, as amended and supplemented by the ordinance of the Federal Ministry of Foreign Trade No. 25/1977 of the Journal of the Federal Ministry of Foreign Trade;

76. základní podmínky dodávky výrobků dovážených podnikem zahraničního obchodu Československá keramika, vydané ministrem zahraničního obchodu dne 25.

76. the basic requirements for the supply of products imported by the undertaking of foreign trade Československá keramika, issued by the Ministry of Foreign Trade on 25 July 1964, as

července 1964, ve znění změn a doplňků provedených doplňkem ze dne 30. března 1965 a výnosem Federálního ministerstva zahraničního obchodu č. 24/1977 Věstníku Federálního ministerstva zahraničního obchodu,

amended and supplemented by the supplement of 30 March 1965 and the ordinance of the Federal Ministry of Foreign Trade No. 24/1977 of the Journal of the Federal Ministry of Foreign Trade;

77. základní podmínky dodávky strojírenských výrobků pro vývoz, vydané ministrem zahraničního obchodu dne 25. července 1964, ve znění změn a doplňků provedených výnosem Federálního ministerstva zahraničního obchodu č. 5/1977 Věstníku Federálního ministerstva zahraničního obchodu,

77. the basic requirements for the supply of engineering products for export issued by the Minister of Foreign Trade on 25 July 1964, as amended and supplemented by the ordinance of the Federal Ministry of Foreign Trade No. 5/1977 of the Journal of the Federal Ministry of Foreign Trade;

78. základní podmínky dodávky strojírenských výrobků z dovozu, vydané ministrem zahraničního obchodu dne 25. července 1964, ve znění změn a doplňků provedených doplňkem ze dne 30. března 1965 a výnosem Federálního ministerstva zahraničního obchodu č. 5/1980 Věstníku Federálního ministerstva zahraničního obchodu,

78. the basic requirements for the supply of imported engineering products, issued by the Minister of Foreign Trade on 25 July 1964, as amended and supplemented by the supplement of 30 March 1965 and the ordinance of the Federal Ministry of Foreign Trade No. 5/1980 of the Journal of the Federal Ministry of Foreign Trade;

79. základní podmínky dodávky výrobků vyvážených organizacemi zahraničního obchodu Centrotex, Exico a Karaexport, vydané ministrem zahraničního obchodu dne 25. července 1964, ve znění změn a doplňků provedených výnosem Federálního ministerstva zahraničního obchodu č. 6/1979 Věstníku Federálního ministerstva zahraničního obchodu,

79. the basic requirements for the supply of products exported by the organizations of foreign trade Centrotex, Exico, and Karaexport, issued by the Minister of Foreign Trade on 25 July 1964, as amended and supplemented by the ordinance of the Federal Ministry of Foreign Trade No. 6/1979 of the Journal of the Federal Ministry of Foreign Trade;

80. základní podmínky dodávky surovin, materiálů a výrobků dovážených organizacemi zahraničního obchodu Centrotex, Exico a Karaexport, vydané ministrem zahraničního obchodu dne 25. července 1964, ve znění změn a

80. the basic requirements for the supply of raw material and products imported by the organizations of foreign trade Centrotex, Exico, and Karaexport, issued by the Minister of Foreign Trade on 25 July 1964, as amended and supplemented by the supplement of 30

doplňků provedených doplňkem ze dne 30. března 1965 a výnosem federálního ministerstva zahraničního obchodu č. 5/1979 Věstníku federálního ministerstva zahraničního obchodu,

March 1965 and the ordinance of the Federal Ministry of Foreign Trade No. 5/1979 of the Journal of the Federal Ministry of Foreign Trade;

81. základní podmínky dodávky výrobků vyvážených podnikem zahraničního obchodu Ferromet, vydané ministrem zahraničního obchodu dne 25. července 1964, ve znění změn a doplňků provedených výnosem Federálního ministerstva zahraničního obchodu č. 7/1978 Věstníku Federálního ministerstva zahraničního obchodu,

81. the basic requirements for the supply of products exported by the undertaking of foreign trade Ferromet, issued by the Ministry of Foreign Trade on 25 July 1964, as amended and supplemented by the ordinance of the Federal Ministry of Foreign Trade No. 7/1978 of the Journal of the Federal Ministry of Foreign Trade;

82. základní podmínky dodávky výrobků dovážených podnikem zahraničního obchodu Artia a a. s. Slovart, vydané ministrem zahraničního obchodu dne 25. července 1964, ve znění změn a doplňků provedených doplňkem ze dne 30. března 1965 a výnosem Federálního ministerstva zahraničního obchodu č. 19/1981 Věstníku Federálního ministerstva zahraničního obchodu,

82. the basic requirements for the supply of products imported by the undertaking of foreign trade Artia a.s. and Slovart, issued by the Minister of Foreign Trade on 25 July 1964, as amended and supplemented by the supplement of 30 March 1965 and the ordinance of the Federal Ministry of Foreign Trade No. 19/1981 of the Journal of the Federal Ministry of Foreign Trade;

83. základní podmínky dodávky výrobků vyvážených podnikem zahraničního obchodu Artia a a. s. Slovart, vydané ministrem zahraničního obchodu dne 25. července 1964, ve znění změn a doplňků provedených doplňkem ze dne 30. března 1965 a výnosem Federálního ministerstva zahraničního obchodu č. 18/1981 Věstníku Federálního ministerstva zahraničního obchodu,

83. the basic requirements for the supply of products exported by the undertaking of foreign trade Artia a.s. and Slovart, issued by the Minister of Foreign Trade on 25 July 1964, as amended and supplemented by the supplement of 30 March 1965 and the ordinance of the Federal Ministry of Foreign Trade No. 18/1981 of the Journal of the Federal Ministry of Foreign Trade;

84. základní podmínky dodávky pro vývoz potravin a zemědělských výrobků, vydané ministrem zahraničního obchodu dne 25.

84. the basic requirements for the supply for export of food and agricultural products, issued by the Ministry of Foreign Trade on 25 July 1964, as

července 1964, ve znění změn a doplňků provedených výnosem Federálního ministerstva zahraničního obchodu č. 33/1977 Věstníku Federálního ministerstva zahraničního obchodu,

amended and supplemented by the ordinance of the Federal Ministry of Foreign Trade No. 33/1977 of the Journal of the Federal Ministry of Foreign Trade;

85. základní podmínky dodávky potravin a zemědělských výrobků z dovozu, vydané ministrem zahraničního obchodu dne 25. července 1964, ve znění změn a doplňků provedených doplňkem ze dne 30. března 1965 a výnosem Federálního ministerstva zahraničního obchodu č. 19/1983 Věstníku Federálního ministerstva zahraničního obchodu,

85. the basic requirements for the supply of imported food and agricultural products, issued by the Minister of Foreign Trade on 25 July 1964, as amended and supplemented by the supplement of 30 March 1965 and the ordinance of the Federal Ministry of Foreign Trade No. 19/1983 of the Journal of the Federal Ministry of Foreign Trade;

86. výnos Federálního ministerstva zahraničního obchodu ze dne 7. července 1978, kterým se vydávají základní podmínky dodávky sklářských výrobků vyvážených akciovou společností Skloexport.

86. ordinance by the Federal Ministry of Foreign Trade of 7 July 1978 laying down the basic requirements for the supply of glass products exported by the joint stock company Skloexport.

§ 773

Ustanovení přepravních řádů a prováděcích předpisů k zákonu č. 61/1952 Sb., o námořní plavbě, o odpovědnosti za škodu na zásilce jsou nepoužitelná, pokud jsou v rozporu s § 622 a 624 tohoto zákona; ostatní ustanovení těchto předpisů zůstávají nedotčena.

Section 773

The provisions of the carriage terms and conditions and the secondary regulations relating to Act No. 61/1952 Coll., on sea navigation relating to liability for damage to shipment do not apply if these are in contravention of sections 622 and 624 of this Code; the remaining provisions of these regulations remain intact.

§ 774

Vyhláška Federálního ministerstva financí č. 63/1989 Sb., o ověřovatelích (auditorech) a jejich činnosti, se použije po účinnosti tohoto zákona i pro činnost auditorů podle § 39 tohoto zákona, a to až do nové zákonné úpravy.

Section 774

Decree by the Federal Ministry of Finance No. 63/1989 Coll. on controllers (auditors) and their activities applies after this Code becomes effective also for the activities of auditors in accordance with section 39 of this Code until new legal regulation.

§ 775	Section 775
Tento zákon nabývá účinnosti dnem 1. ledna 1992.	This Code becomes effective as at 1 January 1992
Havel v. r.	Havel by his own hand
Dubček v. r.	Dubček by his own hand
Čalfa v. r.	Čalfa by his own hand

Made in United States
North Haven, CT
03 November 2026

21719622R00143